“农超对接”怎样做？

FARMER-SUPERMARKET DIRECT-PURCHASE: A HOW-TO GUIDE

胡定寰 / 著

中国农业科学技术出版社

图书在版编目（CIP）数据

“农超对接”怎样做？/胡定寰著.—北京：中国农业科学技术出版社，2010.8
ISBN 978-7-5116-0273-2

Ⅰ.①农…　Ⅱ.①胡…　Ⅲ.①农产品—商品流通—研究—中国
Ⅳ.①F724.72

中国版本图书馆 CIP 数据核字（2010）第 161317 号

责任编辑　张孝安
责任校对　贾晓红

出 版 者　中国农业科学技术出版社
　　　　　北京市中关村南大街 12 号　邮编：100081
电　　话　（010）82109708（编辑室）（010）82109704（发行部）
　　　　　（010）82109703（读者服务部）
传　　真　（010）82109709
网　　址　http://www.castp.cn
经 销 者　新华书店北京发行所
印 刷 者　北京富泰印刷有限责任公司
开　　本　787 mm × 1092 mm　1/16
印　　张　21
字　　数　300 千字
版　　次　2010 年 8 月第 1 版　2011 年 1 月第 2 次印刷
定　　价　28.00 元

本书及相关研究由国家十一五科技支撑计划“农村流通管理与服务体系建设关键技术研究开发及示范工程”项目，课题“生活消费品放心流通应用示范”（课题编号 2008BADA0B10）资助。

农民直供
¥095元

前言

这本书向读者叙述了一个对于中国的企业来说极富创意且具长期性的项目——农民直供。

当我 4 年前刚到中国时，曾向人问过这样一个问题：中国的零售企业是否直接向农民采购新鲜的农副产品？回答是否，因为不存在这样的体制。

然而今天直接采购已成为现实，家乐福中国不久将实现北京和上海门店出售的 50% 的蔬菜和水果直接来自于农民专业合作社。

要知道，取得这样的成绩我们走过了很多路。中国政府、商务部及农业部为此制定了新的法律法规，特别是创立了农民合作社。地方政府也积极地参与其中，给予农民培训工作极大的支持。所有的零售企业都参与到了这个项目中。

我自己也积极投身其中，因为这是一个非常棒的项目。通过农民直供项目，顾客能买到更新鲜安全的产品，农民收入增加的同时其专业水平也得到了提高，真正做到了双赢。

农民直供项目的成功还要归结于企业与高校和研究机构的合作，正是有了这一新的合作体制才使得农民直供得以蓬勃发展。借此机会，我要感谢中国农业科学院，特别是农民直供项目的负责人胡定寰教授，是他将理论结合到实践，造就了这个项目的成功。

我希望家乐福能成为在华零售企业本土化的典范，更好地发挥我们在农民直供项目上的经验，并把这个理念发扬光大。农民直供到家！

罗国伟 Eric Legros

家乐福（中国）首席执行官

2010 年 6 月 8 日

Preface

This book depicts a project with long-term benefits for Chinese companies—farmers as direct suppliers to companies.

When I came to China four years ago, I asked everyone this question: "Do retail companies in China purchase fresh farm products directly from farmers?" The answer was no—this kind of system didn't even exist!

Today Direct Purchase is a reality and Carrefour China is on the way to reach in a near future 50% fruits and vegetables farm association procurement in Beijing and Shanghai.

But you should know that we traveled many roads to reach this point. The Chinese government, including the Ministries of Commerce and Agriculture, formulated new laws and regulations, such as a law establishing farmer cooperatives. Local governments also enthusiastically joined in, giving farmers training and support. All retail companies were involved in this project.

I myself was an enthusiastic participant in this great project. Through the farmer direct-purchase project, customers can buy inexpensive and safe fresh produce while farmers earn more money and gain greater expertise. It's truly a win-win situation.

The success of the farmer direct purchase project is a result of the cooperation of companies with universities and research institutes in a new type of collaboration to help farmers flourish. I would like to take this opportunity to thank the Chinese Academy of Agricultural Sciences, especial Professor Hu Dinghuan, head of the farmer direct-purchase project. The success of the project was due to his combination of theory and practice.

It is my hope that Carrefour will be a model of localization in China. Building on this experience we can spread the concept far and wide. Farmers linked directly with your home!

Eric Legros
Carrefour (China) CEO
June 8, 2010

家乐福中国区总裁罗国伟先生与作者

家乐福农民直采团队

目录
CONTENTS

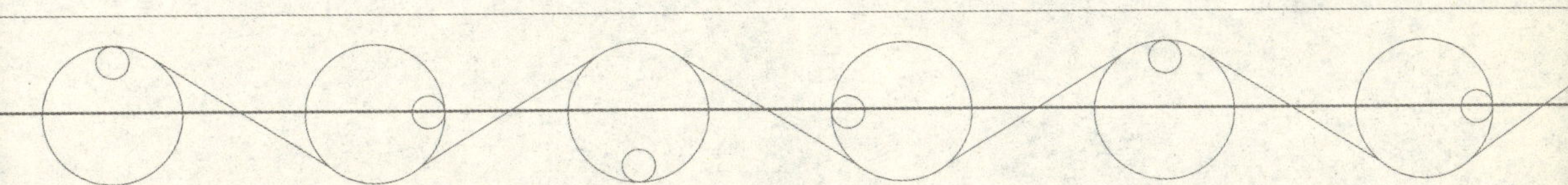

第二章　超市篇 071

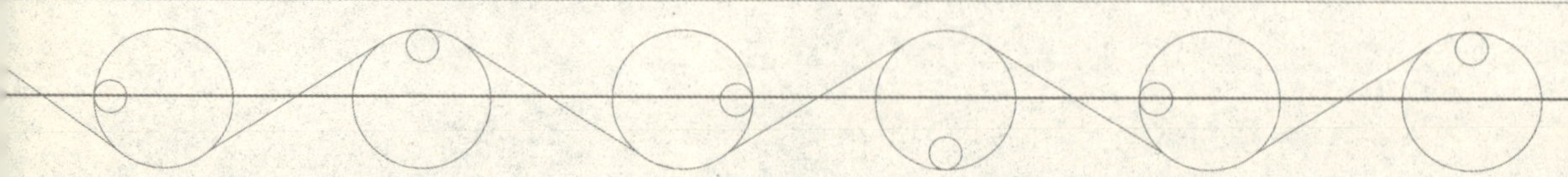

第三章　农超对接实践篇 137

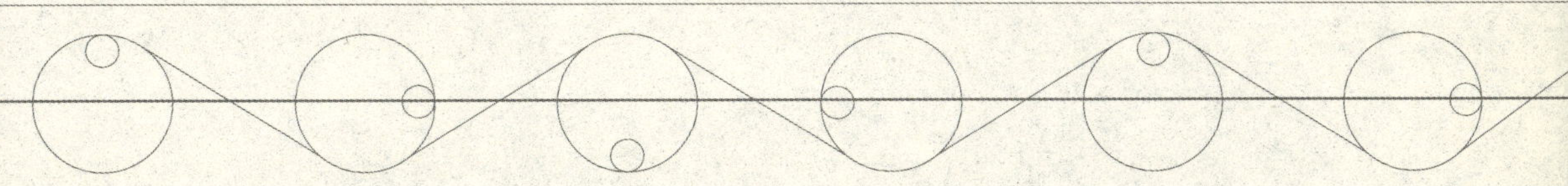

第四章　农超对接发展篇 235

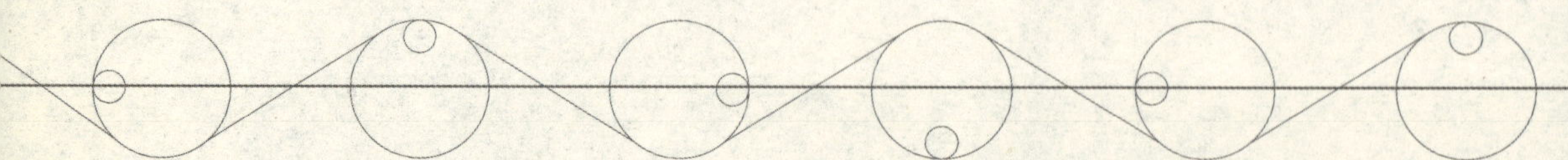

第五章　农超对接的挑战 285

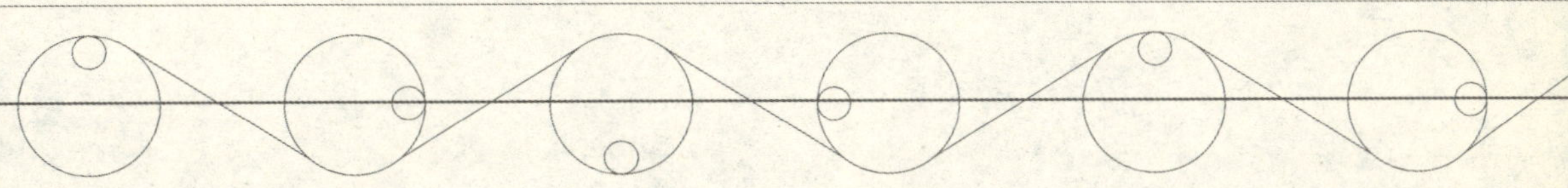

第一章　农民组织篇

作为一名长期从事农业经济和农产品市场研究的学者，我几乎每年有8个月的时间在田间地头进行调查、研究和培训。怀着对农民的深厚情感，真心诚意想为农民朋友做一点事情。但是要做事就要明白农民最需要什么？如果用一句话来总结这些年在农村调研的感受的话，那就是『我们农民的产品不好卖，而且变得越来越不好卖』。

第一节　农产品为什么难卖的真正原因

作为一名长期从事农业经济和农产品市场研究的学者，我几乎每年有 8 个月的时间在田间地头进行调查、研究和培训。怀着对农民的深厚情感，真心诚意想为农民朋友做一点事情。但是要做事就要明白农民最需要什么？如果用一句话来总结这些年在农村调研的感受的话，那就是"我们农民的产品不好卖，而且变得越来越不好卖"。

2008 年 12 月，我带领一批研究生到河南省郑州市郊区搞调研。得知附近中牟县胡萝卜收购价格大跌，每市斤只有 8 分钱。据我所知，这个时候许多超市也正需要价廉物美的胡萝卜。因为工作关系我认识不少超市老总，想看看能不能帮助当地农民做些事情，于是马上决定亲自去一趟中牟。到中牟后，农业局的同志带我直奔田头，当时的场景至今仍历历在目：中牟县胡萝卜大丰收，田垄上整整齐齐地码着一排排又红又壮的胡萝卜；批发市场到处是堆成小山包似的胡萝卜，不少工人坐在一座座胡萝卜山旁边挑拣、装包。北方入冬后天色暗得早，下午五点钟已是掌灯时分，农民还在用手推车源源不断地把胡萝卜往市场上送，但这时整个批发市场上只有一辆卡车在装收获的胡萝卜。一位老农对我说，今年收成特别好，比平时翻了一番，可是胡萝卜价格却跌了又跌，"从每市斤 3 毛跌到 8 分还没有人要。"我问他胡萝卜丰收后挣钱不挣钱，老人家沮丧地摇摇头，只说："难，难，难"。

这样的事例不止一个，湖北宜昌是一座美丽的旅游城市，这里有闻名中外的三峡大坝和风景名胜三友洞，蜜橘也是宜昌一绝，特别是夷陵区的蜜橘以皮红、味甜、肉质细腻无渣而名声远播。2007 年，宜昌农民的蜜橘不愁卖，即使价格很高也供不应求。在 2008 年 10 月下旬蜜橘收获时节，我再次来到宜昌，却发现前一年 2 元一斤都不愁销路的蜜橘，现在价格却是一降再降，即便如此，也不容易卖出去。主要是很多消费者听说四川的蜜橘里发现了“蛆”，即一种大食蝇产下的卵在橘子中孵化成幼虫，吓得不敢碰蜜橘。其实有大食蝇灾害的蜜橘只发生在四川某地，但在信息化时代，“坏消息”通过报纸、电视和互联网一夜间就传遍大江南北，湖北橘农也只能“望橘兴叹”。

农产品市场总是那么脆弱，仅 2008 年一年就发生过好几起农产品价格剧烈波动的事件。譬如，原来卖得很好的海南青辣椒突然在 4 月份出现过剩，辣椒的种植成本不低于 0.6 元，销售价格却从每市斤 2 元一路猛降到 0.15 元，却还无人问津，很多海南菜农不得不就地销毁辛苦种出的辣椒。

2008 年 8~9 月间，贵州省一些地区的番茄也出现过大面积滞销，每斤骤降到 0.15 元也卖不出去，农民兄弟们只好眼巴巴地看着丰收的番茄烂在地里[①]。10~11 月份间，山东济南七里堡蔬菜批发市场的白菜批发价仅 0.12 元一斤，而往年最高时可以卖到 0.40 元一斤。虽然农药和化肥在涨价，但是白菜价格却下滑[②]。

2009 年 11 月，广西香蕉大丰收，总产量高达 210 万吨，因与南方其他香蕉主产区同时上市，加上北方雪灾，运输困难，香蕉遭遇 10 年来最严重的滞销，销售价格最低的时候每市斤只卖 0.2 元。

其实，农产品价格大起大落不只是发生在最近几年，20 世纪 90 年代已经初见端倪。进入 21 世纪以后，随着我国农产品生产力的急剧提升，全国农产品市场和集中产区的形成，农产品价格波动不仅幅度增大，而且发生频率也加快。譬如，2004 年全国最大的荔枝生产基地，广西省的荔枝产量同比增长 50%，由于前来收购荔枝的客商比往年减少一半，使得价格下跌超过三成。2005 年，江苏小麦大丰收，数量增加近半成，但由于每斤价格下降 0.1 元，当地农民增产却不增收，每亩比上年减少收入 70~80 元。2006 年，山西阳曲凌井店乡西葫芦每斤只能卖到 3~5 分钱；同年山西阳高 8000 亩圆白菜由于价格太低，农民不愿意再花费劳动去收

① 赵永平 . 农产品卖难，下季能不能赚回来 . 人民日报，2008 年 10 月 13 日。

② “济南今年白菜不好卖”. 中国农产品加工网 .http://www.csh.gov.cn，2008 年 11 月 18 日。

获，结果这些圆白菜只能烂在地里[①]。

我国农产品供给已经成功告别普遍短缺时代，农产品市场从卖方市场转向买方市场。于是农民开始担忧起自己的农产品卖不出好的价钱，西瓜丰收了，花菜丰收了，荔枝丰收了……却不容易高价卖出去。有许多生鲜农产品，如香蕉、草莓、荔枝和木瓜等，成熟后如果不及时卖出去就会很快地变质腐烂。但价格太低，又怎么忍心出手。眼见辛苦一年的产品烂在田头树上，我们农民心疼却束手无策，欲哭却无泪。而欠着的种子、化肥等农资费用却是一年比一年贵。农民卖农产品真难!

图 1-1　丰收以后的胡萝卜价格大跌

自 20 世纪 90 年代以来，无论是粮农、果农、菜农还是奶农，无论他们种植水平如何，无论沿海还是内地、不同年份、不同季节均存在不同程度的农产品"卖难"问题。农户无法摆脱农产品的价格"忽涨忽跌"，需求"忽多忽少"，收入"忽高忽低"的境况，许多农民往往陷入"增收—减收—增收—减收"的循环怪圈（图 1-1）。

第二节　农产品为什么卖不出好价钱

改革开放以来，我国农产品的产量不断扩大。但是从 1995 年起，价格一直下降，特别是近几年农民"卖难"问题经常出现。因此，当农产品

① 重视农产品"卖难"对新农村建设的不利影响．合作经济与科技．http://www.jjykj.com/wenzhang/viewnews.asp？ id=5787

由长期“供不应求”转变为阶段性的“供大于求”后，为农产品寻求市场就成为农业发展的关键，我经常思考：为什么我们农民辛辛苦苦地种出来的农产品常常卖不出好价钱？促使我去探究这个问题的是下面这样一件事。

2005 年，我在湖北省宜昌调研时，一位农民兄弟告诉我，辛苦一年种地的纯收入是 4000 多元，有一男一女两个孩子，分别在县重点高中和初中念书，孩子很争气，书读得非常好。我问他：“两个孩子住在县城读书，一年要花多少钱？”“7000 多元”。“你家一年收入 4000 多元，拿出 7000 多元给孩子上学，自己生活怎么办？”“省吃俭用以外，还要向亲戚朋友借钱给孩子读书。”“为什么？”他的回答使我今生难忘，“如果孩子不读书，他们将来也要像我一样穷。”这是一位平凡父亲的肺腑心声，也是一位伟大父亲的殷切希望，而他只是中国农村成千上万父母中的普通一员。我深切感受到：这种甘于奉献的精神必将鼓舞子女上进求索、自强不息。然而，为什么不能够让这些种地的农民更加富裕些，不用省吃俭用、出外借钱就能够让孩子安心读书、报效国家？我想只有破除“农产品卖难”的难题，才能使农民有合理的收入！

农产品卖难的原因，我的理解是：

第一，我们农民朋友不了解市场，在市场经济条件下，农民收入好坏主要由农产品市场所决定。农产品价格的高低决定于供给与需求的数量比较，当供给大于需求的时候，价格下降；需求大于供给的时候，价格上升。提出采用这个规律来管理国家经济的是 18 世纪的一位英国著名学者，他的名字叫亚当·斯密。18 世纪的欧洲被分割成很多小国家，君主们为了黩武穷兵，千方百计地掠刮老百姓的钱财，国与国之间设立各种关卡，尽可能不让当时作为货币的金和银流到其他国家去。君主们顽固地以为，如果通过贸易让金银流失到其他国家去，就等于流失了国力，会使国家打败仗。针对这种错误的观点，亚当·斯密在 1776 年出版了他的著作《国富论》。在这本书中，亚当告诉当时的君主，让他们不用担心自由贸易会损害国力，破坏社会和经济秩序。他说，管理人的有“上帝”，管理经济秩序也有一位上帝，这个上帝用人类“看不见的手”来管理经济社会。亚当·斯密的依据是，在资本主义社会中，每一个人"在经济生活中只考虑自己利益"，生产者在生产产品的时候考虑的是怎样赚更多的钱，消费者在购买商品的时候，考虑用更少的钱买更多的商品。因此，当市场上某种商品价格上涨的时候，生产者就会自动地增加商品产量；当这种商品价格下降的时候，他们自觉地减少商品产量。而消费者在商品价格低的时候多买一些，商品价格高的时候少买一些。生产者和消费者为了自己利益，在不断地调整商品数量的供给与需求，从而使得整个社会商品的生产与消费趋于平衡，原理见图 1–2 所示。亚当·斯密是为我们揭示价格调整商品供求秘密的第一人，人们尊称他为"近代经济学之父"。

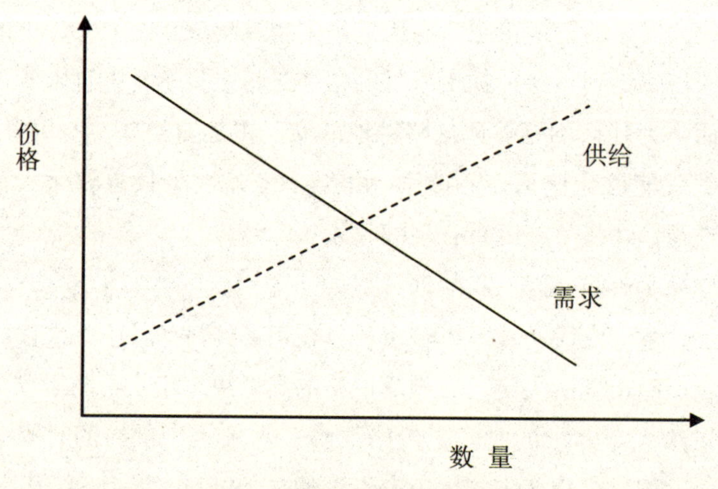

图 1–2　供给与需求关系图

市场是主宰生产的"上帝"还是"恶魔"？市场本来是为我们出售商品服务的场所，可是，当我们所有的农民把自己种出来的农作物，养出来的家畜禽卖到市场上去以后，有时候市场就变成了控制我们自己的"妖魔"，时时要同我们作对。当我们种出一种新的农产品，卖到市场上的第一年价格不错，第二年不如第一年，第三年更不如第二年。"看不见的手"这个东西看不见、摸不着，因此我们对它无可奈何、无计可施。

归根结底，市场问题就是要解决农民种什么的问题。"人无我有，人有我优”，这样的农产品不愁卖不出去。多年来，农民决定种什么时“靠拍脑袋”，生产时“靠天吃饭”，销售时坐等经销商上门，市场经济意识淡薄，只顾自己搞生产，忽略了对市场的分析和判断，与市场对接链条的缺失也造成了农产品的滞销。这主要是因为我们大家各干各的，无法统计生产多少农产品，生产什么样的品种，以及怎样使得农产品供应数量与市场需求数量基本相符，避免由于生产过剩而导致价格暴跌的发生。

第二，我们农民掌握的信息和销售技巧不如经纪人和批发商。那些买我们农产品的“老板”，一个比一个精明，他们掌握的市场信息又比我们多得多，买卖中价差的大部分都被他们赚走了。2009 年，我在研究甘肃省定西市安定区的马铃薯市场问题时，当地的同志讲过这样一个故事：安定区由于缺乏水源，一年平均降水量 300 多毫米，蒸发量却在 1000 多毫米以上，当地的农民非常贫穷。20 世纪 80 年代，世界银行专家曾经宣判安定区为“不适合于人类居住的地方”。这里的人没有其他地方可以迁移，只能以“人定胜天”的精神在这块土地上“与天斗，与地斗”。90 年代开始安定区政府通过引进优质品种、培训农民、提供技术支持等措施来积极鼓励农民种植马铃薯。虽然马铃薯长得很好，可一斤马铃薯最多只能卖一角多钱。为了把自己的马铃薯卖给外地来收购的批发商，农民竞相压价。扣除生产成本，农民辛苦一年也挣不上多少钱，于是不少农民改种其他的农产品。政府决心找出其中原因。政府抽调了一批干部去跟踪外地批发商运输马铃薯卡车的去处。干部们跟踪到陕西、湖北和四川等省批发市场。发现这些外地批发商从安定区用 0.15 元 / 市斤收购的马铃薯，运输到这些省份批发市场，每斤可以卖 0.5 元左右，扣除运输成本和人工费，每斤可以赚 0.15 元以上。干部们这才明白不是安定的马铃薯不好，也不是消费者不肯花钱买马铃薯，而是中间利润的大部分被批发商拿走了。这种情况不仅发生在甘肃安定区，全国都很普遍。

第三，我们农民的生产单元小，缺乏规模效应。农村实行家庭承包经营以后，各家各户承包到集体的土地经营权，2005 年统计，农民人均耕地面积为 1.4 亩，一家往往也没有半公顷，很多耕地还分布在好几处地方。农民种出的蔬菜、水果等生鲜产品，卖给来田头收购的经纪人批发商嫌价格太低，自己运送到外地去出售，数量少、运费又不合算。从种植角度出发，现在农业机械和设备价格已经不太贵了，购买还可以得到政府补贴，拖拉机、插秧机或者收割机等农业机械效率高，几亩地的活几小时就干完了。但自己的土地只有那么多，投资购买一台机器用不上几个小时，实在不值。

第四，缺乏技术。种地本来并不是件难事，但现在农业技术进步非常快，农民朋友有时遇上好技术，不甚了解，就不敢尝试；加上市场经济的秩序还不是十分规范，有的时候又会买到假种子、假农药、假化肥，上当受骗。在中国农业科学院工作的我，上班的路上经常碰到手提麻袋的农民打听什么地方出售种子。他们告诉我，如果一旦买上劣质种子，就会白白辛苦一年。他们相信中国农业科学院不会欺骗农民，所以千里迢迢也要到这里购买种子。另外，农民对于农产品加工、冷藏环节和品牌经营等环节的技术都比较缺乏。

第五，缺乏流动资金。有一次，我到黑龙江调查大米生产。一位做大米加工生意的朋友告诉我，大米的价格在 10 月份开始收获的时候最低。可是，很多由于农民没有流动资金，种植大米使用的化肥、农药等都是通过赊账购买的，家中也需要购买生活用品，因此大米下来，不管价格多低，他们不得不出售大部分的大米。那些有资金的加工厂或者批发商乘机大量购进低价大米[①]。绿豆情况也是这样，绿豆上市的时候价格很低，由于农民缺乏资金，不得不在低价的时候出售掉。今年（2010 年）绿豆价格非常高，农民只能眼巴巴地看着绿豆涨价，家中却没有绿豆可卖，钱被他人赚去了。我曾经向一位经营绿豆加工厂的老板打听过，他告诉我：“胡教授，农民手里一粒绿豆都没有了”。跌价的时候我们农民倍受损失，在涨价的时候却捞不到好处（图 1-3）。

① 2010 年 5 月，我带领学生在黑龙江调查大米供应链的时候，得知银行贷款的还款期从 2009 年的 11 月推迟到春节以后，农民感觉宽松多了。

图 1–3　农民向加工厂出售绿豆

第六，农民之间缺乏协作的机制。农村中农民的组织化程度低，相互分工协作困难，农业生产形不成规模效益。以种水稻为例，育种、插秧、施肥、杀虫、收割都需要自己做。农民说：空闲时候无所事事，忙得时候恨不得把脚都举起来。这样根本没有时间去思考市场问题，也不可能直接和市场进行链接。

上述的这些因素都不同程度上阻碍了我们生产力的发挥，也影响我们出售农产品的价格提高。

第三节　城里消费者想要什么样的农产品

我们农民不能只考虑生产和销售农产品，更需要了解消费农产品的人们的想法。现在有很多人说“客户是上帝”，消费者就是我们的“上帝”。我们生产的农产品主要通过经纪人、批发商、零售商才到达消费者手里，同我们产品的消费者基本见不到面。但是，如果我们要卖好我们的农产品，就必须了解消费者需要什么样的农产品。

现在市场上商品非常丰富，同我们农民的收入比较起来，城里人花在购买食品上的钱并不算太多。联合国世界粮农组织提出一个划分“贫穷与富裕”的标准，采用的是“恩格尔系数”。恩格尔系数是指一个家庭的总支出中用来购买食物的费用所占的比例，购买食品的费用在家庭总支出中所占比例越高，表明这个家庭收入状况越差，相反就越富裕。联合国粮农组织提出的标准，是恩格尔系数在59%以上者为绝对贫困，50%~59%为勉强度日，40%~50%为小康水平，30%~40%为富裕，30%以下为最富裕。我国城市居民的平均恩格尔系数已经从1978年的57.5%降低到2008年的37.9%，在30年中间约降低了20%，从原来的“勉强度日”阶段到了富裕阶段。很多城市居民家庭的恩格尔系数已经降到30%“最富裕”标准线以下。但这并不意味着这些人的“幸福指数”就非常高，因为他们面对餐桌上的丰富食品还不那么放心，害怕食品里有农药残留，兽药残留和重金属残留，会影响健康，缩短寿命。

有一次，同一桌朋友吃饭，席中有人问我，胡教授你是研究农业的，你吃什么东西？你吃的东西肯定比我们健康。我的回答是，“我没有诸位那样讲究，一年有8个月在外地出差，走到哪里，吃到哪里，经常在农民家里吃饭。”另一位朋友接上来说，“农民家里的东西才安全。”我说，“可比不上你们吃的山珍海味喽”。又有一个人插进来说，“只要食品安全，价格即使高40%，我也会购买”。这个人说的话代表不少城里人的思想。

城里人担忧食品是否安全还是近10年以来的事情，主要是受媒体曝光的影响，以下我们举几个影响比较大的例子。

一、上海瘦肉精中毒事件

2006年9月13日，上海仁济医院陆续来了一批患者，他们的症状基本相同，手脚麻木、头晕、乏力，病人人数在不断增加。到9月16日，已经有 300 多人。患者当时的感觉是心跳很快，一位患者叙说自己的身体状况时说："心脏怎么跳得这么快，都快跳出喉咙了，身体就一直抖"，其他的患者也出现同样的病状。第一拨病人是同一个单位的，他们告诉医生说他们是吃过猪肉、猪肝、猪腰以后发生的不舒服。检测结果显示这些病人属于瘦肉精中毒。

上海市卫生监督人员经过调查，发现了导致瘦肉精中毒的最终源头。上海市农产品中心批发市场有一位叫李春林的浙江人经营了两个摊位，他从浙江海盐购进了 189 头猪，都批发给了上海市 9 个区的 60 多个猪肉销售摊点。此后不久，李春林和浙江海盐人吴文龙两名犯罪嫌疑人被警方抓获。有关方面查明，9 月 12 日李春林经吴文龙介绍，在明知浙江海盐个体养猪户徐伟忠饲养的 130 头生猪使用了含有瘦肉精饲料的情况下，仍购买和运输了这批猪到海盐屠宰加工厂屠宰，并运至上海市农产品中心批发市场销售，随后引发"瘦肉精"猪肉中毒事件。徐伟忠到案后交代，他在 1 吨饲料内放置 3~4 克"瘦肉精"，目的是提高猪肉的瘦肉率，迎合消费者喜欢吃瘦肉的心理以牟取暴利。

人类发现瘦肉精是在 20 世纪 80 年代初，美国一家公司里的一名青年研发人员不经意地将"盐酸克伦特罗"药品放入猪饲料，结果发现吃这种药品的猪可以提高瘦肉率。一时间引起轰动，饲料公司纷纷采用该产品。可是好景不长，1990 年 3 月出现了"瘦肉精"中毒事件，西班牙 43 个家庭的 135 人，因食用了平素最好的——猪肝汤，导致了一场集体中毒的悲剧，135 人都不同程度地出现了心跳加速、肌肉颤抖、头痛、恶心、忽热忽冷等症状。"瘦肉精"在当地引发恐惧。从 1992 年 1 月至 1994 年，西班牙北部共发生 359 起中毒事件，涉及 232 人，约 97% 是因食用猪肝引起"瘦肉精"中毒的。1995 年，意大利也相继发生了 16 起中毒事件，法国共发生 22 起同样的事件。1997 年 3 月，我国农业部下文，严禁瘦肉精在饲料和畜牧生产中使用。

二、红心鸭蛋事件[①]

2007年，北京农贸市场上有不少小贩打着白洋淀“红心”鸭蛋的招牌招揽顾客。这种“红心”鸭蛋的产品包装上介绍：白洋淀的鸭子捕食小鱼小虾、水虫水草，因此鸭蛋的营养价值远远高于喂饲料的鸭子产的鸭蛋。其特点是蛋黄颜色红得鲜艳。一名记者来到所谓的“红心鸭蛋的原产地”白洋淀调查。白洋淀位于河北省安新县境内，水陆交错，很适合放养鸭子。然而记者走访十几个养鸭场后获知，白洋淀这一带鸭子产的鸭蛋，蛋黄实际上并没有那么红。记者发现所谓白洋淀“红心”鸭蛋并不是白洋淀当地产的，而是来自石家庄。当地一名养鸭户介绍，鸭子之所以能产下“红心”鸭蛋，关键是在饲料里加了一些“营养素”。只要是产“红心”鸭蛋的养鸭场，喂的饲料都是红色的。“营养素”由一个名叫朱来永的人提供的。朱来永除了出售这种“营养素”，还收购吃了“营养素”的鸭生产的鸭蛋。记者从养鸭基地取了一些“营养素”的样品，送到中国检验检疫科学研究院食品安全研究所做检测分析，发现这种“营养素”是工业染料苏丹红Ⅳ号。国际癌症研究机构将苏丹红Ⅳ号列为三类致癌物。其初级代谢产物邻氨基偶氮甲苯和邻甲基苯胺均被列为二类致癌物，对人可能致癌。

事发后，“红心蛋”事件主要责任人被刑拘，河北省安新县和井陉县两县涉案养殖户库存的鸭蛋全部封存送检，对国华禽蛋加工厂等加工企业进行控制并检测。受到红心鸭蛋事件影响，一时间北京等大城市鸭蛋鸡蛋消费量顿减、价格下降，影响到很多没有使用“营养素”的禽蛋生产农户。“城门起火，殃及池鱼”，很多无辜农民因此遭受损失。

---

① 资料来源：http://www.jcrb.com/zhuanti/fzzt/shipinanquan/huigu/200908/t20090824_255400.html。

三、上海多宝鱼事件[①]

2006年11月17日，即在北京红心鸭蛋事件刚平息不久，国际大都市上海又升起食品安全红色警报球。因为上海市食品药品监管局在上海市场上的多宝鱼中检出药物残留超标严重。该局对水产品批发市场、超市和部分饭店采样的30条多宝鱼进行检测，结果发现30件样品全部检出硝基呋喃类代谢物，部分样品还检出恩诺沙星、环丙沙星、氯霉素、孔雀石绿、红霉素等禁用渔药残留，部分样品土霉素超过国家标准限量要求。

硝基呋喃类药物、氯霉素、环丙沙星等在国际国内均为禁用渔药。孔雀石绿是一种带有金属光泽的绿色结晶体，具有高毒素、高残留和致癌等副作用。国家将孔雀石绿列入《食品动物禁用的兽药及其化合物清单》。

多宝鱼是我国最新引进的名贵鱼类，每斤的价格在200元左右。多宝鱼原产于欧洲大西洋海域，是世界公认的优质比目鱼之一。古罗马人早就把多宝鱼当作美味，还给它起了个“海中雉鸡”的名字。在欧洲，由于它的肉质鲜嫩、口感清香，是制作鱼排和鱼片的上好原料。

我国自20世纪90年代中叶从欧洲引进多宝鱼养殖方法，几年的功夫就在北方沿海形成多宝鱼水产养殖业。我国在2001年从欧洲购买几十万条多宝鱼鱼苗，到2006年多宝鱼的产品增加到5万多吨。

多宝鱼被检出药物残留超标，严重影响到餐馆饭店的多宝鱼销售，给多宝鱼养殖农户造成巨大经济损失。以山东为例，这个全国最大的多宝鱼养殖省份，养殖量约占全国总量的80%，由于受药残风波的影响，全省有约5000万尾，近20亿元的多宝鱼销路无门。

① 资料来源：http://bbs.bbwfish.com/redirect.php？ tid=990&goto=lastpost；http://life.people.com.cn/GB/1089/5086086.html 和 http://www.dahe.cn/xwzx/rdtj/t20050629_148781.htm。

四、三聚氰胺奶粉事件①

"一杯牛奶强壮一个民族"，喝牛奶已经开始在我国普及。奶牛养殖业的发展不仅有助于增进国民身体健康，而且也为奶牛养殖农户收入的提高发挥积极的作用。可是，2008 年我国发生的三聚氰胺奶粉事件，却引起全国上下巨大的震惊。

2008 年 6 月 28 日，位于兰州市的解放军第一医院收治了一名患"肾结石"病症的婴幼儿。据家长们反映，孩子从出生起就一直食用河北石家庄三鹿集团所产的三鹿婴幼儿奶粉。7 月中旬，甘肃省卫生厅接到医院婴儿泌尿结石病例报告后，随即展开了调查，并报告卫生部。随后短短两个多月，该医院收治的患婴人数就迅速扩大到 14 名。9 月 11 日，除甘肃省外，陕西、宁夏、湖南、湖北、山东、安徽、江西、江苏等地都有类似案例发生。9 月 11 日晚卫生部指出，近期甘肃等地报告多例婴幼儿泌尿系统结石病例，调查发现患儿多有食用三鹿牌婴幼儿配方奶粉的历史。经相关部门调查，高度怀疑石家庄三鹿集团股份有限公司生产的三鹿牌婴幼儿配方奶粉受到三聚氰胺污染。9 月 13 日，党中央、国务院对严肃处理三鹿牌婴幼儿奶粉事件作出部署，立即启动国家重大食品安全事故 I 级响应，并成立应急处置领导小组。9 月 17 日，河北省正定县新城堡镇景芳牧场小区业主崔景芳的 5 吨鲜牛奶被倒进地沟。从 9 月 14 日到 16 日，河北全省损失生鲜奶 5936 吨的牛奶，每吨牛奶平均价值 3000 人民币，绝大多数都被奶农无奈地忍痛倒掉。

三鹿牌婴幼儿奶粉事件发生后，党中央、国务院高度重视，作出重大部署。国家质检总局紧急在全国开展了婴幼儿配方奶粉三聚氰胺专项检查。2008 年全国共有 175 家婴幼儿奶粉生产企业，其中 66 家企业已停止生产婴

① 资料来源：http://bbs.pcb100.cn/index.php/article/bfsj/2009-11-11/15677.htmlhttp://www.sciencenet.cn/htmlnews/2008/9/211092.html；http://news.cctv.com/society/20090115/107648.shtml。

幼儿奶粉。此次专项检查对其余 109 家企业进行了排查，共检验了这些企业的 491 批次产品。专项检查显示，有 22 家企业 69 批次产品检出了含量不同的三聚氰胺。

三聚氰胺是一种化工原料（也有人称之为蛋白精），常用于制造日用器皿、装饰贴面板、织物整理剂等。三聚氰胺含有毒性，长期摄取三聚氰胺可能造成生殖能力损害、膀胱或肾结石、膀胱癌等病症。为什么要在鲜牛奶中添加三聚氰胺？因为三聚氰胺添加在食品中可以造成食品蛋白质含量较高的假象，用对水牛奶冒充达到标准原奶，在原奶检测中提高蛋白质含量的指标。"三聚氰胺"事件已经结束，但它留在消费者心中的阴影和造成的恶劣影响，还需要有更长的时间才能抹平。

五、广州瘦肉精中毒事件[①]

经历"三聚氰胺"事件，全国上下都对农产品的食品安全非常关注的时候，2009 年，广州又发生了瘦肉精中毒事件。2009 年 2 月 18 日，广州发生多起由于食用瘦肉精残留的猪肝和猪肺而人中毒，接下去几天疑似瘦肉精中毒人数增加，到 2 月 23 日为止，广州市累计接到 21 宗事件报告，共 67 人发病。广州市动物防疫监督所追查确定，增城市和广州天河区等地患者采购的问题猪内脏都来自广州天河牲畜交易市场的两个档口，17 日曾有两名供货商持伪造进场证入场生猪 140 头，"问题猪"均来自这两批未过检的生猪。

原来，在 2008 年 10 月，犯罪嫌疑人邓云高租用白云区太和镇夏良村金戎生猪交易市场 37 号档口销售生猪。2009 年 1 月 21 日晚，邓云高明知所销售的 95 头生猪含有瘦肉精有毒、有害成分，仍雇佣被告人刘训尧、肖学庆将其中的 40 余头生猪卖出。

① 资料来源：http://www.yuhome.net/？ action-viewnews-itemid-176。

第四节　食品安全对我们农民的影响

有人会想："食品安全是城里人的事情，和我们农民有什么关系？"在2004年国务院发展研究中心和世界银行联合举办的"中国食品安全战略研讨会"上，有位著名的学者说过一句笑话，他说："有农民说，'城里人吃些不安全的食品没有关系，他们有医疗保险，生病了可以上医院。我们农民没有钱看病，只能吃得安全些'"。

我在农村调查的时候，也发现类似现象。2007年，我到一个生猪主产区去调查，养猪农民告诉我，为了防止猪生病，每次猪饲料中都添加些抗菌素。有个小型的配合饲料生产厂的老板告诉我，他们在饲料中添加少量的砷、硫酸铜和抗菌素。添加砷可以使得猪的毛色发亮，呈健康状态；猪吃了硫酸铜以后，排出粪的颜色为深黑色，农民认为猪的消化好；抗菌素是预防猪肠胃病。现在二元和三元杂交猪抗病能力差。我到一户养猪农户家调查，这家农户共养了10头猪，其中1头与其他9头分开饲养。主妇告诉我，"这头猪是自家吃的，另外9头是卖的，自己吃的猪喂粮食，长得慢，但肉好吃，要养8到9个月。喂饲料的猪3到4个月就可以出售了。"我问她是否会吃另外9头猪的肉。她诚实地告诉我，"不会，一方面喂饲料的猪肉不好吃，另一方面不安全。"

一些种菜的农户也采用这种方式，把自己吃的菜和出售的菜分开种，自家吃的菜尽可能不用农药。因为,他们自己知道"农药的厉害"[①]。孔子曾经说过，"己所不欲，勿施于人"，一个农民能生产自己所需要的全部食品吗？显然不行。

有个城里朋友告诉我一个他的故事。为了自己和家人的身体健康，只

① 这些资料都来自于作者胡定寰的调查。见胡定寰编著2006年和2007年的培训教材。

要是他自己上超市，总是购买具有“有机”标志的农产品。大家知道有机农产品的价格是普通农产品的 4 倍。他家里人不多，经济条件好，也能承受。可是当他从网上得知，有些有机农产品的公司从批发市场买进蔬菜冒充有机蔬菜以后，他再也不信有机蔬菜了。个别公司掺杂使假破坏了“游戏规则”，大部分经营有机蔬菜公司和农民却受其牵连。

在很多情况下，即使自己有好产品，也可能出现“养在深闺无人识”的情况。2005 年初冬，我去河北省石家庄附近的藁城县调查。藁城是蔬菜种植大县，有大片的蔬菜温室大棚。其中有 20 多个大棚是“中德国农业项目”所资助的。大棚里种植的番茄，德国配方的肥料由滴灌直接输送到番茄的根部。大棚设有防虫网和黏虫纸，并且还放了不少丽蚜小蜂[①]。在番茄种植期间基本上不用喷洒农药。然而农民却抱怨这种安全和优质的番茄不好卖。这种方式种植的番茄投入高，而前来采购的经纪人和批发商却对番茄的安全性不认可。农民告诉我说，“那些老板不愿意多给钱，他们的理由是，我们的番茄与其他农民的在外观上没有明显区别，他们卖不了高价钱，所以也不愿意提高价格来购买我们的产品”。确实，让这些只种一两个大棚的农民把产品运到城里出售不现实，即使运到城里，消费者又怎么会相信这种番茄是采用安全技术的高品质产品？

图 1-4　作者在大棚中向农民了解番茄种植情况

大棚农民让我尝了一个刚采下来的番茄。一口咬下去，一种久违的醇厚的番茄特有的香和甜中略微带有一点酸的味道充满了整个口腔，也激发起童年时的回

① 丽蚜小蜂是世界广泛商业化的用于控制温室作物粉虱的寄生蜂。

忆。20 世纪 60 年代吃不上水果，母亲从菜市场多买几只番茄，洗干净放在盘子里让我们消夏。当时吃番茄没有特别感觉，可是，在物质丰富的今天却再也尝不出当年的番茄味道了（图 1–4）。

其实，在我国很多农民有优质和安全的农产品，但是，因为种植和养殖的规模太小，还不值得做广告和宣传。这样做的"交易成本"太高。交易成本又被称交易费用，这个概念是由诺贝尔经济学奖得主科斯（Coase，R.H.）在 1937 年提出来的。他在《企业的性质》的论文中提出，要在市场上做成生意就会发生成本。科斯称这种成本为"交易成本"有一个叫做戴黑曼（Dahlman）的人把科斯的交易成本细分为：搜寻信息的成本、协商与决策成本、契约成本、监督成本、执行成本与转换成本。他说："所谓交易成本就是指当交易行为发生时，所随同产生的信息搜寻、条件谈判与交易实施等的各项成本。"如果我们为了很少的一些农产品来寻求特殊的买家，往往是不合算，因为"交易成本太高"。

然而，是否意味着即使我们有优质和安全的农产品也不能卖好价钱呢？不然，关键在于我们需要有更多的数量。譬如，我们共有 1000 吨优质和安全的番茄，那么我们就可以外出宣传，寻求更好的市场，让需要安全和优质并有意出高价的人来购买。我们农民现在户均耕地一般都不到半公顷，怎样生产出 1000 吨番茄？其实不难，如果我们 100 家，甚至 200 家种植番茄的农民把番茄集合在一起出售，数量不就有 1000 多吨了？关键是我们需要采用一种方式，这就是组织。

"团结就是力量"，"众人拾柴火焰高"，如果我们 100 户、200 户甚至更多的生产同类农产品的农民组织起来，我们就可以做很多一家一户无法做到的事情。

第五节　农民组织的积极作用

2009 年 12 月，有位荷兰瓦赫宁根大学的教授来湖北宜昌培训农民专业合作社，他讲的荷兰农民合作社的发展历史对我很有启发。荷兰是欧洲的一个小国家，位于欧洲西部，国土面积非常狭小，总面积为 41526 平方公里，相当于我国江苏省的 2/5；人口 1610.6 万人，只有江苏省总人口（2008 年）7677 万人的 1/5 略多一点（图 1–5）。但是，荷兰的农业极其发达。2006 年荷兰农业初级产品的增加值达到 10.2 兆美元，农产品净出口值达到 2497.2 亿美元，占世界第二位。农民人均农产品出口金额达到 26.9 万美元，高于世界上所有的国家[①]。荷兰农业发达同农民组织化程度高有直接的关系。1876 年，荷兰颁布第一部农民合作社法，1877 年建立第一家农民合作社。社员通过合作社共同购买种子和化肥，出售农产品。

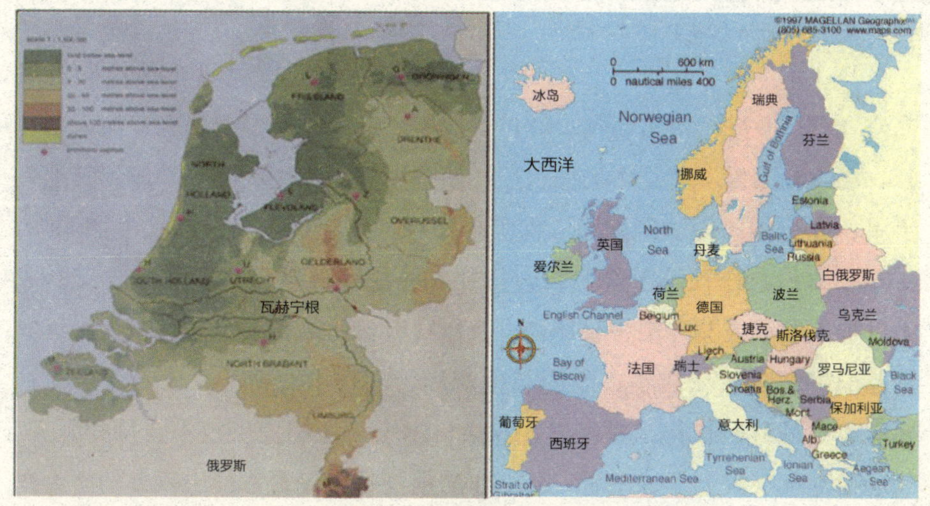

图 1–5 荷兰的地理位置

荷兰早期的合作社分成 5 种类型。第一种是共同采购农资的合作社；第二种是加工和销售农产品的合作社，譬如世界著名的荷兰阿斯米尔花卉拍卖行就是农民合作社经营的（图 1–6）；第三种是为农民提供贷款的合

① 资料来源：厉为民，《Duch Agriculture，through the eyes of a Chinese economist》，第 39 页。

图 1-6　荷兰阿斯米尔花卉拍卖行[①]

作社，荷兰合作银行（Rabobank）就是农民协会自己办的银行；第四种是提供保险等服务的合作社；第五种是帮助农民社员记账和进行技术支持的合作社。荷兰的农民可以同时加入多种类型的合作社，也即是农民不仅是一家合作社的社员，他们同时还是其他合作社的社员。

荷兰农民参加合作社的目的有：①增加自己的谈判能力。如出售蔬菜时，通过合作社同批发商或者出口商进行价格谈判；②扩大规模。例如，奶牛养殖农户加入合作社，可以共同投资建立牛奶加工厂，使得牛奶的加工利润不外流到其他人手里；③分担风险。例如加入保险合作社，每年投入少量的钱参加保险，一旦受灾，合作社给予补贴，合作社农民相互分担风险；④减少交易成本。加入蔬菜或花卉销售合作社，合作社有自己的拍卖市场，减少出售农产品时的各项买卖成本；⑤提高生产和管理技术。荷兰农民专业合作社还有自己的科研机构，农民出钱养活科学家为他们提供技术支持和服务。譬如荷瓦赫宁根大学经济研究所 LEI 的前身是农民合作社出钱办的研究单位。合作社的研究所比政府的研究所更能贴近地服务农民。

荷兰农民组织化程度的提高增强市场竞争力，提高农民的人均收入。2002 年荷兰人均收入 2.3 万欧元，农民户均收入 4 万欧元，折合人民币 39 万元，是我国 2009 年农民人均收入的 80 倍。

农业劳动同其他部门的劳动很不一样，工业劳动已经有了非常精细化的分工，而农业劳动从播种到收割到出售都由一家人来完成。拿汽车制造

① 本照片由中国农业大学于嘉林教授提供。

为例。日本丰田汽车公司组织一台汽车大约需要 3 万多个零部件，这些零部件分散在 3000 多家大大小小的零部件工厂生产，假设平均每个工厂雇佣 30 个生产工人，那么至少需要 9 万多个工人来生产不同的零部件，加上汽车的组装、销售和售前售后服务，估计生产和销售一台汽车至少需要 10 万个人。同汽车产业相比，农民的劳动虽然复杂，但由于没有分工和协作，效率明显低下。怎样提高效率？我们认为，农民的劳动也需要同工业生产一样，进行分工协作。但前提只有一个，在一个组织的前提下，我们农民的劳动才有可能分工和协作。

第六节 国外的农民合作组织

农业是最古老的产业，8000 多年的农业劳动的宝贵经验告诉我们农业生产需要分工和协作。要想通过农业让我们农民真正发家致富，农民不加以组织是不行的。同时，世界已经进入全球化时代，我们有条件去学习国外的一些先进形式为我所用。因此，这部分就把国外的一些经验介绍给大家，希望在开阔视野的同时亦能帮助大家对自身的组织建设有所裨益。我们首先从美国开始。

一、美国农民合作社①

美国农业合作社的发展与美国的农业条件密不可分。从自然条件来看，美国耕地面积广大，农业劳动人口比重较小，每个农户平均占有耕地高达 2700 多亩，最多的竟可以达到 12000 多亩。所以，美国的农民一般是农场主。同时，美国是世界上经济大国，拥有发达的现代工业体系，依托其工

① 资料来源：主要参照黄步军“美国农场主合作社与市场经济同步发展”http://www.agricoop.net/news_view.asp？ id=50。

业条件，农业也建立起现代化体系。现代化体系的建立极大促进农业的发展，美国农业年产值约占工农业产值的16%，每个农民的年均产值是6万~7万美元，折合人民币是40万元。另一方面，美国农业现代化的一个重要标志就是合作社的建立。

美国最早的农民合作社要追溯到200年前，1810年的康涅狄格州奶牛养殖户成立了美国最早的农民合作社。现在，约有80%的农民都加入了各种不同形式的合作社。这也就意味着每10个人里有8个人是合作社的社员。所谓不同形式的合作社主要包括供给合作社、信贷合作社、销售合作社以及其他服务合作社。其中，销售合作社的数量最多，有2000多个，占合作社总数的一半以上。美国的农民合作社也可以分为开放式和封闭式两种形式，80%属于传统意义上的开放式合作社。

美国农民合作社的成立是为农民服务的，是农民自己的组织。此话怎讲？一方面，农民合作社是农民自愿结合在一起成立的组织，属于农民自己所有，自己管理，收益也由自己分享，任何人不得干涉；另一方面，其他的出资人，即股东，可以包括不是农民的一些组织或个人，但必须以农民为主，农民治社。

我们以美国西部中心合作社（West Central）作为例子来简单地概括一下合作社的基本情况。西部中心合作社成立于1993年，由农民参股设立，属于上面提到的开放式农民合作社。目前，它有228个雇员，3500个农户，主要业务是销售大豆、玉米等农作物。该合作社的重要机构是董事会，董事会由11人组成，其中，9人是农民，并由农民选举产生，另外2人不是由选举产生，而是任命的，我们称之为"独立董事"，其中一位是艾奥瓦州立大学的教授。董事会每个月要召开一次会议，如果遇到什么特殊情况，还会召开临时会议。该合作社的股东分A、B两类，所谓A类股东主要是农户，每户一股，每股支付100美元的社费，拥有投票权；而B类股东则是非农户，是与合作社有业务往来的贸易公司等，不需缴纳社费，所以也没有投票权。目前，西部中心社拥有3074名A类股东和84名B类股东。无论是A类股东还是B类股东，他们的回报都是依靠合作社的利润分红。2004年，西部中心合作社赢利480万美元，其中150万分给股东（农户）。表1-1比较清晰地说明了两类出资人的差别。

表1-1 美国西部中心合作社两类股东比较

股东级别	构成	社费	投票权	数量
A	农户	100美元	有	3074
B	贸易公司	0	无	84

资料来源：黄步军"美国农场主合作社与市场经济同步发展。"

美国政府十分重视农业合作社，给予各种优待和扶持，包括法律保护和税收优惠。比如，大多数合作社可以减免赋税，不必缴纳一些国家规定的税种。另外，政府还建立农业信贷合作体系，专门向农民和和合作提供资金支持，这些措施极大地促进了美国农业合作社的发展 。

二、日本的农民协会①

日本的农民合作社也发展得较为完备，值得我们借鉴。早在1947年日本就建立颁布《农民协同组合法》，在全国建立农民协会（农协），到1950年，就已经有99%的农民加入了农协。日本农业的现代化与农民协会密不可分。下面我们简单介绍一下日本农民协会的情况。

日本的农协会员分为两种，一是正会员，一是准会员。所谓正会员，主要是农民，他们直接从事农业生产，正会员对协会的发展方针有管理权、表决权。如果不具有正会员资格，那么就只能是准会员了，准会员通过支付出资金加入了协会，不直接从事农业生产，也没有表决权，他们参加协会只是为了利用农协设施或者服务。2005年日本农协共有会员919万人，其中正会员约500万人，准会员约419万人。

① 资料来源：藤荣刚 *，周若云，张瑜，胡定寰，"日本农业协同组织的发展新动向与面临的挑战——日本经验和对中国农民合作社的启示"。《农业经济问题》，2009年2月。

农民协会的成立是为了给会员提供更多的便利。日本农协为会员提供的服务主要包括：（1）销售业务；（2）购买业务；（3）保险业务；（4）信用业务；（5）设施共有业务。所谓销售业务指的是由农协将会员生产的农产品集中起来统一销售。这就使得农产品销售具有了规模优势，可以在市场谈判上占有利地位，争取更高的价格。所谓购买业务是指由农协集中购买会员所需的农业生产物资。一般来看，农协集体购买的物资会低于个体购买的市场价格。所谓信用业务指的是存款和贷款业务。以农协帮助会员销售水果和购买化肥为例。农协集中出售水果之后，就会把出售水果的钱直接汇入会员账户。如果农户赊账购买农协化肥，农协就可以从该账户中划走赊账的金额，十分方便。农协提供的保险业务和共有设施业务也十分重要。下面的结构图简单的说明了日本农协的基本职责（图 1–7）。

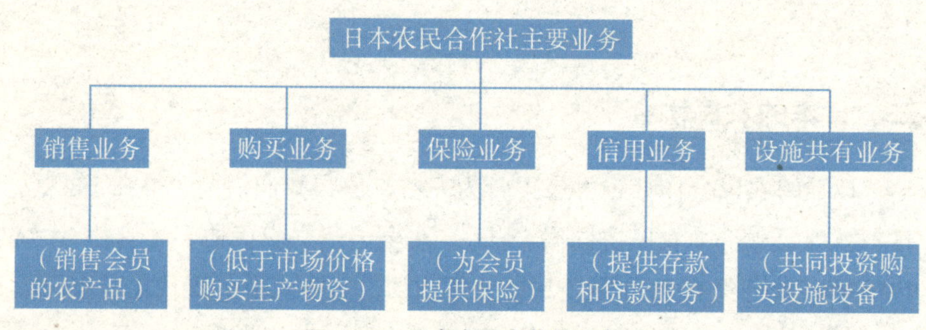

图 1–7　日本农民合作社业务

所以，农协的服务基本已经覆盖农业的各个环节，日本农民已经离不开农协了。因为有了农协组织的合理调度，“轻劳作、反季节、优品种、高收入”也就成为了可能。还有比这更幸福的吗？只要有合适的组织，只要有农协，农民一样可以获得工人的待遇。

三、法国的农民合作社[①]

法国既是欧洲的农业生产大国，也是世界上农产品的主要出口国。农产品出口高居世界第二位，仅次于美国。它的农业成就同样离不开农民合作社。早在 1848 年法国就拥有近 200 个农业合作社。经过 100 多年的发展，农业合作社已经成为法国农业生产部门最主要的组织形式。

当前，法国 90% 的农民都加入了农业合作社，社员 130 多万，合作社的数量高达 6500 多个。通过一项详细的数据可以清晰地看出合作社的地位：法国农业合作社的年营业额约 16500 亿元人民币，合作社在全法国的市场份额中，粮油占 75%，餐用葡萄酒 60%，鲜奶占 47%，羊奶奶酪占 61%，牛肉占 38%，猪肉占 89%，羊肉占 49%，谷物出口占 45%，鲜果出口占 80%，家禽出口占 40%。

法国的农业合作社主要有以下几个特点：

第一、大部分农业合作社属于专业合作社。所谓专业合作社是指经营单品种的农产品。专业合作社更容易集中力量为社员提供产前、中、后服务，其中包括为农户社员供应农业生产资料、种子、禽畜良种、饲料以及人工配种，为社员提供收购、加工、储藏、运输、营销、出口等。

第二、民主办社。所谓民主办社主要体现在在遵守章程的前提下可以加入自由；加入之后即可作为合作社的一员进行民主管理；但是，社员只能和自己的合作社进行交易不得与其他组织交易。

第三、经营权与所有权分开。意思就是说，合作社是农民自己的组织，所有权自然归农民所有，理事会和监事会主席、理事等都应该是农民。但是，在具体的经营管理上却可以雇请专家，由他们具体负责实现管理专业化。

在法国，政府也十分重视合作社的发展，积极为合作社创造便利的条件，比如经济补贴、技术指导、政策贴息、税收优惠、农业保险等等。但

① 资料来源：http://nyw.shac.gov.cn/hwzc/hygl/t20050628_130459.htm。

是，政府只是运用法律手段和经济手段进行调控，而不是直接干涉。

四、巴西的农民合作社[①]

上面的三个国家都属于发达国家，拥有完备的农业现代化体系，现在我们来看一个发展中国家。巴西属于发展中国家，与中国一样。巴西的农业资源十分丰富，耕地面积已经达到 4950 万公顷，人均有 4.7 亩耕地，而且还具有十分大的开垦潜力，因此，有专家认为巴西将会成为“二十一世纪的世界粮仓”。然而巴西的贫富差距却很明显，城乡差别、地区差异相当突出。

为了缩小差异，巴西重视农民的收入，制定各种政策扶持农业的发展，保护农民利益，积极扩大农民的收入。农民专业合作社就是巴西政府为农民制定的各种保护、扶持措施中的一种。

在政府的大力扶持帮助下，巴西已经具备多种形式的农民合作社。这些合作社为农民提供各种服务，在推动农村发展和农业供销一体化的过程中扮演了重要角色。20 世纪 90 年代初，巴西就已经有 4000 多万户农民加入了农民合作社，当时的合作社数量达到 4000 多个。

在巴西，合作社的主要形式有供销合作社、渔业合作社和农村电气化合作社。供销合作社的服务集中在生产和销售两个环节，具体来看，在生产环节，主要为农民提供生产物资，比如种子、化肥等；在销售方面，为农民农产品的分级、包装、仓储、运输、销售和出口等提供服务。同时，它们还会在技术指导、市场信息和管理培训方面提供服务。在巴西，供销合作社有 1500 多个，是最主要的合作社形式。

渔业合作社与巴西发达的渔业密不可分，有近 30 个。它主要为渔民服务，帮助渔民购买设备等生产资料，集中发展渔产品的冷冻、加工、销

① 资料来源：http://www.cnsp.org.cn/ShowInfo.asp？ ID=%7BC688F8E1-02EA-45C8-85E8-828332EFB7D4%7D

售等。农村电气化合作社也是较为专业的合作社，主要负责供电设施，管理农用电的收费和征税。在巴西有近 300 个此类性质的合作社。

一个值得注意的现象是，在巴西，一些经营不错的合作社已经发展成颇具规模的农工综合企业，特别是在糖、酒、咖啡加工行业。无论是销售额、资产，还是它们所吸纳的就业人数，这些企业已经明显在巴西的经济发展中占有一席之地。

第七节　我国历史上的农民组织

一、互助组阶段

中国共产党一贯重视农民问题。在革命早期，毛泽东就提出，“农村问题是解决其他问题的首要前提，也是中国革命的基本问题”，因为“没有农民的拥护和参加，中国革命就不会成功。”在 1927 年，毛泽东发表了“湖南农民运动考察报告”。这是毛泽东在 1927 年年初用 32 天步行了 700 多公里，实地考察了湘乡、湘潭、衡山、醴陵、长沙五县的农民运动情况以后写的一篇调查报告。在这篇报告中毛泽东明确地提出农民需要组建合作社，他说：“合作社，特别是消费、贩卖、信用 3 种合作社，确是农民所需要的。他们买进货物要受商人的剥削，卖出农产要受商人的勒抑，钱米信贷要受重利盘剥者的剥削，他们很迫切地要解决这三个问题。”毛泽东还提出：要办好农民合作社，必须要有“详细正规的组织法”，不然“各地农民自动组织的（合作社），往往不合合作社的原则”[①]。

在第二次国内革命战争时期（1927 年 8 月至 1937 年 7 月），毛泽东根据革命根据地群众创造的劳动互助社和耕田队的经验，指出了这种劳动

① 见毛泽东“湖南农民运动考察报告”，http://news.xinhuanet.com/ziliao/2004-11/22/content_2247012.htm。

互助组织，即农业的生产合作组织在农业生产上的伟大作用。在抗日战争时期，毛泽东号召各抗日根据地应该在群众自愿的基础上，广泛地组织这种集体互助的初级的生产团体。在 1949 年党的七届二中全会上，毛泽东指出："单有国营经济而没有合作社经济，我们就不可能领导劳动人民的个体经济逐步地走向集体化。在中华人民共和国成立以后，根据毛泽东意见，党中央在 1951 年 12 月间做出了一个关于农业生产互助合作的决议，在 1953 年 12 月间又做出一个关于发展农业生产合作社的决议。

让我们来读一个老解放区农民互助组的故事。山西省昔阳县解放得早，属于老解放区。1946 年，共产党员贾进财就在大寨组织起了第一个互助组。这个互助组由 15 户农民组成，当时叫“变工组”。即在农闲时，各家干自己的活，到了农忙时节，便采用换工互助的方式，今天帮这家干活，明天帮另外一家，群众称这种办法是“工换工，不敢啃”。这个互助组后来被人称为是“临时互助组”。

在自然环境十分恶劣的大寨，互助合作显然比一家一户的单干更有优势，再加上党和政府的大力提倡，互助合作发展很快。1947 年，贾进财的“临时互助组”已经发展到了 20 户农家，另外，还出现了由陈永贵组织起来的由 11 户人家组织的第二个互助组。起初陈永贵也答应参加互助组，但后来情况发生了变化，陈永贵决定另起炉灶，自己牵头组织另一个互助组。互助合作的基础是自愿，一方愿意参加，另外一些人也愿意与他合作便可以互助到一个组里。因此，各村开始成立的互助组，组里各家各户的劳力、牲畜和其他生产条件大多比较接近。因为只有彼此相接近，各方面才都不会感到自己吃亏。但是在大寨却发生了这样一件事，一些缺乏“整劳力”的人家也想加入互助组，但组里有人不同意接收，因为如果让他们加入进来，别人就感到吃亏了。身为党支部书记的贾进财此时似乎也爱莫能助。

那些老的老、小的小不被互助组接收的人们找到了陈永贵。陈永贵也确实没有令他们失望。他说："咱们都是贫下中农，咱们的土地都是分果实得来的。如果这些土地种不好，打不下粮食，那就等于白白放弃了革命的果实。所以我打定主意，给咱们这伙老老少少的爷儿们牵头，种好这些土地。他们不收你们，我们就再成立一个组。”

对于陈永贵的表态，大家在高兴感激之余，也多少有些不好意思，觉得这样太让他吃亏了。而陈永贵却说：“不要说吃亏不吃亏。我那时候给人家放牛，连条裤子还挣不下，吃亏不吃亏？毛主席给了我地种，这就是最大的便宜！事情就这么定了。但是有一条，要跟着我干，就要齐心。只要齐心，不次于他们那个组！”他说了就干，一共联合了4个老汉和6个娃娃成立了大寨村的第二个互助组[①]。

二、初级合作社阶段

1952年冬至1953年春，我国部分地区的农业互助开始试点合并成立初级合作社。1953年12月中共中央公布了《关于发展农业生产合作社的决议》，农业合作社从试办进入发展时期。1954年春，农业生产合作社发展到9.5万个，参加农户达170万户。到了1956年初，初级社发展到139.4万个，参加的农户5903.4万户[②]。

初级农业生产合作社的主要特点是土地入股、统一经营、统一分配。为了照顾社员种植蔬菜等生活消费品的需要，合作社划出不超过总土地量5%的土地分给社员使用。入股土地折股办法是按照土地在平常年景可能达到的产量折合成标准亩数计股。入社土地中，已投入农业生产的，均可取得报酬。社员的其他生产资料，如役畜（耕种用的马、牛、骡、驴等）、大型农具（犁、新式犁、马拉农具、水车、风车、抽水机等）、农业运输工具（车、船等）、成片林木、成群的牧畜等，一般都交由合作社统一使用或经营，合作社给畜主和所有者以适当的报酬。初级农业生产合作社劳动组织的基本形式是生产队。社员除参加集体生产劳动外，还可经营家庭

① 资料来源：http://read.dayoo.com/book/content-12415.htm。

② 资料来源：http://news.xinhuanet.com/ziliao/2003-01/20/content_697957.htm。

副业。家庭副业生产工具、零星树木、畜禽和生活资料等归社员私有。

合作社每年的收入实行统一分配，在交纳农业税，扣除生产费，提取公积金、公益金和支付社员土地、林木、牧畜报酬和租种土地的租金以后的剩余部分，按劳动日分配给社员。初级农业生产合作社的最高管理机关是社员大会。社员大会选出的管理委员会管理社务，并选出社主任负责日常工作①。

三、高级合作社阶段

1955年下半年至1956年底，是农业社会主义改造的第三个阶段，也是农业合作化运动迅猛发展时期。1955年年7月31日，中共中央召开省、市、自治区党委书记会议。毛泽东在会议上作了《关于农业合作化问题》的报告，对党的农业合作化的理论和政策作了系统阐述，并对合作化的速度提出新的要求。10月4日至11日，中共中央在北京召开七届六中全会，通过了《关于农业合作化问题的决议》，要求到1958春在全国大多数地方基本上普及初级农业生产合作，实现半社会主义合作化。会后，农业合作化运动急速发展，仅3个月左右的时间就在全国基本实现了农业合作化。到1956年底，参加高级社的达农户总数的87.8%，基本上实现了完全的社会主义改造，完成了由农民个体所有制到社会主义集体所有制的转变。

高级合作社将农民私有化的土地实行无偿转为集体所有。社员土地上附属的塘、井等水利设施，亦随土地转为集体所有。为了满足社员日常生活需要，高级农业生产合作社抽出一部分土地（称“自留地”）分给社员个人种植蔬菜等，其数量根据合作社土地资源多少，按家庭人口规定，一般不能超过当地每人平均土地数的5%。

入社的大牲畜、大农具和非农业工具有偿转归集体所有。其办法是按

① 资料来源：http://baike.baidu.com/view/818492.htm。

当时当地正常价格定价，分期偿还。社员私有的成群牲畜，一般也按当地当时的正常价格作价转为集体所有。高级合作社建立初期，生产资金的主要来源是社员入社交纳的股份基金，一般由社员按耕地或劳动力分摊，不记利息，不能随意抽回。资金的另一个重要来源是从每年收入中抽取的公积金和公益金。此外，合作社还鼓励社员向合作社投资，按信用社存款利率付给利息。

高级合作社的基本单位是生产队。高级农业生产合作社通常是把劳动力、土地、耕畜和农具固定给生产队使用。高级农业生产合作社用于分配的收入称为“总收入”，是生产过程完成后能够进入分配的产品部分。总收入的分配办法是：首先扣除下一生产周期所需要的生产费用和管理费用，其余部分在国家集体个人三者之间分配。交给国家的是税金，集体留用的是公积金、公益金，其余部分按工分分配给个人，作为社员个人的消费基金。这就是合作社的“各尽所能，按劳分配”的原则。

高级合作社的公积金属于扩大再生产的积累基金，用于兴修水利，改良土壤，购置农业机械，修建生产性用房等。公益金属集体消费基金，用于合作社卫生保健事业，文化教育事业以及扶助丧失劳动能力的社员等。高级合作社的最高管理机关是社员代表大会。由社员大会或社员代表大会选出管理委员会管理社务，选出监察委员会监察社务，并选出主任、副主任负责日常工作[①]。

四、人民公社阶段

1956年完成了人民公社的高级合作化，每社平均200户左右。1957年冬和1958年春的农田水利建设高潮，又出现了联队、联社。毛泽东考虑到当时以大搞兴修水利为特点的农业生产建设的发展需要，觉得需要办大社。1958年3月，中共中央政治局成都会议通过了《关于把小型的农

① 资料来源：http://www.wyzxsx.com/Article/Class19/200810/53109.htm。

业合作社适当地合并为大社的意见》。意见指出："为了适应农业生产和文化革命的需要，在有条件的地方，把小型的农业合作社有计划地适当地合并为大型的合作社是必要的。"

1958年7月1日《红旗》杂志第3期《全新的社会，全新的人》一文中，比较明确地提出"把一个合作社变成一个既有农业合作又有工业合作基层组织单位，实际上是农业和工业相结合的人民公社"。这是在报刊上第一次提"人民公社"的名字。8月6日，毛泽东到达河南省新乡县七里营人民公社视察，看着大门上的牌子，他高兴地说："人民公社这个名字好！"。在他视察山东省历城县北园乡合作社，当听到省委领导同志汇报说准备办大农场时，毛泽东说："还是办人民公社好，它的好处是，可以把工、农、商、学、兵合在一起，便于领导。"关于人民公社的构想就这样逐渐产生出来。

8月，中共中央政治局在北戴河召开扩大会议，会议通过了《中共中央关于在农村建立人民公社问题的决议》。《决议》下达后，全国迅速形成了人民公社化运动的热潮。到10月底，全国74万多个农业生产合作社改组成2.6万多个人民公社，参加公社的农户有1.2亿户，占全国总农户的99%以上，全国农村基本上实现了人民公社化[①]。

人民公社的特点是"一大二公"。所谓大，就是规模大，即实行政社合一，工农商学兵五位一体，农林牧副渔全面发展。当时提出，一般以一乡一社2000户左右为宜，也可以万户甚至2万户以上，还可以以县为单位组成联社。所谓公，就是公有化程度高，即消灭私有制。人民公社把几十上百个经济条件、贫富水平不同的合作社合并后，一切财产上缴公社，多者不退，少者不补。同时，社员的自留地、家畜、果树等也都被收归社有。人民公社不仅是生产组织，同时也是基层政权组织。国家每年为每个公社下达生产任务指标，公社再将指标逐层下达。社员只能参加集体生产劳动，除了分得口粮之外，按照各人所得劳动工分取得劳动报酬。为了解

① 资料来源：http://news.ifeng.com/history/1/jishi/200808/0829_2663_754115.shtml。

决农民吃菜，社员可种植少量自留地和经营少量家庭副业。

人民公社规模大组织化程度很高，完成了很多分散经营难以做到的事情。20 世纪 60~70 年代，在国内物质条件缺乏、生产工具落后、生活困难的情况下将大部分农田整治成畦田，成为旱涝保收的稳产高产田。在农村水利工程的建设方面，人民公社也作出了巨大的贡献。

但是，在人民公社实行“三级所有”制度，即生产队、大队和人民公社所有制以后，农民被纳入“集体经济”，从而，不再是独立的农产品生产与经营者。农民失去“土地资源的使用权、收益权与转让权”，农民个人对私产乃至自身劳动力的产权也被否定了。农民成了从属于人民公社，没有生产资料和经营自主权的，单纯的劳动力提供者。在人民公社体制中，由于行政组织越俎代庖，任意干涉经济活动，从而造成一系列的内外矛盾，吃“大锅饭”思想日逐严重，使得生产组织不可能有效率。林毅夫曾经指出：“社员在人民公社中“退社权”的丧失使得经济生活中重要的“重复博弈”彻底转化为“一次性博弈”，由此无法遏制农民在生产中的偷懒与“搭便车”行为，结果造成农业生产率降低，最终导致“大饥荒”与农业集体制的失败。”①

在人民公社的“三级所有”制度下，“组织”不再是农民提高自己生产力，增加经济收入的工具，农民反而被“组织”所役使，本末倒置，劳动生产积极性丧失贻尽。

第八节　农村家庭承包经营制度

2009 年 11 月份我有近 10 天的时间在黑龙江和甘肃农村做调查研究。我和研究生在朋友的陪同下来到桦川县的农户家里，这时正值黑龙江的第一场大雪，屋顶和院子已经覆盖了皑皑的厚雪，室外气温骤降到零下 10

① 林毅夫．“制度、技术与中国农业发展”，上海人民出版社，1994 年。

多度。农户家里却热腾腾，老人和孩子都挤在热炕上。男人们在院子里忙着把刚收获下来的玉米向卡车上装，收粮食的老板来农户家收货。主妇们在厨房忙着准备午饭。盆里堆着满满的肥鹅肉，旁边还有很多准备下锅的蔬菜。朋友告诉我，按照当地农民的习俗，遇上出售收获的产品，每家都要杀鸡宰鹅，以表庆贺。户主告诉我说，虽然家里不太富裕，但吃饱肚子还没有问题（图 1-8）。

图 1-8　坐在炕上的黑龙江农妇与孩子

赴甘肃调研是了解农民种植马铃薯的情况。大坪村距离定西市约七八公里，这样一个普通的西部小村庄却非常出名。因为这里是新大坪马铃薯的发源地。新大坪马铃薯口感与外形俱佳，而且耐干旱，是安定区马铃薯的主打品种。2007 年除夕，胡锦涛总书记曾经来大坪村与农民同贺新年。当我和研究生小郭来到农户家里已是上午 10 点多。主妇一边做手擀面，一边回答我的问题。当地人告诉我，村里的习惯是农闲时吃两顿饭，上午 10 点和下午 16 点，一天的伙食就解决了。我也被邀请参加他们的“早午餐”。非常简单，两个咸菜，一碟辣椒，热乎乎的面片，味道异常鲜美。农民家可能不像城里人那样顿顿有肉，但也不用担心饿肚子（图 1-9）。

图 1-9　作者与大坪村农民共享美味早餐

农民能够吃饱肚子！现在看起来不是什么难事，但翻开我国的史书，5000 年的文明史中，农民能够吃饱肚子的时候并不多。农民吃饭问题的解决，应该归功于20世纪70年代末采用的“农村家庭承包责任制”伟大创举。分田到户，“耕者有其田”，激发了广大农民生产积极性。

邓小平曾经说过：“我们的改革和开放是从经济方面开始的，首先是从农村开始的。农村改革的成功增加了我们的信心，我们把农村改革的经验运用到城市,进行了以城市为重点的全面经济体制改革”[①]。而农村的改革就是以家庭联产承包责任制为开端，成为我国改革进程中的时代里程碑。

家庭联产承包责任制的基本内容是，农户以家庭为单位向集体组织承包土地等生产资料和生产任务的农业生产责任制形式[②]。简单地说，就是耕地为集体所有，农户承包，它是一种所有权属于集体，使用权属于农户的土地制度，也是一种以家庭为基本单位的小农性质的农业生产的组织经营形式。

1978年11月24日晚上，安徽省滁州市凤阳县凤梨公社小岗村西头严立华家低矮残破的茅屋里挤满了18位农民。关系全村命运的一次秘密会议此刻正在这里召开。经过激烈讨论和反复思考，18位农民写下一份不到百字的包干保证书，所有人都在保证书上按了手印。保证书的内容有3条：一是分田到户；二是不再伸手向国家要钱要粮；三是如果干部坐牢，社员保证把他们的小孩养活到18岁。在会上，队长严俊昌特别强调，“我们分田到户，瞒上不瞒下，不准向任何人透露。”

在1978年，这个举动尽管“冒天下之大不韪”，但却是一个勇敢的伟大创举。1979年10月，小岗村打谷场上一片金黄灿烂的丰收场面，经计算，当年粮食总产量66吨，相当于全队1966年到1970年5年粮食产量的总和。

从1958年人民公社化以来，关于农村的文字中，“包产到户”是个出

① 邓小平论十二届三中全会和以经济体制改革为中心的全面改革：为中华之崛起——纪念中国共产党成立80周年的档案文献集.http://www.cass.net.cn/zhuanti/y_party/yd/yd_j/yd_j_101.htm。

② 家庭联产承包责任制.百度百科.http://baike.baidu.com/view/33729.htm。

现频率很高的词汇，也常被质疑和批判。即使在小岗村获得丰收的1979年，批评“包产到户”的声音也是不绝于耳。

可喜的是，1980年5月31日，邓小平在一次重要谈话中公开肯定小岗村“大包干”的做法。邓小平和当时国务院主管农业的副总理万里对这一举动的支持明确传达一个信息：农村改革势在必行。

1982年1月1日，中国共产党历史上第一个关于农村工作的一号文件正式出台，明确指出包产到户、包干到户都是社会主义集体经济的生产责任制。此后，政府不断稳固和完善家庭联产承包责任制，鼓励农民发展多种经营，使广大农村地区迅速摘掉贫困落后的帽子，逐步走上富裕的道路，中国因此创造了令世人瞩目的用世界上7%的土地养活世界上22%人口的奇迹。

家庭联产承包责任制，一改我国农村旧的经营管理体制，农村生产力获得解放，农民的生产经营积极性被极大的调动起来。因为，第一，就全国来说，当时农业发展水平比较低，农业机械化还没有普及，而将耕地单位面积划小，由家庭来经营，适应手工劳动的生产水平。第二，原来大规模经营下的集体劳动，对每个人的劳动数量、质量很难准确统计，必然会是平均主义的“大锅饭”，而以家庭为经济单位可克服“干多干少一个样”的平均主义。第三，农业生产的劳动对象是动物、植物等生命体，劳动对象的这种特性要求劳动者有更强的责任心，以家庭为经营单位符合这种要求。所以，家庭联产承包责任制使农业生产和农村经济得以蓬勃发展。

自从我国采用家庭联产承包责任制以后，我国农业获得迅速的发展。1978年以来，在确保我国粮食产量满足日益增长的口粮和饲料需求以外，蔬菜、水果、肉禽蛋和水产品的产量获得巨大的增长。

1978年至2008年，中国主要农产品的产量大幅提高，全国人均占有水平明显上升。粮食总产量由1978年的30475万吨增长到2007年的52870.9万吨，人均粮食占有水平由319千克增加到399千克，最高年份1996年达到412千克。棉花总产量由216多万吨增加到749万吨，人均棉花占有水平由2.2千克增加到5.7千克以上。肉类总产量由856万吨增加到7278万吨，人均肉类占有水平由不足10千克增加到40多千克，最高年份2006年达到61千克。油料总产量由500多万吨增加到2952万吨，人均油料占有水平由不足6千克增加到近20千克以上。水产品总量由466万吨增加到4896万吨，人均水产品占有水平由不足5千克增加到近40千克。水果产量由650万吨左右增加到19220万吨（2006年数据，从2003年以后包括瓜果），人均水果占有水平由不足7千克增加到145千克（图1–10）。

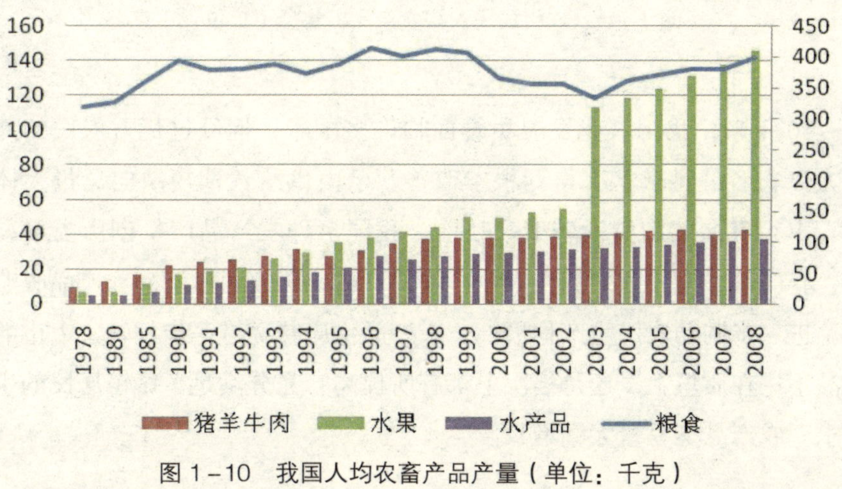

图1–10 我国人均农畜产品产量（单位：千克）

随着农产品产量的增长，农村居民家庭人均出售农副产品量逐年增加。从1985年到2008年，农村居民家庭人均出售的粮食由123.5千克增加到444.45千克，增加了3.6倍；棉花由4.13千克增加到20.68千克，增加到原来的5倍多；油料由14.34千克增加到15.69千克；水果由6.78千克增加到64.94千克，增加到9.6倍；肉类中的猪肉数量最多，由16.27千克增加到25.36千克，增加了1.6倍；羊肉和牛肉尽管数量较少，但增幅较大，分别从0.57和0.52增长到2.61和2.83，是原来的4.6倍和5.4倍。水产品由1.74千克增加到9.96千克，增加了5.7倍（图1–11）。

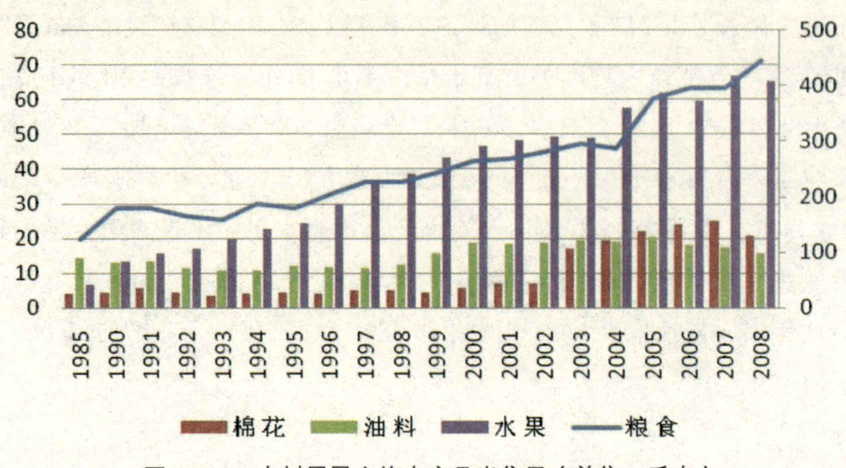

图 1-11 农村居民人均农产品出售量（单位：千克）

30 年来，我国农业发展尽管面临许多困难，但经过亿万农民的共同努力，农产品供求状况得到根本改善，已由供给长期短缺向总量大体平衡、丰年有余的新阶段转变。目前，我国多种农产品产量创历史最高纪录，有的位居世界前列。在农业丰收的同时，国家通过调高农产品收购价格，进一步调动农民生产积极性，农产品供应状况进一步好转，上市的农产品不论在质量上，还是档次上都有所提高，充分满足了城镇居民的生活需求。农产品交易量大幅增长。

第九节 农业分散经营的局限性

刚开始实行农村家庭承包责任制的时候，我国农业发展水平还很较低，农业机械化还没有普及，将耕地单位面积划分小块由家庭来经营，这种模式是同农业手工劳动的生产水平相适应的。经过 30 年发展，我国农业生产力突飞猛进，农业科学技术与机械化装备水平也获得巨大进步。比如，小型拖拉机就是为经营规模较小的农户专门设计与生产的。因此，随着家庭联产承包制作为一种土地制度长期确定，极大带动农户对小型机械的需求。1978 年，农村拥有的小型拖拉机为 137.3 万台，1995 年底增加到 864.6 万台，2008 年底增长至 1722.4 万台，增加了 10 倍多。大中型拖拉机由 1978 年的 55.7 万台增加到 2008 年底的近 300 万台（图 1–12）。按照自己 10 多年在农村调查研究工作的经验，大部分的农户家庭都有了拖拉机，特别是小型拖拉机，既可以耕地，又可以搞运输，非常方便。近年来，我国农村地区农业生产的服务体系也开始逐渐建立，专业的种植和收获机械服务人员为农民家庭提供各种服务，农民只要支付一定的费用以后，耕地、插秧和收获等工作都可以由这些服务人员帮助完成。我曾经调查过一位收割水稻的专业户，他家有一台大型收割机。水稻成熟的时候，他们村里 10 多个人，每人开一台大型收割机，从浙江省开始帮助人家收购水稻，浙江工作完成后，这班人马再开到江苏，然后一直收购到安徽的淮南几个县。

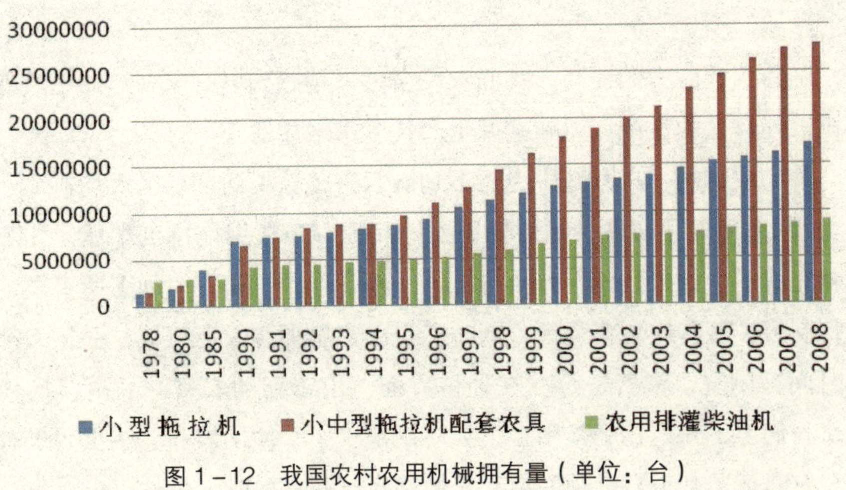

图 1–12　我国农村农用机械拥有量（单位：台）

农业生产资料的使用也发生了巨大的变化，主要表现在农用化肥、农膜、柴油和农药使用量的增长。2008 年与 1978 年相比化肥使用量增长了 4.39 倍。农用塑料薄膜使用量由 1990 年的 48.2 万吨增长到 2005 年的 176.2 万吨。农用柴油使用量由 1983 年的 58.4 万吨增长到 2005 年的

1902.7万吨。农药使用量由1983年的86.2万吨增长到2005年的146万吨（图1-13）。

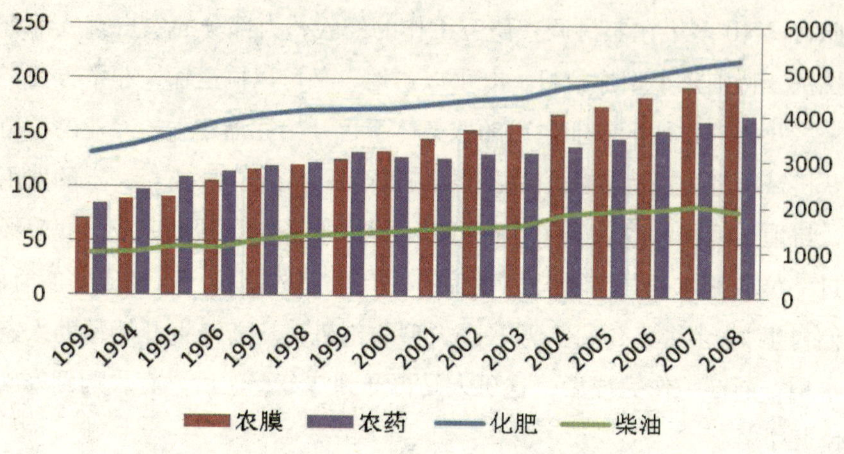

图1-13　我国农用生产资料使用情况（单位：万吨）

随着生产能力的提高，我们农民会越来越感到以一家一户的生产方式将难以同自己的生产能力和掌握生产技术水平相适应了。

譬如农村的一户家庭耕地还不到五六亩（除了西部地区人均耕地多一些），原来用人手耕地，足足要用上好几天，现在用拖拉机犁地，几个小时就完成了。如果我们不外出打工，一年在家中有很多时间无所事事，只能打麻将，打牌或者瞎聊天。同时，自己家里那些农业机械，一年大部分的时间被闲置，浪费资金。在种植方面，由于新的农资产品更新换代很快，我们也不知道化肥是用多了，还用是少了，使用农药，杀虫效果有时好、有时坏，甚至自己种的菜和养的猪自己都不敢吃。虽然可以卖出一些钱，但不安全的东西卖给别人心里也不安。其原因还是在于缺乏技术指导。

农产品市场不稳定，丰收了反而卖不出价钱。在歉收时候，我们也不敢在家里多存些粮食或者马铃薯等耐储藏的农产品，一方面是我们急需现钱支付读书的学费或者农药、化肥款；更重要的是，人们对市场行情不了解，害怕价格下跌，损失更大。

为什么在30年以前，我们农民一家一户独立经营可以种出比集体所有制更多的粮食，可以挣到比集体所有制时更多的钱，而现在农业生产能力、生产技术更加高的时候，我们反而会为卖不出农产品、卖不上好价钱而烦恼？

真是的原因是随着我们农业生产力的提高，农产品市场结构发生了巨大变化，从原来的求大于供的“卖方市场”，变成了供大于求的“买方市场”。有什么方法可以使我们解决这些“要命的问题”？我们认为，现在有必要适当地改变现有的一家一户，单枪匹马地同市场链接的生产模式，在保持土地承包经营权，生产资料归自家所有的前提下，在农产品生产和销售过程中引进协作机制，用组织化的运营、合理化的分工来替代原来的“单打独斗”式的生产模式。目前，全国推行的农民专业合作社就是为了实现这个理念和目标的新型的农业经营模式。

有人会提出，取消人民公社是我国改革开放的标志性成果，为什么又要提出农民专业合作社呢？其实，马克思早在18世纪就从理论上为我们精辟地做了解释。这就是所谓的生产力和生产关系之间的辩证关系。

马克思在系统地研究了18世纪欧洲资本主义社会的各种现象和矛盾以后，提出了解释社会发展规律的理论，即生产力和生产关系之间的相互影响和作用。马克思告诉我们说，“人们在自己生活的社会生产中发生一定的、必然的、不以它们的意志为转移的关系，即同它们的物质生产力的一定发展阶段相适合的生产关系。这些生产关系的总和构成社会的经济结构，则有法律的和政治的上层建筑竖立其上。当“社会的物质生产力发展到一定阶段，便同它们一直在其中活动的现存生产关系……发生矛盾”，这时候，就需要改变生产关系来适应社会生产力的发展[①]。

其实，现在我国推行的农民专业合作社是完全不同于原来的人民公社，因为，合作社是一种新型的互助性经济组织，主要为其成员——农

① 《马克思恩格斯选集》，第82~83页。

民提供服务，而不是行政机构。社员保持其财产和生产资料的所有权，并充分享有入社和退社自由。

第十节　农民专业合作社的由来

在我们农业生产、加工和销售活动中，组织是不可缺少的，因为，仅凭我们自己或者家庭的力量，很难提高生产能力，也容易被市场经济的大海所吞噬。组织是我们征服自然的力量的源泉，是获得一切成就的主要因素。然而，仅仅有了组织也还是不够的，因为存在组织就必然有人群的活动，有人群的活动就有管理，有了管理，组织才能进行正常有效的活动，管理是保证组织有效地运行所必不可少的条件。组织与管理都是现实世界普遍存在的现象。

进入 21 世纪以后，我国农产品市场加快由卖方市场向买方市场转变，农业生产力提高，产量增加，加剧了以家庭为单位的小规模生产与大市场之间的矛盾，使得我们农民陷入不利境地。因此，在我们农民与市场之间需要建立有效的组织，使大家能够组织起来进入市场。

在这样的背景下，组织农民专业合作社的思路就慢慢地清晰了。从 2004 年开始，在中央财政支持下，农业部组织实施“农民专业合作组织示范项目”建设，4 年期间共扶持了 508 个农民专业合作组织示范单位，确定北京、吉林、山东、浙江、安徽、河南、湖北、湖南、四川、陕西、宁夏、青岛等 12 省市为全国试点省市。在这些农民专业合作组织试点示范工作的推动下，各级农业部门也相继组织试点示范和项目建设。试点效果相当好，证明了新时期农民专业合作社的组织形式，不仅被农民接受，而且普遍受到欢迎。

党中央、国务院从 20 世纪 80 年代开始就一直高度重视农民专业合作组织的发展。1984 年，中央关于农村工作的第一个一号文件明确指出：“农民还可不受地区限制，自愿参加或组成不同形式、不同规模的各种专业合作经济组织。”1985年，中央一号文件再一次强调，“合作经济组织是群众自愿组成的，规章制度也要由群众民主制定，认为怎么办好就怎么订，愿意实行多久就实行多久。”此后，中央还多次就发展农民专业合作组织提出了明确的要求。进入21世纪以来，面对农业发展进入新阶段的新形势，中央对发展农民专业合作组织继续作出了一系列新的部署。党的十六届三中全会、五中全会以及2003年的中央三号文件和2004年以来的四个中央一号文件都对促进农民专业合作组织发展提出明确要求，逐步形成一系列具体的政策措施。2006年10月31日，《中华人民共和国农民专业合作社法》正式颁布并于2007年7月1日开始实施。这部法律为农民专业合作组织的进一步发展创造了良好的制度环境[①]。

第十一节　农民专业合作社法

2006年10月31日由第十届全国人民代表大会常务委员会第二十四次会议通过，胡锦涛主席签署，正式颁布，并于2007年7月1日开始实施《中华人民共和国农民专业合作社法》。这标志着我国农民专业合作社进入依法发展的新阶段，是我们农民组织发展的里程碑。《农民专业合作社法》的颁布实施，对推进农业产业化经营，提高农民进入市场和农业的组织化程度；进一步挖掘农业内部增收潜力，推动农业结构调整，增强农产品市场竞争能力，促进农民增收，培养新型农民，推进基层民主管理都有极其重要的促进作用。《农民专业合作社法》基本要点如下：

一是明确农民专业合作社的法人资格和法律地位，建立了法人制度。法律规定“农民专业合作社依照本法登记，取得法人资格”。农民专业合作社依法登记后即享有法人地位，即享有独立的民商事主体地位，从而具备法人的权利能力和相应的行为能力。

① 这部分参考：http://www.ccrs.org.cn/show_5583.aspx。

二是明确农民专业合作社章程的主要内容，安排了合作社的组织管理制度。章程是农民专业合作社的小宪法，应当由全体设立人一致通过，所有加入该合作社的成员都必须承认并遵守。农民专业合作社成员大会是合作社的最高权力机关，成员大会每年至少召开一次。成员大会对理事长、理事、执行监事或者监事会成员有选举权和罢免权，重大事项由成员大会决定。法律还规定成员超过150人的，可以按照章程规定设立成员代表大会。

三是明确农民专业合作社"一人一票"的基本表决权，规定了合作社的民主议事决策制度。法律第十七条规定："农民专业合作社成员大会选举和表决，实行一人一票制，成员各享有一票的基本表决权。出资额或者与本社交易量（额）较大的成员按照章程规定，可以享有附加表决权。附加表决权总票数，不得超过本社成员基本表决权总票数的20%。

四是明确合作社成员的权利与义务、管理人员的职责和要求。成员加入合作社后，依照法律和章程规定行使权利，履行义务，有利于提高农民素质。法律专门对合作社管理人员的活动行为作出了严格规定，提出了一些基本要求。这样规定是为了防止其滥用职权，以切实保障合作社成员的权利和利益。合作社的管理人员都不能超越法律赋予的权利，特别是不能从事有害于合作社和侵害成员权利和利益的行为。

五是规定合作社建立成员账户制度、财务会计制度与盈余分配制度。财务制度的完善是作为经济组织的农民专业合作社良好运行的前提，也是保护成员利益的基本要求。为此，法律设立了财务管理一章。法律规定，国家专门制定农民专业合作社的财务会计制度，农民专业合作社应当按照国务院财政部门制定的财务会计制度进行核算。法律规定，合作社应当实行财务公开，接受成员的民主监督，应当为每个成员设立专门的个人账户，记载成员的出资、公积金和其他相关财产份额、以及与合作社的业务交易情况。

盈余分配是合作社财务管理工作的核心。法律规定，合作社的盈余分配办法应当由章程规定或者经成员大会决议确定，其中，可分配盈余的

60%以上应当以交易量为依据按比例返还给成员，其余部分以成员账户中记载的出资额和公积金份额等为基础按比例分配。这样规定有两个方面的意义：一是可分配盈余的大部分都按照成员与本社的交易量（额）返还；二是以适当的比例按照出资额等进行分配，有利于鼓励成员向合作社出资，以解决合作社的资金困难。

六是规定了农民专业合作社的合并、分立、解散和清算办法。合作社既然是市场主体，它就会和企业一样有生生灭灭，这也证明合作社在发展。法律第四十一条规定“逾期不能组成清算组的成员、债权人可以向人民法院申请指定成员组成清算组进行清算，人民法院应当受理该申请，并及时指定成员组成清算组进行清算。”同时，合作社资不抵债时，可以申请破产。

七是明确了国家对农民专业合作社的扶持政策。我国的农民专业合作社尚处在起步阶段，各地发展也很不平衡，因此，需要国家通过各种措施扶持和引导其健康发展。法律第八条第一款规定，“国家通过财政支持、税收优惠和金融、科技、人才的扶持以及产业政策引导等措施，促进农民专业合作社的发展。”

为保障国家扶持措施的稳定实施，法律专门设立扶持政策一章，明确了产业政策倾斜、财政扶持、金融支持、税收优惠等四种扶持方式。①项目扶持。第四十九条规定：“国家支持发展农业和农村经济的建设项目，可以委托和安排有条件的有关农民专业合作社实施。”②财政补助。主体包括中央和地方各级政府，财政扶持的主要领域是对农民专业合作社开展的信息、培训、农产品质量标准与认证、农业生产基础设施建设、市场营销和技术推广等服务。对民族地区、边远地区和贫困地区的农民专业合作社和生产国家与社会急需的重要农产品的农民专业合作社还给予优先扶持。③金融支持。基于农民专业合作社在发展过程中普遍遇到的资金困难，法律对国家政策性金融机构和商业性金融机构向农民专业合作社提供金融服务做了原则性规定。④税收优惠。农民专业合作社依法享受国家规定的对农业生产、加工、流通、服务和其他涉农经济活动相应的税收优惠。

八是明确了农民专业合作社建设与发展中的政府责任。我国的农民专业合作社发展既呈现出多样性的特点，也有区域和行业不平衡以及运行中的不规范等缺陷，客观上离不开政府的支持和引导。法律第九条规定，"县级以上各级人民政府应当组织农业行政主管部门和其他有关部门及有关组织，依照本法规定，依据各自职责，对农民专业合作社的建设和发展给予指导、扶持和服务。"根据这一规定，从政府来说，就是组织动员农业行政主管部门和其他有关部门及有关组织，依照本法规定，依据各自职责，对农民专业合作社的建设和发展给予指导、扶持和服务。

法律还明确，任何部门、任何组织都不得借指导、扶持和服务的名义，强迫农民建立或者加入合作社，或者干预农民专业合作社的内部事务，改变农民专业合作社的民办、民有、民管、民受益的特征[①]。

第十二节　农民专业合作社的基本理念

如果成立农民专业合作社仅仅为了把农民以及与农业有关的人纳入在同一个组织内，共同从事经营活动，这是还远远不够，因为，建立真正意义上的农民专业合作社，意味着需要改变我们传统的理念和思维方式，建立一种新型的经济合作组织。

刘阳（Liu Yang）是一位移居德国的年轻华人设计师，为了加强中国与国际的交流，她用艺术作品生动地表达出中国人与欧洲人种理念和思维方法上的差异。

请看图 1-14。蓝色表示欧洲人的理念，红色表示中国人理念。在欧洲人的理念中，作为领导的人只比作为普通老百姓的人略微高出一点点。

① 这部分主要引用郑文凯的文章："深入学习大力宣传认真贯彻落实好农民专业合作社法"。全文见 http://www.cfc.agri.gov.cn/cfc/html/78/2008/20080727091037765430771/20080727091037765430771_.html。

而在中国人的理念中，作为领导的人要比普通老百姓大出好几倍。

图 1–14 Liu Yang: 领导（Leader）[1]。

在合作社中，既有普通的社员，也有作为合作社领导的合作社理事长，监事长，掌握财权的会计。理事长，监事长，掌握财权的会计在合作社中间比普通社员高一点点还是高大数倍？在我访问过近千家农民专业合作社以后，发现的情况是，到目前为止，很多农民专业合作社是建立在国人传统理念的基础之上。理事长大权在握，社员对合作社的经营业务不甚了解，理事长也不一定是通过社员大会选举，社员中间的很多人同理事长之间仅仅维持在一种相对稳定的买卖关系当中。毋庸置疑，不少合作社实际上就是理事长"一家人的"合作社，他们是合作社的"老板"，社内和社外的人直接用"老板"或者"老总"称呼他们。

为什么会有农民专业合作社存在这种现象，我认为还是我们中间不少人对合作社理念了解不充分，没有分清楚公司与合作社之间的区别在什么地方。

这就需要了解合作社的真谛在哪里？回顾历史，早在 200 多年以前，法国的一些进步思想家就提出了建立一种平等的合作组织概念。19 世纪

① 资料来源：中国日报（China Daily）2009 年 11 月 3 日 20 版。

初，被马克思和恩格斯称为“空想社会主义”的代表人物的罗伯特·欧文，在英国曼彻斯特市的一家纺织厂当经理的时候，就曾经组建过“新和谐村”。他管理的工厂有2000名工人，是当地最大的一家工厂。欧文拟订计划，在村里统筹建设居民宿舍、医务室、接待处、储藏室以及总管理员、牧师、教师、医师的住所。办中心商店来减少工人消费负担。建立夜巡队维持治安，废除任何对工人的惩罚制度，提高工人工资待遇，开辟“绿化区”，建设优美的居住与工作环境。通过宣传教育活动，提高工人思想文化水平，提高管理能力，提高劳动效率来创造丰富的物质财富，改善工人待遇。因为合伙人不完全赞同他的计划，欧文自己资金不够做这件事情，使得改革无法继续进行下去。后来，欧文又把他的试验搬到美洲，1824年10月他用自己的钱与4个孩子和追随者一道，在美国印弟安纳州办“新和谐公社”。“新和谐公社”起初有几百人后来发展到万余人参加，公社实行一种财产公有、平均分配、社员平等的原则。可惜的是没有几年失败了。

1895年召开的国际合作社联盟第一届代表大会，大会认可了半个世纪以前，即1844年英国曼彻斯特市，罗虚代尔镇纺织工人自己建立的公平先锋社实行的原则。

罗虚代尔公平先锋社诞生于1844年的英国罗虚代尔镇。这里是英国纺织工业中心地区。当时，这个镇有人口25000多人，周围有4万多居民。这里手工纺织业非常发达，出产毛纺织品和法兰绒已有几百年历史，在英国久负盛名。1820年，该镇的工场主买进了第一台棉纺织机，以后陆续引进了多种纺织机械。资本主义机器大工业给手工业者带来了巨大的威胁，那些凭借手工技巧谋生的个体生产者无法与使用机器的资本家工厂竞争，相继破产失业。这些手工业者为了维护生存的权利，曾经发起一些捣毁机器等暴乱的行动，但都遭到政府军队的镇压。为了生存，这些手工业者不得不丢弃原有的手工技术，到资本家的工厂里做工。在纺织厂工作的工人的工资开始约为1镑，到了1840年降到7先令左右，女工只能拿到男工的1/3。同时，工厂大量使用廉价的童工，每周只发给1便士工资。不仅如此，而且工厂主常常以购贷券代替工资现金，让工人到指定商店购物，不但商品质量差，而且价格较高，这就使工人获得的实际工资更低。工人在这里受到了双重的剥削，一是工厂主的剥削，一是商业资本家的盘剥，这就使他们的生活状况日益恶化。

为了改变自己的这种处境，罗虚代尔镇的工人举行了一些罢工斗争，目的是推动工厂立法、推行 10 小时工作制，反对降低工资，斗争没有取得多大成果。这时，一些工人运动的领导者决定利用工人自己的力量，组织消费合作社，以解决工人群众的生活困难。

1843 年，罗虚代尔镇的 13 名工人发起组织合作社，定名为罗虚代尔公平先锋社。他们提出一套成立合作社的计划，并筹集股金，自愿入社者每人出钱 1 英镑。到 1844 年决定参加合作社的已增至 28 人，共收股金 28 镑。于是，在 1844 年 8 月 11 日举行了成立大会，通过合作社章程。同年 10 月 24 日核准登记，12 月 21 日晚正式开始营业。在罗虚代尔公平先锋社章程中，明确提出了建社的目的是增进社员经济利益，改善社员社会地位及家庭境况。

同时合作社制定了发展计划：①设立食品、服装等商店一所；②在自愿互助基础上，为社员购置或建筑住宅；③建立工厂，制造社员所需物品；④租赁或购置土地，以供失业社员或收入甚微不足以维持生活的社员耕作；⑥建立合作新村，从事生产、分配、教育及自治等工作；⑥提倡节约，在社内设立禁酒食堂一所。

为了实现上述计划，同时制定了其经营管理方面的原则：①社员表决权一律平等，即 1 人 1 票，不因出资多少而有差异；②对于政治宗教，保持中立地位；③合作社盈余按社员向合作社购买额多寡分配；④从合作社盈余中提取 2.5% 作为社员教育费用。

罗虚代尔公平先锋社创立的意义在于，他们创办了一种人类有史以来未曾有过的新型的经济组织制度。合作社实行“民主管理制度，在重大问题决策时，实行‘一人一票制’”。这意味着在合作社内部不存在什么“老板”，所有成员都属于平等的合伙人。我国《农民专业合作社法》也明确地规定在合作社内部"成员地位平等,"合作社内部"实行民主管理"。

第十三节 农民专业合作社由谁来组织

有一次我为大学研究生上课,主讲"农超对接"有关内容。提问时间,有一位学生站起来,他问道:"胡老师,我对您讲的'农超对接'非常有兴趣。我是农民的儿子,家在农村。可是我们村里没有农民专业合作社,乡里也没有农民专业合作社,为什么?"我的回答是,自从《农民专业合作社法》颁布以来,我国农民专业合作社犹如雨后春笋,数量迅速增加。然而,各个地区发展不平衡,有些地方开展得特别好,有些地方滞后些。原因有多方面,除了各地区政府工作重点不同以外,更为关键的是农民专业合作社需要有人来发动和组织。

谁来发动和组织农民专业合作社?我想这本书的很多农民读者会提这个问题。

2009 年 11 月中旬,我在黑龙江省佳木斯市做水稻供应链调查研究的时候,同一位当地朋友讨论,他的观点是,在农村发起和组织农民专业合作社需要"能人",他所谓的"能人"主要包括农产品加工和销售龙头的企业家或者农产品的批发商、营销大户。我对他的观点只认同一半,因为普通的农民,即使不属于"能人",也应该包括在农民专业合作社的组织和发起人中间,而且由普通农民组织的农民专业合作社应该在我国合作社中间占大多。

从 2007 年开始做"农超对接"项目期间,我亲自调查了大量的分布在全国各地的农民专业合作社,了解到农民专业合作社的发起和组织者有以下的几种大类型:①农村能人。他们包括种植大户,养殖大户。这些人本身就是农产品和畜产品的生产者,有比较丰富的种植、养殖经验和技术,农民很信服他们,在他们的带领下,农民可以提高技术,增加产量和收入;②农村营销大户。他们或者是经纪人,或者是批发商。这些人对农产品市场非常熟悉，自己有不少客户，甚至在大中城市的批发市场中有固定的销售“档口”[①]。由这些人发起和组织农民专业合作社，为农民社员出售农产品提供方便。③乡村干部。特别是“一村一品”开展得比较好的乡村，干部通过带动农民发展一村一品，掌握了不少有关农产品生产技术和市场营销渠道，加上他们组织能力和威信，在农产品质量控制和数量稳定供应方面，做得比其他类型农民专业合作社更好一些。④农业技术推广人员。我国基层农业技术推广人员中很多兼职人员，或者不满足于现有的工资收入，他们需要创收。接受了市场经济浪潮的洗礼，农业技术人员既掌握种植和养殖技术，又学会农产品市场营销等十八般功夫，可以在带领农民走向市场中发挥积极作用。⑤农业产业化龙头企业的老板。这些企业通过组织农民专业合作社来获得比较稳定的产品供应源，通过对社员群众生产过程的管理，增加了生产过程中投入品的控制，有助于提高农产品的品质和安全性。⑥超市农产品供应商。前些日子，有家北京的超市供应商来找我，谈话期间，他提起公司成立了农民专业合作社。我问道：“你生意做得不错，为什么要组织农民专业合作社，你自己又不是农民”？他的回答是，“听说超市要搞‘农超对接’，一方面公司害怕将来失去订单，另一方面，农民专业合作社可以享受免税待遇，这对我们企业也是有利的。”我问他怎样组织合作社？“非常方便”，他说，“我们本来在郊区（北京）向农民采购农产品，找来几个人，请吃顿饭，把他们的身份证借过来到工商部门登记一下就行了”。

其实，我国申请和登记农民专业合作社的门槛是不高的，大部分人不管是不是农民，只要动些脑筋就有可能登记上农民专业合作社。因为，《农民专业合作社法》规定“有五名以上符合本法第十四条、第十五条规定的成员”即可登记成立农民专业合作社。第十四条规定是“具有民事行为能力的公民，以及从事与农民专业合作社业务直接有关的生产经营活动的企业、事业单位或者社会团体，能够利用农民专业合作社提供的服务，

① 档口即农产品批发市场中的固定摊位。

承认并遵守农民专业合作社章程，履行章程规定的入社手续的，可以成为农民专业合作社的成员。但是，具有管理公共事务职能的单位不得加入农民专业合作社。”第十五条规定，“农民专业合作社的成员中，农民至少应当占成员总数的80%。成员总数20人以下的，可以有一个企业、事业单位或者社会团体成员；成员总数超过20人的，企业、事业单位和社会团体成员不得超过成员总数的5%。”

然而，我们认为，真正的农民专业合作社并不能以“注册”为标准，而是看是否能够遵循“合作社”的基本理念，简而言之，组织农民专业合作社是为了社员服务，而不是为公司或和个人“利益最大化”服务的工具。在市场经济中，企业的目标是在遵守法律的前提下“追求利润最大化”，而农民专业合作社的目标是为社员提供服务，增进社员经济利益，改善社员社会地位及家庭境况。两者的区别在于公司属于买卖关系，而合作社属于合伙人关系。

对于我们的农民来说，真正需要的是让“又专又红”的人来组织和领导合作社。所谓的“专”就是农村的能人，他们是农业生产和农产品营销方面的能手，他们有号召力，大家信得过，说话有人听。所谓的“红”就是能够为社员谋利而不是为个人谋利。我想我们应该重读一下著名作家柳青的长篇小说《创业史》中主人公梁生宝买稻种的故事。这个故事对于我们了解“谁来组织农民专业合作社”很有助益。

1953年成立互助合作组的时候，年轻农民梁生宝被当选为组长，为了带领村里的贫雇农提高产量，把秋后种植的青稞改造成水稻，梁生宝从渭河下游坐了几百里的火车来到陕西的郭县购买稻种。傍晚时分，梁生宝从列车上下到郭县车站的时候，天正下着雨。这时间，车站小街两边的店铺，已经点起了马灯。庄稼人梁生宝头上顶着一条麻袋，背上披着一条麻袋，一只胳膊抱着用麻袋包着的被窝卷儿，一个人黑幢幢地站在街边靠墙搭的一个破席棚底下。他没有住进旅馆，因为问过几家旅馆，住一宿都要几角钱——有的要五角，有的要四角，睡大炕也要两角。他舍不得花这两角钱！钱对于家乡的贫雇农，该是多么困难啊！庄稼人们恨不得把一分钱掰成两半使唤。他起身时收集稻种钱，可不容易来着！有些外互助组的庄稼人一再表示，要劳驾他捎买些稻种，临了却没弄到钱。本互助组有两户，是他组长垫着。要是他不垫，嘿，就很本没可能全组实现换稻种的计划。

离家几百里的生宝，心里明白：他带来了多少钱，要买多少稻种，还要运费和他自己来回的车票。他怎能贪图睡得舒服，多花一角钱呢？

“生宝！”任老四曾经弯着水蛇腰，嘴里溅着唾沫星子，感激地对他说，“宝娃子！你这回领着大伙试办成功了，可就把俺一亩地变成二亩啰！说句心里话，我和你四婶念你一辈子好！怎说呢？娃们有馍吃了嘛！青稞，娃们吃了肚里难受，愣闹哄哩。……”。“就说稻地麦一亩只收200斤吧！全黄堡区5000亩稻地，要增产100万斤小麦哩！生宝同志！……”这是区委王书记用铅笔敲着桌子说的话。这位区委书记敲着桌子，是吸引人们注意他的话，他的眼睛却深情地盯住生宝。那时生宝明白：这是希望和信赖的眼光……

“不！我哪怕就在房檐底下蹲一夜哩，也要节省下这两角钱！”生宝站在席棚底下对自己说。

他头上顶着一条麻袋，背上披着一条麻袋，抱着被窝卷儿，高兴得满脸笑容，走进一家小饭铺里。他要了五分钱的一碗汤面，喝了两碗面汤，吃了他妈给他烙的馍。他打着饱嗝，取开棉袄口袋上的锁针用嘴唇夹住，掏出一个红布小包来。他在饭桌上很仔细地打开红布小包，又打开一层纸，才取出那些七凑八凑起来的，用指头捅鸡屁股、锥鞋底子挣来的人民币来，拣出最破的一张五分票，付了汤面钱。这五分票再装下去，就要烂在他手里了。尽管饭铺的堂倌和管账先生一直嘲笑地盯他，他毫不局促地用不花钱的面汤，把风干的馍送进肚里去了。他更不因为人家笑他庄稼人带钱的方式，显得匆忙。相反，他在脑子里时刻警惕自己：出了门要拿稳，甭慌，免得差错和丢失东西。办不好事情，会失党的威信哩。

踏着土街上的泥泞，生宝从饭铺跑到车站票房了。当时渭河平原的陇海沿线，小站还没电灯哩。夜间，火车一过，车站和其他地方一样，陷落在黑暗中去了。没有火车的时候，这公共场所反而是个寂静安全的去处。

生宝划着一根洋火，观察了票房的全部情况。他划第二根洋火，选定他睡觉的地方。划了第三根洋火，他才把麻袋在砖墁脚地上铺开来了。

他头枕着过行李的磅秤底盘，和衣睡下了，底盘上衬着麻袋和他的包头巾。他掏出他那杆一巴掌长的旱烟锅，点着一锅旱烟，睡下香喷喷地吸着，独自一个人笑眯眯地说："这好地场嘛！又雅静，又宽敞……"。他想：在这里美美睡上一夜，明日一早过渭河，到太白山下的产稻区买稻种呀！但是，也许是过分的兴奋，也许是异乡的情调，这个远离家乡的庄稼人，睡不着觉。票房的玻璃门窗外头，是风声，是雨声，是渭河的流水声……。

要组织好农民专业合作社，把合作社办成为农民服务的组织，我们需要的就是这种"梁生宝"精神。有人会说，改革开放这么多年了，还找得到梁生宝这种人吗？我们的回答是肯定的，关键在于首先需要让正确地理解农民专业合作社的作用和意义，特别是合作社能够为我们农民做什么，带来什么好处。

第十四节　同农民专业合作社有关的规定和定义

如果我们要组织好一个合作社，非常重要的工作对同合作社有关的规定和一些重要名词的定义有正确的理解。

一、合作社人数规定

按照合作社法规定，成立农民专业合作社至少需要 5 名以上的社员参加。这些社员必须是具有民事行为能力的公民，以及从事与农民专业合作社业务直接有关的生产经营活动的企业、事业单位或者社会团体，能够利用农民专业合作社提供的服务，承认并遵守农民专业合作社章程，履行章程规定的入社手续。然而，合作社法规定"具有管理公共事务职能的单位不得加入农民专业合作社”。合作社法还规定，在农民专业合作社的成员中间，农民成员至少占总社员人数的 80%。如果成员总数在 20 人以下的合作社，可以有一个企业、事业单位或者社会团体成员。成员总数在 20 人以上的，企业、事业单位和社会团体成员不得超过成员总数的 5%。说明了农民社员在人数上必须占绝大多数。

但是，对于有志引进“农超对接”模式的合作社，他们的规模必须要大一些，因为，“农超对接”的前提是合作社的所有产品是社员农民自己生产的，如果社员人数太少，难以满足超市采购的需要。

二、农民专业合作社章程

按照农民专业合作社法，组织农民专业合作社首先需要制定章程。这是一项技术性相当高的工作。为了方便农民组织专业合作社，农业部在 2007 年 6 月 29 日公布了《农民专业合作社示范章程》(见附录)。合作社在编写章程的时候，可以用作参考。

三、成员出资

农民专业合作社作为一个法人必须要有法人财产，并以法人财产为基础独立承担民事责任。在专业合作社成立的初期，它的财产主要来源就是成员出资。《农民专业合作社法》在农民专业合作社成员应当承担的义务当中也提出，成员要按照章程规定向合作社出资。农民和其他人加入农民专业合作社是需要有一定形式的出资。然而，《农民专业合作社法》没有规定农民专业合作社成员出资总额的最低限额，也没有规定成员出资的最低限额。农民专业合作社的出资方式在农民专业合作社登记管理条例中有规定，农民专业合作社成员可以用货币出资，也可以用实物、知识产权等，这些需要用货币估价。成员用非货币财产出资的由全体成员评估作价。但是成员不得以劳务、信用、自然人姓名、商誉、特许经营权，或者是已经设定担保的财产作价出资。

四、成员大会

农民专业合作社的成员大会由农民专业合作社的全体成员，即全体会员所组成。成员大会是农民专业合作社的权力机构，负责就合作社的重大事项作出决议，集体行使权力。成员大会以会议的形式行使权力，而不采取常设机构或者日常办公的方式。成员参加成员大会是法律赋予所有成员的权利，也是合作社"成员地位平等，实行民主管理"原则的体现，所有成员都可以通过成员大会参与合作社事务的决策和管理。

《农民专业合作社法》第二十二条规定，成员大会行使下列职权：

（1）修改章程。合作社章程的修改，需要由本社成员表决权总数的2/3以上成员通过。

（2）选举和罢免理事长、理事、执行监事或者监事会成员。理事会（理事长）、监事会（执行监事）分别是合作社的执行机关和监督机关，其任免权应当由成员大会行使。

（3）决定重大财产处置、对外投资、对外担保和生产经营中的其他重大事项。上述重大事项是否可行、是否符合合作社和大多数成员的利益，应由成员大会来作出决定。

（4）批准年度业务报告、盈余分配方案、亏损处理方案。年度业务报告是对合作社年度生产经营情况进行的总结，对年度业务报告的审批结果体现了对理事会（理事长）、监事会（执行监事）一年工作的评价。盈余分配和亏损处理方案关系到所有成员获得的收益和承担的责任，成员大会有权对其进行审批。经过审批，成员大会认为方案符合要求的则可予以批准，反之则不予批准。不予批准的，可以责成理事长或者理事会重新拟定有关方案。

（5）对合并、分立、解散、清算作出决议。合作社的合并、分立、解散关系合作社的存续状态，与每个成员的切身利益相关。因此，这些决议至少应当由本社成员表决权总数的2/3以上通过。

（6）决定聘用经营管理人员和专业技术人员的数量、资格和任期。农民专业合作社是由全体成员共同管理的组织，成员大会有权决定合作社聘用管理人员和技术人员的相关事项。

（7）听取理事长或者理事会关于成员变动情况的报告。成员变动情况关系到合作社的规模、资产和成员获得收益和分担亏损等诸多因素，成员大会有必要及时了解成员增加或者减少的变动情况。

（8）章程规定的其他职权。除上述七项职权，章程对成员大会的职权还可以结合本社的实际情况作其他规定[①]。

五、理事长、监事

在农民专业合作社中，成员大会负责合作社各项重大事项的决策。理事长（理事会）负责执行成员大会的决策，包括生产经营活动如何进行。农民专业合作社理事长是企业的法人代表，既是合作社的管理者，又是合作社发展的谋划者，在合作社的经营管理中，起着十分重要的作用。

执行监事或者监事会是农民专业合作社的监督机关，对合作社的财务和业务执行情况进行监督。执行监事是指仅由一人组成的监督机关，监事会是指由多人组成的团体担任的监督机关。

依照《农民专业合作社法》第二十六条的规定，农民专业合作社可以设执行监事或者监事会。农民专业合作社的监督是由全体成员进行的监督，强调的是成员的直接监督。由此，《农民专业合作社法》规定执行监事或者监事会不是农民专业合作社的必设机构。如果成员大会认为需要提高监督效率，可以根据实际情况选择设执行监事或者监事会。是否设执行监事和监事会由合作社在章程中规定。一般讲，合作社设执行监事的，不再设监事会。

① 这部分参照：http://fw.dali.gov.cn/Site/DLS/Ask/html/2636.html。

执行监事或者监事会的职权由合作社的章程具体规定。执行监事或监事会通常具有下列职权：①监督、检查合作社的财务状况和业务执行情况，包括对本社的财务进行内部审计；②对理事长或者理事会、经理等管理人员的职务行为进行监督；③提议召开临时成员大会。

第十五节　组建农民专业合作社的具体步骤①

第一，发起人酝酿。组建农民专业合作社首先需要有领头人来发起。有意组建成立专业合作社的发起人，需要掌握农民群众参与的意愿和需求，商定成立合作社要解决生产经营中的哪些共同问题与困难，确定成立合作社的条件、业务以及机制。

第二，寻求政府帮助。政府对组建和成立农民专业合作社非常重视，各个县和乡镇的经管站负责这项工作。因此，合作社发起人在有需要的时候，可以联系或者直接到县、乡经管站，咨询成立合作社需要解决的问题，索取相关法律法规、示范章程、规范文件和相关政策规定。发起人还可以要求派驻业务辅导员，组织发起人进行学习和讨论，为成立专业合作社做好思想和理论上的准备工作。

第三，发动农民群众。合作社必须要发动农民群众参加，因此，发起人可以通过召开会议、印发资料、现场讲解以及其他形式，在农民中间宣传相关法律法规、扶持政策、合作社基本知识和作用意义等，使农民广泛参与，自愿加入合作社。同时，吸收发起人要为参加合作社的农户的出资入股资金进行登记造册并开据收据，为合作社成立后发放成员证、股金证做准备。这些资金，将成为合作社的注册资本和经营活动的资本金。这些工作也可以得到经管部门的支持和帮助。

① 第十五—第十八节的基本内容由陕西省农业厅经管站张旭峰同志提供，张旭峰在组织和领导农民专业合作社有丰富的实践经验。

第四，起草章程草案。合作社发起人组织起草农民专业合作社章程，并同愿意参加合作社的农民讨论章程草案，研究商定有关需要开展的业务内容。起草章程时，可以参考农业部门印发的《农民专业合作社示范章程》。但在使用示范章程的时候，需要结合实际和社员们的意愿，充分体现合作社的自治性特征，切忌简单照抄照搬示范章程。这项工作可以得到当地经管站辅导员的帮助。

第五，召开设立大会。在合作社筹备基本就绪的情况下，需要及时组织召开设立大会。由成员大会表决通过章程，选举产生理事、监事，成立理事会、监事会，建立组织机构和工作机构。会议议程由发起人商定，疑难问题可以向业务辅导员咨询。设立大会通过的章程，全体设立人要签名、盖章。

第六，办理登记注册。通过业务辅导员的帮助和指导，按照工商登记的要求，完成成立登记相关资料和文件，填写有关表格，到登记管理机关申请登记，领取营业执照。凭营业执照到技术监督部门办理组织代码证，到国税、地税部门办理税务登记证，到银行或信用社办理银行账户，至此合作社的主要手续齐备，即可开展各项业务活动。

第十六节　农民专业合作社办理登记手续

参加“农超对接”的农民专业合作社要求各类证件齐全，因此，在成立合作社的时候，需要尽快办理各种登记手续，获得各种证件资料。

一、农民专业合作社法人营业执照

《农民专业合作社法人营业执照》登记机关是县级工商行政管理局或工商局授权的工商所。这项登记免收任何费用，但要提交相应的登记文件。《农民专业合作社登记管理条例》明确规定，设立合作社要向登记机关——县级工商管理局提交8个方面的材料：

（1）设立登记申请书。

（2）全体设立人签名、盖章的设立大会纪要。

（3）全体设立人签名、盖章的章程。

（4）法定代表人、理事的任职文件和身份证明。

（5）载明成员的姓名或者名称、出资方式、出资额以及成员出资总额，并经全体出资成员签名、盖章予以确认的出资清单。

（6）载明成员的姓名或者名称、公民身份号码或者登记证书号码和住所的成员名册，以及成员身份证明。

（7）能够证明农民专业合作社对其住所享有使用权的住所使用证明。

（8）全体设立人指定代表或者委托代理人的证明。

另外，农民专业合作社的业务范围有属于法律、行政法规或者国务院规定在登记前须经批准的项目的，应当提交有关批准文件。如种子经营许可证等。

二、税务登记证

农民专业合作社作为从事生产经营活动的法人，有很多同税务有关的业务。因此，在取得营业执照的30日内，需要办理税务登记。办理税务登记证时需要到辖区内主管税务机关办税服务厅领取并填写《税务登记表》并携带以下资料：

（1）工商营业执照或其他核准执业证件原件及复印件。

（2）注册地址及生产、经营地址证明（产权证、租赁协议）原件及其复印件；如为自有房产，请提供产权证或买卖契约等合法的产权证明原件及其复印件；如为租赁的场所，请提供租赁协议原件及其复印件，出租人为自然人的还须提供产权证明的复印件；如生产、经营地址与注册地址不一致，分别提供相应证明。

（3）验资报告或评估报告原件及其复印件。

（4）组织机构统一代码证书副本原件及复印件。

（5）有关合同、章程、协议书复印件。

（6）法定代表人（负责人）居民身份证、护照或其他证明身份的合法证件原件及其复印件。

（7）纳税人跨县（市）设立的分支机构办理税务登记时，还须提供总机构的税务登记证（国、地税）副本复印件。

对于符合税收法律、法规规定以及国家有关税收规定条件的减免税项目，纳税人应当如实向税务机关报送下列资料：

（1）企业的减免税资格申请（正式文件）。

（2）企业的营业执照及税务登记证的复印件。

（3）企业的年度财务报表（新办企业可不提供）。

（4）相关减免税项目的各种证明（鉴定）材料。

（5）税务机关要求的其他相关资料。

三、组织机构代码证

农民专业合作社在办理工商部门登记以后，还需要到标准化行政主管部门办理“组织结构代码证书”。代码证是标准化行政主管部门发给每个机关、企事业单位和社会团体颁发的、证明该单位具有法定代码的凭证。代码证书为各有关部门强制应用代码提供了查验依据。银行、税务、计划、统计、财政、物资、公安等部门强制应用代码后，合作社到这些部门联系业务，就需要出示代码证书，经查验登记后，才能办理各项业务手续。这样，合作社的活动情况，就会被储存到有关部门的数据库中。合作社有了代码证书，也为参与社会经济活动提供了便利条件。随着我国现代化建设的加快，代码证书将与居民身份主导一样，广泛应用于各种场合，成为每个机关、企事业单位和社会团体在社会经济生活中的“身份证”。

农民专业合作社应当自批准成立或核准登记成立之日起 30 日内向代码主管部门申领组织机构代码证。办证须提交以下材料：

（1）填写《申领组织机构代码证基本信息登记表》，并在左下方指定位置加盖公章。

（2）合作社法定代表人，理事长身份证原件及复印件。

（3）经办人身份证原件及复印件（正、反两面复印到同一纸面上）。

（4）组织机构授权经办人办理登记的证明。

（5）企业分支机构、机关非法人、事业单位、社团法人、民办非企业、其他机构还需提交主管单位的组织机构代码证书复印件。

（6）登记主管部门核发的有效登记证书原件（如工商营业执照）及复印件。

（7）如果相关证照上没有登记法人代表或负责人的姓名，还须提交任命文件复印件（如机关单位、居民委员会、村民自治组织等部门）。

（8）必要时，提供其他证明材料。

第十七节　农民专业合作社的运营管理

一、农民专业合作社的组织机构

农民专业合作社组织机构是指农民专业合作社的领导和管理组织，主要包括成员（或成员代表）大会、理事会、监事会，简称为“三会制度”。

（1）成员大会。成员大会是农民专业合作社最高权力机构，也是各成员行使民主管理的基本形式。由全体成员组成，一届3年或5年，每年至少召开一次成员大会。合作社成员超过150人的，可以按照章程规定设立成员代表大会。

合作社成员中，农民成员至少应当占专业合作社成员总数的80%，成员总数超过20人的，企业、事业单位和社会团体成员不得超过成员总数的5%。成员大会选举和表决，实行一人一票制，成员各享有一票的基本表决权。对出资较多、贡献较大的成员，可享有附加表决权，但附加表决权总票数，不得超过成员基本表决权总票数的 20%。

成员（或成员代表）大会主要决定专业合作社的重大事项，如审议、修改本社章程和各项规章制度，选举和罢免理事长、理事、执行监事或者监事会成员，决定成员入社、退社、出资标准及增加或者减少出资，审议批准本社的发展规划、年度业务报告、经营计划、财务预算和决算方案、盈余分配方案和亏损处理方案，决定重大财产处置、对外投资、担保以及合并、分立、解散、清算等。

（2）理事会。理事会是农民专业合作社的执行机构，由成员大会选举产生的理事组成，研究决定职权内的事项，主持日常工作。理事一般在 5 人以上，每届任期在 3 年或 5 年，可以连选连任。

理事会对成员大会负责，执行成员大会决议，其行使的职责主要是组织召开成员大会，制订发展规划、年度业务经营计划、内部管理规章制度，制定年度财务预决算、盈余分配和亏损弥补等方案并提交成员大会审议，开展各项业务活动、成员培训，管理合作社的资产和财务，决定聘任或者解聘经理、财务会计人员和其他专业技术人员等。

专业合作社设理事长 1 名，副理事长 3~5 名，理事长为专业合作社法人代表，主要职权是主持成员大会，召集并主持理事会会议，签署成员出资证明、聘任或者解聘合作社经理、财务会计人员和其他专业技术人员的聘书，代表合作社签订合同等。

（3）监事会。监事会是专业合作社的监督机构，由成员大会选举产生的监事组成，代表全体成员监督检查理事会和工作人员的工作。

专业合作社设监事长 1 名，副监事长 1~3 名，每届任期 3 年或 5 年，可以连选连任。监事长列席理事会会议。专业合作社规模较小或刚成立时，可以暂不成立监事会，设执行监事 1 名。监事会（或者执行监事）行使的职权主要是，监督理事会对成员大会决议和章程的执行情况，检查生产经营业务情况，负责财务审核监察工作，向理事长或者理事会提出工作质询和改进工作的建议，提议召开临时成员大会，代表合作社负责记录理事与专业合作社发生业务交易时的交易量（额）等。

(4)经理。农民专业合作社实行理事会领导下的经理负责制。经理由理事会决议聘任或罢免，经理不得私自从事与合作社有利益冲突的经营活动。经理对理事会（或理事长）负责，其职权是组织实施理事会决议，主持合作社的生产经营工作，拟订经营管理制度，提请聘任或者解聘财务会计人员和其他经营管理人员等。专业合作社理事长或者理事可以兼任经理。

(5)财务会计人员。财务会计人员是专业合作社的理财专家，其业务能力要强，水平要高，应持有相应的资格证书，即持证上岗。专业合作社的财务会计制度，是由财政部专门制定的，既不同于一般企业，也不同于村集体经济组织，具有特殊性。财务会计人员由理事长或理事会按照成员大会的决定聘任。

二、农民专业合作社的内设机构

农民专业合作社根据业务活动，可以设立相适应的内部管理机构。管理规范、规模较大、业务量多的农民专业合作社，其内设机构比较健全，一般有“五部一校”。即：综合管理部、财务管理部、产品加工销售部、物资供应部、技术指导部、业务培训学校。

(1)综合管理部。负责农民专业合作社的综合计划、组织协调、人事等内部事务管理、制度建设、信息服务等业务。

(2)财务管理部。负责农民专业合作社股金、运营资金的筹集、使用和管理及其他财务工作，支持各项业务工作的开展。

(3)产品加工销售部。负责合作社实体的管理、农副产品的加工、贮藏、销售业务。

(4)物资供应部。负责成员所需生产资料和部分生活资料采购及供应业务。

(5)技术指导部。负责生产技术的指导、推广、应用业务，提高会员的生产技术水平。

（6）业务培训学校。通过聘请专家、技术人员，常年举办长、短期培训班，对成员和管理人员进行生产经营、市场分析及其他所需要的技术知识培训。有条件的还要积极与农广校、农函大、农业职业学校合作，联办大中专班，开展各种形式的教育培训活动，提高会员科学文化素质。

三、农民专业合作社的运行机制

（1）民主管理机制。这是由农民专业合作社的基本性质决定的，也是运营管理的内在所需，其核心是“一人一票”制。

（2）盈余返还机制。农民专业合作社对内不以盈利为目的，实行按“惠顾”返还为主与按股分红相结合的盈余返还机制。

（3）风险保障机制。这是农民专业合作社长久发展的关键。风险保障基金从年终收益中按一定比例提留，用于抵御各种风险，主要是市场风险和自然风险。

（4）自我积累机制。这是保证农民专业合作社不断发展壮大所必不可少的。其资金来源于公积金，用于扩大再生产和新项目的投资。

四、内部规章制度

根据专业合作社业务开展和经营管理的需要，依据章程的规定，制定所需的各项内部管理制度。可以全面细致，也可以简化明了，一切要从实际出发，不断完善。主要有：

（1）“三会”召集制度。是指成员大会、理事会、监事会的召集、议事、表决等事项的规定。

（2）综合管理制度。包括办公管理、人事管理、文件传递、事务处理等方面的规定。

（3）财务管理制度。对专业合作社的财产、资金、会计、出纳、审批、监督等方面的规定。

（4）社务公开制度。专业合作社对经营管理、民主决策、监督管理、重大事项、重要事件等合作社事务进行公开、公示、告知成员方面的规定。

（5）社员登记管理制度。加入专业合作社的社员进行申请、批准、登记注册等方面的规定。

（6）文件资料和档案保管制度。专业合作社进行经营管理、开展业务活动等形成的文件资料和档案管理方面的规定。

第十八节　农民专业合作社的分配方式

盈余分配方式是专业合作社办得好坏的重要指标，关系到每位成员的切身利益，是增强合作社凝聚力的关键所在。同时，分配方式也是专业合作社去区别于一般企业和其他经济组织的具体表现。

一、建立成员账户

专业合作社必须为每个成员设立成员账户，主要记载三项内容：一是该成员的出资额；二是量化为该成员的公积金份额；三是该成员与本社的交易量（额）。

二、提取公积金

专业合作社总收益扣除生产经营成本后为盈余，可以按照章程规定或成员大会决议，提取一定比例的公积金后为可分配盈余。公积金的具体比例，由合作社章程规定，或由成员大会决议确定，一般在 20% 以内。

公积金用于弥补亏损、扩大生产经营，积累到一定程度也可以转为成员出资。每年提取的公积金，要按照章程规定量化为每个成员的份额，并记入个人账户。

三、必要时提取公益金、风险基金

有的合作社在提取公积金的同时，还提取一定比例的公益金，用专业合作社为成员和职员兴办福利和公益活动。有的提取风险基金，作为互助保险金，用于为成员家庭经营遇到的灾害损失予以补助。

四、可分配盈余的分配

专业合作社当年的盈余在弥补亏损、提取公积金以及公益金、风险基金后的剩余，称为农民专业合作社的可分配盈余。可分配盈余的分配，是合作社经营核算的核心，必须按照法律规定返还或者分配给成员，具体分配办法按照章程规定或者经成员大会决议确定。分配方式必须由两部分组成：

（1）按成员与合作社的交易量（额）比例返还，返还总额不得低于可分配盈余的60%。

（2）按前项规定返还后的剩余部分，以成员账户中记载的出资额和公积金份额，以及合作社接受国家财政直接补助和他人捐赠形成的财产平均量化到成员的份额，按比例分配给成员。

第十九节 农民专业合作社案例[①]

一、钟祥市保蜂蜂业合作社

湖北省钟祥市位于汉水流域，有大面积的油菜、芝麻、棉花和荆条，是养蜂采蜜得天独厚的地区。虽然这些年来钟祥市的养蜂产业取得很大的

① 案例由湖北省农村专业合作经济组织指导办公室提供。作者本人在2007年曾经访问过这些家合作社。

发展，但家庭式蜜蜂局限性很大，蜂农没有自己的市场，只能够向中间商提供原料，没有统一合理的价格定位。

2004 年，有 10 多年养蜂经验的大户李福洲牵头发起组织成立钟祥市养蜂协会。2006 年《农民专业合作社法》颁布以后，2007 年在李福洲和赵荣华等养蜂大户的创导下，16 人组成了钟祥市第一家农民专业合作社——钟祥市保蜂蜂业合作社。并于 5 月份在市工商部门办理了营业执照。合作社按照入社自愿、退社自由风险共担、利益共享的原则，经过了一年多的运作、服务和管理，显示出旺盛的生命力。2007 年合作社销售蜂蜜产品产量 518 吨，实行销售收入 860 万元。户均收入 58900 元，比当地非成员农户增收 22000 元。合作社的成功吸引越来越多的蜂农加入，社员由 16 人发展到 186 人，全部为农民成员。除了钟祥市社员外，还有 42 人市外农户参加。合作社辐射带动钟祥、荆门、京山、宜城和沙洋等地的蜂农。合作社蜂群规模达到 21500 群。

二、老河口市春雨苗木果品专业合作社

湖北省老河口市是水果生产大市，也是传统的苗木种植大市。由于分散经营和各自为政，出现相互压价、果品滞销、苗木积压等问题。在这种情况下，退居二线的老河口市果业局副局长、果树专家姚凤君于 2001 年组织唐少东、姚金元等 5 人联合育苗，联合销售。2002 年参加联合的农户增加到 36 户。2006 年姚凤君牵头成立老河口市苗木果品生产协会，有会员人数 166 人。2006 年 5 月在工商部门注册成立了老河口市春雨苗木果品专业合作社（图 1–15）。

图 1–15　春雨合作社社员给圆黄梨套袋

合作社成立后，与中国农业科学院、华中农业大学、湖北果茶所建立合作关系，引进和培育了300多个果树品种，推广了10项果树新技术。合作社培育的新苗木成为抢手货，售价是普通品种的2倍。譬如，合作社培育的沙红桃品种苗木成为抢手货，每株售价4元还供不应求。2008年，合作社通过技术服务，为社员农户果品增加20%，人均年增收350元。

三、湖北长阳长家洞茶叶专业合作社

渔泉溪位于湖北省长阳县贺家坪镇东部的土家山村，平均海拔680米。这里常年云雾缭绕，阳光充足，雨量充沛，土地肥沃，茶叶种植环境得天独厚。这里种植茶叶历史悠久，品质在本地小有名气。然而，长期以来，由于加工工艺落后、生产管理粗放、品质不优等诸多原因，茶叶产业一直没有得到发展，也未能带动农民致富。“茶农不增收，财政不增税，资源白白浪费”。在这种背景下，何家坪政府决定采用“筑巢引凤，招商引资，借用外力，推动本地茶叶产业大发展”。2008年，湖北省重点龙头企业理事长薛鑫考察渔泉溪，这里的自然环境，茶叶品质、区位优势和淳朴民风打动了他的投资决心。同政府进行反复磋商后，决定建立共同经济利益体。2008年11月成立“湖北长阳长家洞茶叶专业合作社”，并在工商部门登记注册。经过民主选举，薛鑫当选为合作社第一任理事长。2009年合作社社员发展到1000多户，入社茶园3000多亩，实现了茶叶销售1500万元，销售利润96万元，利润总额604万元，增加农民收入430万元。其中茶叶差价增收200万元，第二次返利收入230万元。合作社成员户增收1000多元，安置农村劳动力40人。

第二章　超市篇

本书的第二部分主要介绍关于超市的知识。相比传统的农贸市场，超市对生鲜农产品品质和安全性要求更高，市场发展潜力更大。因此，我们有志于优化农产品销售渠道的合作社理事长和社员，有必要学习、了解、掌握连锁超市的经营理念和模式。掌握了这些知识，不仅有利于我们把握农产品市场，提高合作社营销水平，而且能促使我们更好地同超市合作，使合作社和农民获得更多的利益。

第一节　迅速发展的新型农产品市场

农民专业合作社成立之初，面临的最大问题往往就是产品的销售问题，特别是那些由农民自己发起和乡村干部组织的合作社。我们花了不少力气组织农民群众参加合作社，社员们把自己的资金注入合作社，最切实的意图，也是最好的回报，就是能够卖好产品，增加收入。但是，我们到哪里去找到比以前更好的市场呢？

事实上，当前我国同时存在两种类型农产品市场，一种是“传统农产品市场”，另一种是“新型农产品市场”。

所谓传统农产品市场，是指从20世纪70年代末改革开放以后形成的，由农产品批发市场和农贸市场为代表的农产品交易市场。农民生产出

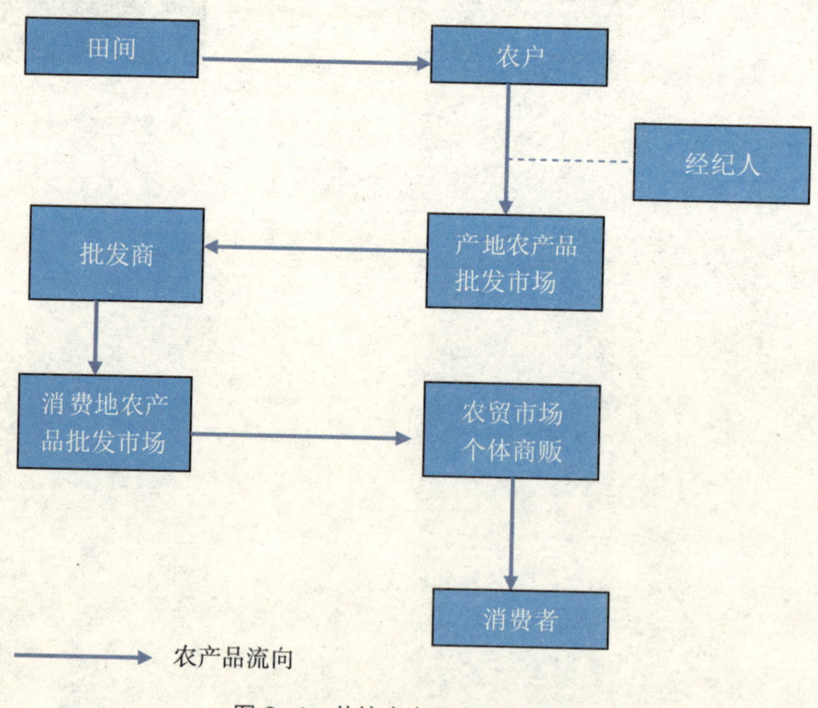

图2-1　传统农产品市场示意图

农产品以后，由经纪人带来的批发商来到田间地头采购。这些人采购到农产品以后，卖到本地农产品批发市场，再转运到大城市的消费地批发市场，最后由农贸市场上的个体商贩出售给消费者（图 2–1）。

进入 21 世纪以后，随着我国经济快速发展，城乡居民收入增加，农产品消费模式开始发生变化，农产品的零售环节顺应外部环境也开始有了新的变化，出现了连锁经营。连锁经营指的是，把社会化大生产高度专业化分工的原理引入商业经营领域，把若干单独店铺经营的一些职能加以分离，使商品采购、仓储、陈列、财务等业务环节都由专业部门统一负责，使各店铺可以专心致志地搞好销售、服务。连锁经营方式既适应了各零售商店分散性和规模小的特点，又提高了各店铺的经营管理水平，特别是通过集中采购的方式扩大了采购数量，降低采购成本，从而提高了经济效益。目前，在我国连锁经营中规模排在前列的有：①连锁超市；②连锁餐饮业；③连锁团膳业。这三个连锁被称为“新型农产品市场”。2008 年，中国连锁百强超市的销售总金额达到 11999 亿元，同比增长 18.4%；百强超市的门店总数达到 120775 个，比 2007 年增加门店总数增长 10.6%；连锁住宿和餐饮业的零售额 15403.9 亿元，比 2007 年增长 24.7%。包括大学、机关、商务食堂在内的连锁团体供餐送餐的销售总金额也已经超过 3000 亿元。下面我们举两个案例供读者理解连锁行业快速发展的现状和前景。

一、连锁餐饮全聚德案例

凡是到北京旅游的中外宾客都有品尝“全聚德”烤鸭的愿望，中华老字号“全聚德”以烤鸭闻名遐迩。全聚德是货真价实的“百年老店”，始建于 1864 年（清同治三年）。创始人杨全仁因家乡遭受水灾，年仅 15 岁就从河北来到北京谋生。他没有做生意的大本钱，只好在前门大街上摆了一个卖生鸡生鸭的小摊。1864 年，45 岁的时候，勤奋的杨全仁手里有些积蓄，他盘下了一家叫德聚全的干果店，改造成烤鸭店。为了给他的烤鸭店起个好，杨全仁将德聚全倒过来，成为自己的字号"全聚德"，并请人写了牌匾。1890 年，杨全仁离开了人世。山东人李子明成了全聚德的新掌柜。在李子明的经营管理下，全聚德的生意做得红红火火。为了吸引更多的顾客，他还在每天下午的营业低峰期，推出了面向劳苦大众的"低价鸭"，全聚德的生意越来越火爆。到了 20 世纪 30 年代后期，人们便公认：全聚德烤鸭质量已超过老字号便宜坊，堪称京师第一了。

新中国成立后，全聚德很快恢复发展。1950 年建立北京西单分店（后由政府决定，改为鸿宾楼经营场地），1959 年建立王府井分店，1964 年，扩建前门外肉市的总店，在原老店的前街即前门大街路东，建了宽敞明亮的新店堂，并在新老店堂间架起一座天桥，使新老店堂连在一起。1979 年又在和平门建成了北京全聚德烤鸭店。1993 年 5 月，全聚德在北京全聚德烤鸭店、前门全聚德烤鸭店、王府井全聚德烤鸭店的基础上，组成了大型餐饮集团企业中国北京全聚德烤鸭集团公司，同时集几十家成员企业，形成了如今的中国全聚德集团。

面对着餐饮市场日益增强的激烈竞争，全聚德又制定自己的下一步规划，充分利用多品牌优势，加快连锁化发展，促进产业化进程，尽快形成以直营连锁为主体的精品正餐连锁市场网络和以食品加工、配送为保障的品牌产品及半成品生产基地，以及与之相配套的物流配送体系。

1997 年，中国北京全聚德烤鸭集团公司按现代企业制度转制为中国北京全聚德集团有限责任公司。全聚德集团成立十几年来，发挥老字号品牌优势，在发展过程中确立了详细的品牌发展战略：积极注册商标、完善特许经营、注重品牌合作、强化内部管理。现已形成拥有 50 余家成员企业，年营业额 9 亿多元，销售烤鸭 300 余万只，接待宾客 500 多万人次，品牌价值 106.34 亿元的餐饮集团。2008 年全聚德集团实现营业收入 11.1 亿元，实现利润总额 1.05 亿元[①]。

从全聚德的案例中，我们可以了解到连锁餐饮业存在巨大的市场。

---

① 资料来源：http://shop.kfood.cn/focus/research/200902/26-18484.html。

二、千喜鹤饮食公司案例

千喜鹤饮食股份有限公司是全国大型团膳连锁经营公司，在全国餐饮百强企业综合排名中位居前列，中国团膳业的著名品牌企业，已在北京、天津、上海、重庆等全国各大中城市设立了60多个管理区300余个连锁经营网点。“千喜鹤2006年销售额是26个亿，2007年将达到30个亿，2008年销售目标是50个亿，2010年是100亿，已进入中国肉制品第一阵营。”

刘延云出身于河北一个普通的农民家庭。农专毕业后进了政府机关工作，1993年下海经商，做粮油批发生意。4年以后，刘延云的正义粮油公司已经扩张到了数十家商店，上亿元销售额。1998年，粮油公司遇到了麻烦，因为政府不再允许民营企业跨省经营粮油生意。无奈之下，刘延云只得另起炉灶。1998年，刘延云成立了“石家庄市千喜鹤食品有限公司”，专门生产馒头、花卷等主食。1个半月之后，千喜鹤在石家庄建立起500多个连锁馒头销售点。1998年底，刘延云获得一个重要消息，军队的后勤保障，特别是生活保障即将社会化。刘延云投资数百万元在石家庄陆军学院学员食堂建设起了全军第一家民营餐饮保障中心。在1年时间里，千喜鹤从石家庄陆军学院一个客户扩大到20多个客户，年营业收入从几百万增长到了1个亿。1999年8月，解放军总后勤部组织全军各大军区后勤领导在石家庄陆军学院召开了现场会，总结推广千喜鹤供餐保障的经验。一时间内有几十所军队院校主动找到千喜鹤要求合作。刘延云借势而上，又用了不到3年时间，将客户拓展到全国100多所院校或大型企业。刘延云，现在掌管的已经是30多万人的一日三餐。

目前，千喜鹤已经是中国人民解放军饮食社会化保障龙头企业、全国团膳业的第一品牌，保障领域涉及解放军总参、总政、总后、总装、武警及各大军区、各军总兵的军事院校和地方院校及地方大型企业的内部食堂；经营区域涉及北京、天津、上海、重庆、广州、西安、南京等50多个大中城市。

我们学习了全聚德和千喜鹤案例以后，是否已经感觉到连锁餐饮和团膳业是我们合作社未来的大市场?

第二节　迅速发展的连锁超市

我们中华民族是世界上最开放、最愿意接受新生事物的民族，超市在我国获得迅速发展机遇就是证明之一。我国的第一家超市是1990年在广东东莞虎门镇诞生的美佳超级市场。1991年上海华联超市和联华超市这对孪生兄弟超市出世，1995年家乐福、沃尔玛等全球500强零售企业陆续登陆大陆市场，随后超市犹如雨后春笋迅速在全国各地涌现。

遗憾的是至今国家统计局还没有把连锁超市纳入统计范围，所以还不能拿出我国超市门店的可靠数据。事实上超市已经在我国相当普及了，超市首先在城市发展，随后延伸到农村地区。自己一年中间大部分的时间在全国各地的农村做研究工作，一个有趣的发现是，即使是较偏僻的乡村，也可以看到挂“超市”牌子的生活用品商店（图2-2）。对于城镇消费者来说，如果没有超市，他们的生活就会变得非常不方便。就像手机一样，在没有手机的时候，我们照样过日子，习惯手机以后，没有它就太不方便了。超市也是同样的道理。

图2-2　北京郊区小超市

能够为我们提供超市信息的是中国连锁经营协会，他们每年都通过收集超市信息并公布连锁经营百强企业的数据。2001年，我国连锁百强企业的销售总金额是 1224 亿元，2005 年 5538 亿元，2006 年 6293.3 亿元，2007 年 8552.0 亿元，2008 年 11998.0 亿元。2008 年连锁百强企业销售总金额是 2001 年的 9.80 倍，年均增长率为 38.6%（表 2-1）。超市快速增长的速度犹如机场飞机起飞时的状况（图 2-3、图 2-4）。

表 2-1 2001~2008 年连锁百强中超市的销售额和门店数（单位：个，万元）

年份	总销售额	总门店数	内资销售额	内资门店数	内资单店销售额	外资销售额	外资门店数
2001	11772901	6520	11224179	6503	1726	548722	17
2002	18519410	10075	17988381	10059	1788	531029	16
2003	28268646	14026	25126320	13901	1807	3142326	125
2004	34758704	17229	29434631	16961	1735	5324073	268
2005	52253687	28785	45435204	28437	1597	6818483	348
2006	85520000	53829	72912787	51171	1424	12607213	2658
2007	100220000	105191	80085860	101177	791	20134140	4013
2008	119990000	120775	95732000	116162	824	24258000	4613

资料来源：中国连锁经营协会。

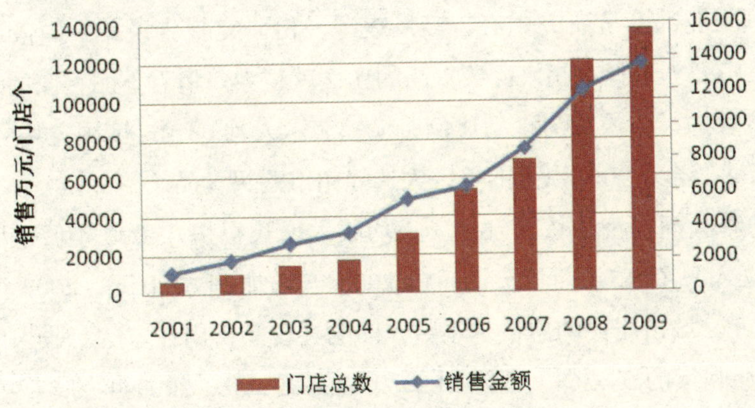

图 2-3 百强超市销售规模和门店总数

资料来源：中国连锁经营协会。

图 2-4 消费者选择超市购物

连锁百强企业门店数在2001年是6520个，2005年增加到28785个，2006年53829个，2007年105191个，2008年120775个。2008年的门店数是2000年的17倍，年均增长率为50.6%。

从上列的数据可以看出，连锁超市发展速度非常快，按照美国著名的超市问题研究专家，密西根州立大学农业食品与资源系教授Thomas Reardon的说法，“中国超市的发展速度超过迄今为止世界上任何一个国家”[①]。是什么原因促使我国超市迅速发展？我们归纳成以下的几条供参考：

一、经济因素

消费者收入的高低决定他们购买什么、何处购买、如何购买等。2002年美国农业部经济研究中心曾经发表了一份研究报告说，一国人均GDP越高，消费者选择在超市购买食品的比例就越大。请看下图，图的纵轴表示消费者选择超市购买食品比例，横轴表示人均GDP。美国人均GDP到达3万多美金，90%以上的美国人选择超市购买食品（图2-5）。

随着我国经济的快速发展，人均收入增长很快。1990年城市居民的人均收入只有1510元，5年后的2000年增加到6280元，2008年达到15780元。城镇居民的恩格尔系数，即购买食品支出在家庭总收入中的比重从1990年的54.2%，下降到2000年的39.4%，2008年的37.9%。农

① 2004年上海举办国际超市研讨会上的发言。

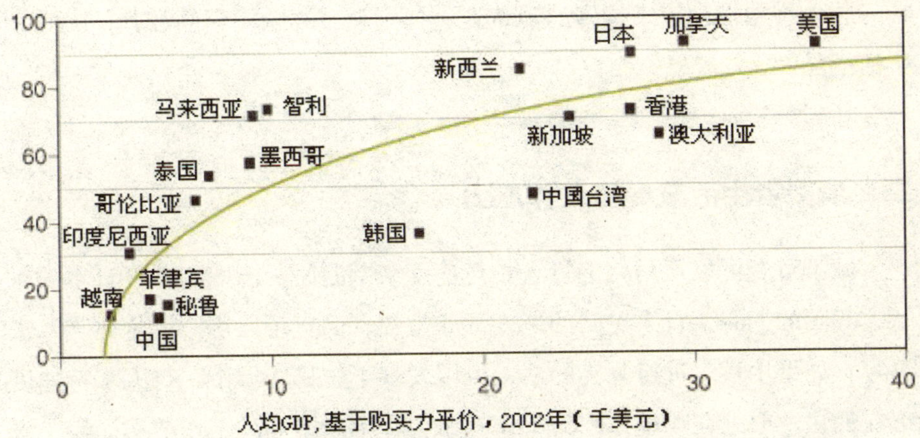

图 2-5 人均 GDP 与消费者选择超市购买食品比例（单位：1000 美元 /%）

资料来源：美国农业部经济研究中心。

村居民的收入从 1990 年的 686 元，增加到 2000 年的 2253 元，2008 年的 4760 元。农村居民的恩格尔系数也从 1990 年的 67.7% 下降到 2000 年的 49.1% 和 2008 年的 43.7%（图 2-6）。

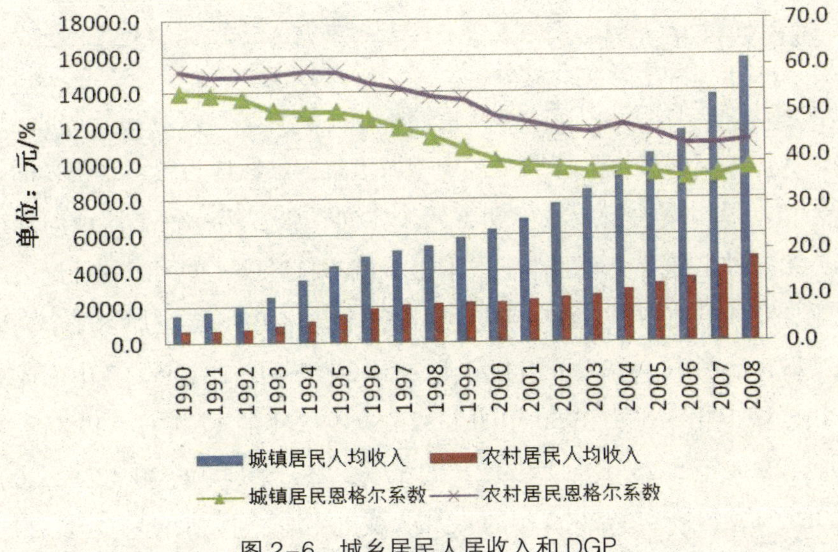

图 2-6 城乡居民人居收入和 DGP

收入增加推动越来越多的消费者选择到超市去购买食品和其他的日常生活用品。

二、消费者生活节奏和工作压力

城市节奏可以从马路上行人步行速度来判断。美国的纽约、日本的东京，我国的上海，行人走路的速度都非常快，简直可以用"行走如飞"来形容。如果用秒表进行测算的话，可以发现不管哪个城市，行人步行速度都在加快。原因在哪里，因为工作的压力在不断增加。工作节奏加快，人们的时间越来越值钱，加上人们在工作之余还希望有些休闲娱乐时间，放松疲惫的身体。他们能够节约的只有减少消耗在生活琐事上的时间。为了节约时间和享受购物乐趣，越来越多的人，特别是中青年更愿意选择提供"一站式购物"（在一个屋檐下陈列所有需要购买的商品）服务的场所，进一家超市短时间内买足所有需要的商品。

三、城市快速扩大

我国几乎所有的大中城市都在快速扩张。随着第二和第三产业的迅速发展，我国人口向城市，特别是大中型城市集中已经成为越来越明显的趋势。人口向城市集中造成城市朝着两个方向扩张：第一种是城市向周边扩张，第二种是随着交通的改善，卫星城市不断形成。据国家统计局公布的数据，我国城市数量2007年末达到655个，比1978年增加462个。地级以上城市已经由1978年的111个增加到2007年的287个。新中国成立后，我国城市化水平由1950年的11.2%、1978年的17.92%、1980年的19.4%、1984年的23.01%、1992年的27.63%、1998年的30.42%、2000年的36.2%，提高到了2009年的40%。城市化增长十分明显，预计2050年达到70%。

城市向周边扩张的速度惊人。以北京为例。20世纪80年代北京还是以二环以内为主城区，90年代初主城区扩大到三环，紧接着扩大到四环，现在五环和六环也不被人们称为郊区，如通州、顺义、昌平和石景山等卫星城市的房地产也非常抢手。轨道交通的快速发展，缩短了交通时间，使得郊外居住城市内工作成为可能。很多人为了购买价格相对适中的住房，不得不迁移到远离市区的新建住宅小区（图2-7）。

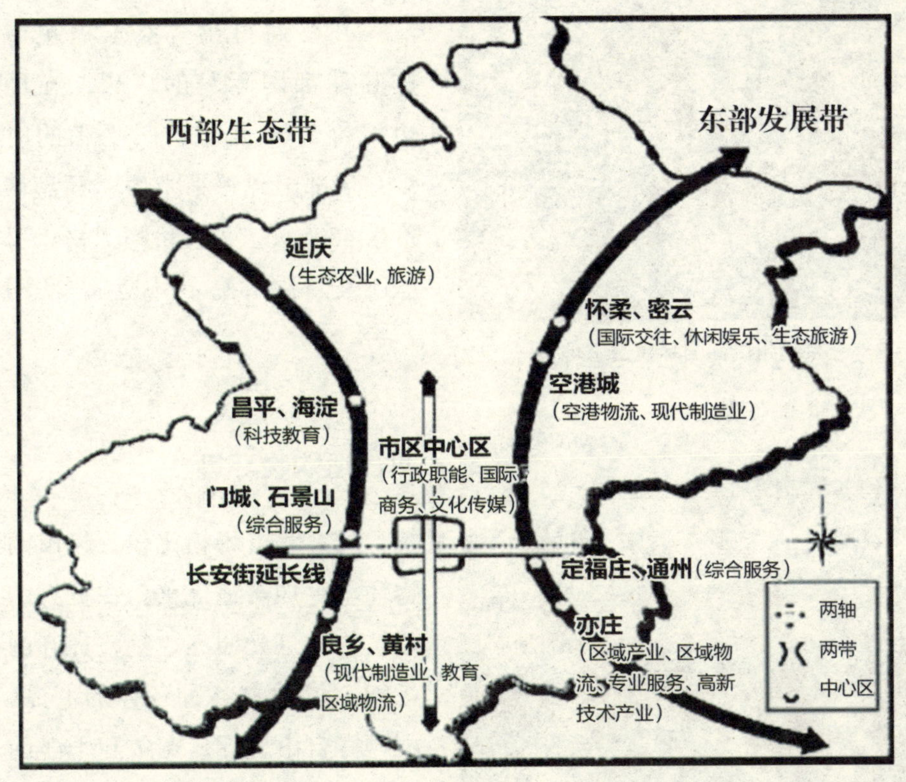

图2-7 北京城市总体规划图

传统农贸市场和百货商场的发展速度远远落后于城市和住宅小区的发展速度。大批的城市外围和卫星城市的消费者迫切需要在住家附近购买生活用品，他们的需求为超市带来庞大的发展空间。很多成熟住宅小区在建筑设计的时候就为开设超市留下了位置，因为，聪明的房地产开发商发现，只要小区附近有超市（越近越好），特别是大卖场，房价就可以比其他的位置和品质基本相同的小区高出15%~20%。甚至有些房地产商在房屋开盘前同超市签订合同，把这个信息作为广告向外宣传，往往取得很好的效果。

图2-8　北京通州瑞都国际建造工地

譬如，北京通州城铁八通线的九棵树站旁有一个国际瑞都的住宅小区，在2006年小区开盘前，开发商打出“家乐福超市进驻瑞都国际”的广告，在周边房价3500元左右一平米的时候，瑞都国际每平米房屋开盘均价是4500元。即使价高20%，房屋还是炙手可热，供不应求[①]（图2-8）。

图2-9　建成后的通州家乐福超市

四、适购物环境

同农贸市场相比较，超市购物环境更加舒适优美。在宽大的建筑物内灯光明亮，整整齐齐的货架上堆放着各种各样的商品，由顾客自由选择，宽敞和干净的走道，加上可以利用的手推车，即使顾客买再多的东西，照样便利地通行。特别是大卖场（仓储式超市）给人们带来的是购物的

① 据说通州瑞都国际小区房价已经从2006年的每平方米4200元涨价到2010年初的12000元。

享受。商场面积大，不仅备有10多万种各式商品供顾客任意选购，而且商场周边还有饮食、时装、文具、书籍和咖啡厅等各式各样的商店，加上超市还经常做一些促销活动，吸引顾客。很多顾客会在节假日携老带幼，把超市当做家人共同活动，购物和休闲的场所（图2-9）。

五、食品安全消费意识提高

近些年来，我国食品安全事件时有发生，加上媒体宣传扩大影响，引起消费者的警惕和重视。连锁超市由一家企业来经营和管理，一旦发生食品安全问题，消费者可以直接找超市，由超市来承担相关的责任。而在农贸市场买的商品，没有发票，摊贩流动性很大，难以找到责任人。因此，在食品安全方面，消费者更加信任超市。譬如，2006年上海发生了瘦肉精中毒事件的消息传到北京后，很多原来在农贸市场购买猪肉的消费者都改为到超市购买，个体猪肉零售商由于猪肉销售量锐减，不得不改行。目前，在北京等大城市，超市已经成为猪肉零售的主要渠道（比较图2-10和图2-11两种不同的猪肉出售方式，就可以明白为什么越来越多的消费者选择在超市购买猪肉）。

图2-10　农贸市场猪肉出售方式

图2-11　超市猪肉出售方式

六、汽车普及

消费者收入提高，汽车价格快速下降，加上政府的各项刺激汽车消费政策，我国已经进入私家车消费时代。汽车从原来的奢侈品变成了大众消费品，虽然有造成环境污染、交通堵塞等负面作用，但终究为人们外出带来了便利。有资料显示，2007 年，七大城市中私家车拥有量最多的是深圳，为 23.5 辆 / 百户，北京第二为 19.9 辆 / 百户，杭州第三为 15.4 辆 / 百户，天津第七为 5.6 辆 / 百户。2009 年，天津市居民每百人拥有汽车 9.2 台，在 2008 年只有 7.7 台。汽车不仅可以代步，也为购物带来便利和便捷。消费者，特别是那些朝九晚五的上班族再也不需要像父母辈一样，每天起大早上农贸市场买菜，而是在周末开车到超市，一次性购足一周食品，平时略微做些小的补充，新型的购物方式为消费者节约大量的宝贵时间。有了汽车，人们也愿意走得远一些去价格更加实惠的大卖场采购，那里商品品种齐全，价格便宜。这些现象不仅发生在中国，在美国、欧洲甚至日本都很普遍。汽车的普及为城市郊区大卖场创造了大量驱车前往购物的顾客。

七、政府的各项促进政策

我国政府通过各种积极政策措施来推动超市的发展。2004 年颁布的“农改超”政策就是一项目的在于促进我国超市发展的积极措施。2004 年 7 月 14 日，国务院办公厅转发商务部等部委的《关于进一步做好农村商品流通工作的意见》，表示支持农业龙头企业到城市开办农产品超市，逐步把网络延伸到城市社区。推行“农改超”政策的是一些有远见的地方政府，为了美化城市，优化购物环境，提高农产品的安全，他们有计划地改造马路市场。在有些地方政府把部分条件比较差的农贸市场改造成超市。如北京、杭州、上海、武汉、大连、青岛、福建省的 9 个城市，中部地区的郑州等城市把农贸市场拍卖给连锁超市。杭州到2007年有250多个农贸市场被改造成超市。

在“万村千乡工程”政策的带动下，到2008年底，我国农村建立了26万余家农村连锁生活超市和农资超市，极大地方便了农村居民的生活（图2-12）。

图2-12 四川雅安万村千乡超市

第三节 外资连锁超市进入中国

外资超市进入我国市场，为我国消费者创造了优美的购物环境，为生活带来了极大的便利；更重要的是，为我国零售业带来了新的理念和培养了大量的超市职业经理。在我国内资超市的得力管理人员中间，有很多人具有在外资超市就业的经验。可以说，外资超市是为我国现代化零售业培养人才的“大学”。

第一波外资超市进入我国是1991年，也即是我国第一家超市深圳美佳超级市场开设后的第二个年头。虽然当时我国本土超市还处于摸索阶段，但凭着多年经营经验，外资超市早已看好了中国零售业这块市场。我国政府作为试点，允许少数的几家实力强、知名度高的全球连锁企业采用合资的方式进入我国市场。第一家进入我国零售市场的是日本八佰伴超市。

八佰伴原来是日本最大的零售企业，曾经有一部人气非常高的电视剧《阿信》就是通过艺术的方式描述了这家零售公司的发家史。20世纪80年代我国电视台播放《阿信》，首播时引起轰动，达到了“万人空巷”的地步。可见这部电视剧是何等吸引中国观众。1991年4月14日，八佰伴与上海市第一百货公司合资成立上海第一八佰伴有限公司。在上海浦东新区合作投资228亿元人民币，总建筑面积14.4万平方米，成为世界上最大的百货商店兼超市。出资比例为八佰伴持有51%的股份（后来实际持股比例为55%），中方占49%，八佰伴取得控股经营权。这在当时的中国是一个特例，在此之前，中国一直禁止外国流通企业在华投资，即使合资经营，中方一定要取得51%以上的控股权。1995年12月20日，“第一八佰伴”试营业，当天约有1/10的上海人（107万）进入新世纪商厦参观购物，创造了世界吉尼斯纪录，为此吉尼斯总部发给了证书。截至1995年末，八佰伴在上海已拥有3家大公司，其中的上海八佰伴联农超市有限公司已拥有广灵店、闻喜店、延吉店、通河店、齐河店、永清店、虬江店、桂林店、国和店、余姚店、新市店、漕东店、浦北店、汾西店等14家超市门店。1997年，由于日本总公司，株式会社八佰伴日本过度扩张，造成资金链断裂，陷入严重经营危机，同年9月，株式会社八佰伴日本公司倒闭。上海第一八佰伴有限公司由于日外方投资者先后倒闭和清盘，其所持的合资公司股权被分别转让。目前，公司注册资本7500万美元，其中上海百联集团股份有限公司占64%，香港昌合有限公司占36%。

随后进入中国市场的是7-11连锁便利商店。1927年，7-11连锁便利商店创立于美国得克萨斯州达拉斯市。7-11早期从事生产及零售冰块业务，后来为方便顾客，逐渐提供鲜牛奶、面包、鸡蛋等日用商品，发展为商品多元化的便利店雏形。7-11 是全世界最大的连锁便利商店集团，商店遍布美国、日本、中国大陆、新加坡、中国台湾、马来西亚、菲律宾、瑞典、墨西哥、巴拿马、挪威、加拿大、澳大利亚、印尼等国家和地区，目前全球店面数目逾 3 万家。

日本的 7-11 在 1973 年由伊藤洋华堂从美国引进，1974 年于日本东京开设第一家店，到 2007 年目前店铺数达 11466 家。中国香港的 7-11 起源于 1981 年，由中国香港牛奶公司取得授权。第一间 7-11 于中国香港岛跑马地开幕，其后以特许经营的形式迅速扩展分店网络。2007 年已有超过 800 家分店。2005 年 7-11 正式于澳门开设分店，由香港牛奶公司授权经营。

中国香港牛奶公司在 1992 年获得在深圳开店的授权。1996 年广州开设了第一家 7-11 店，风趣的广州人称它为“七仔”。广东 7-11 便利店由广东赛壹便利店有限公司经营，中国香港牛奶公司间接持有 65% 及广东信捷商务发展有限公司间接持有 35% 股份。该公司 2007 年收购广州联华快客的 110 多家分店，现时为广州最大的连锁便利店。目前，分店数有 500 多家，大部分地铁车站大堂都开设有分店，市内全线分店均可使用羊城通卡消费。2007 年 11 月，广州邮政与 7-11 便利店合作，在广州开办邮政 EMS 业务，提供全天候收寄快递文件型邮件的服务，这也是全球和国内 7-11 便利店首次开办邮政 EMS 业务。

北京的 7-11 成立于 2004 年 1 月，公司名称为 7-11 有限公司，是由日本 7-11 与王府井百货以及中国糖业酒类集团合资成立。第一家店（东直门店）于 2004 年 4 月 15 日开幕，2007 年门店数为 50 家。店面主要分布于北京市东城区、朝阳区、崇文区以及海淀区。部分店面可以用市政公交一卡通付款，并且政府有计划在所有北京 7-11 推广这种付款方式。2009 年 10 月 7-11 已经在上海开设 9 家门店。

1995 年，法国家乐福超市在上海开设第一家门店；1996 年，美国的沃尔玛超市和德国的麦德龙超市分别在深圳和上海开设第一家门店。紧接着进入中国零售市场的有 1997 年泰国超市易初莲花，1998 年日本的伊藤洋华堂，1999 年的法国欧尚超市。2004 年英国特易购（TESCO）进入中国零售市场，比沃尔玛晚 8 年，比家乐福迟 9 年。但特易购采用并购的扩张模式，在短时间内，门店数已增加到 42 家。

2004 年 12 月 11 日，根据我国加入世贸组织的协议，承诺开放零售市场。外资零售业将不限地域不限经营业务而全面进入中国市场。外资零售进入中国市场，一方面为我国消费者提供了购买日常生活用品的便利和优越的购物环境，另一方面，由于中外零售业实力悬殊，给我国零售业经营也造成了很大的压力（表 2–2）。

表 2–2　外资超市进入中国市场的时间和地点

年份	超市名称	所属国家	第一家开店城市
1991	八百伴	日本	上海
1992	7–11 便利店	日本	深圳
1995	家乐福	法国	上海
1996	麦德隆	德国	上海
1996	沃尔玛	美国	深圳
1997	易初莲花	泰国	上海
1998	伊藤洋华堂	日本	北京
1999	欧尚	法国	上海

资料来源：作者收集

第四节　世界超市起源

如果我们有志于进行“农超对接”项目，那么我们完全有必要知道什么是超市？为什么超市这种零售业态会具有如此巨大的竞争力？

什么叫做“超市”或“连锁超市”？超市是“为同一个经营权所有或者管理之下，采用以顾客自我服务为主要形式的销售各种食品和家庭生活用品的大型连锁商店。”

顾客自我服务，即让顾客自己在商店内挑选所喜爱的商品的销售方法，这是超市经营的重要特征。发明了顾客自我服务的销售方法，可以说具有同人类的祖先学会采用轮子，工厂学会采用生产组装线一样，具有革命性的意义。

超市出现以前，欧美国家百货商店购物的消费者是站在商店柜台的外面，指点自己需要的商品，然后再由柜台里面的服务人员从货架上找出商品，递给顾客。食品及其他商品在出售前也不分开包装，在顾客付款以后伙计按照购买的不同商品逐一地为顾客包装。这种做法花费很多人工。因此，在商店购物价格相当昂贵，购物速度慢，因为任何一家商店都不可能雇佣太多的伙计。

顾客自我服务，及顾客在商店内自选商品的新的售货方法被一个名叫做克拉伦·斯桑德斯的人发明。他开了一家名叫“小猪贝贝”（Piggly Wiggly）杂货铺。1916 年，他在美国田纳西州孟菲斯市开第一家商店。为了降低经营成本，克拉伦想出一个新的点子，就是对杂货铺进行改造，让顾客可以直接走到商店的里面，自主在货架上挑选商品，在出门的时候再给店里付款。在开始采用这种售货方式的时候，人们无法理解，都以为是克拉伦疯了。“顾客不会把店里的商品偷走？”大家纷纷猜疑。事实却证明克拉伦没有发疯，绝大多数的顾客也没有不付钱把东西拿走。这种销售模式的创新，为克拉伦节约了大量的人工费，商店挣钱不少。

有一家名叫“大大西洋和太平洋茶叶公司集团”（The Great Atlantic and Pacific Tea Company）的连锁杂货店，20 世纪 20 年代也引进了顾客自我服务的经营模式。每天晚上商店把所有的商品堆放着货架上，第二天开门就让顾客从货架上挑选商品，到门口付款。虽然自我服务模式偶尔也避免不了贪图小便宜的人把东西带走，可是由于商店货流量大，人工成本降低，即使扣除偷盗损失，商店盈利也相当可观。

在杂货店采用自我服务经营模式的初期，他们不出售新鲜肉类或肉制品。到20世纪20年代末，出售鲜肉、鲜鱼等易腐食品的连锁商店出现了。

按照史密森学会（Smithsonian Institution）的说法，美国第一家真正的超市是由迈克尔·库伦在1930年8月4日开的。这家名叫金库伦角（King Kullen）的超市，建在纽约市一个旧车库里，商店面积560平方米（当时属于相当大的零售商店了）。这家超市的口号是"高堆头，低价格"。在库伦1936年去世的时候，金库伦角超市已经增加到17家门店。

20世纪30年代美国出名的另外两家连锁杂货商店叫做克罗格（Kroger）和萨菲瓦（Safeway），后者现在已经成长为世界连锁500强企业。开始时，这两家杂货商店顽固地抵制迈克尔·库伦采用的自我服务经营模式。后来受到美国30年代经济大萧条的影响，这两家杂货铺不得不改变初衷，采用连锁超市的模式来经营自己的杂货商店。受严重的经济危机影响，美国的消费者变得从来没有见到过的"小气"，他们对商品的价格极其敏感。克罗格公司还采用更加令当时人们不可思议的做法，在超市外面还设立停车场，便利驾驶汽车购物的顾客。他们开了美国"第一家四周都被停车场包围的超市"。

第二次世界大战以后，伴随城市郊区快速发展，美国和加拿大超市数量激增。原先大多数的北美洲超市规模都很小，它们一起挤在郊区的商业街上。大部分的超市属于地方超市，只有克罗格属、罗浮超市（Ralphs），城市市场超市（City Market）和国王叟普尔超市（Soopers）等少数几家属于美国的全国连锁超市。

20世纪40和50年代以后，超市的规模开始逐渐扩大。当时超市热衷于发放优惠券鼓励顾客购买商品，如同现在的超市发行会员卡一样。持有这些卡的顾客可以在购买特定的商品时打折扣。超市还搞积分活动，即超市按照顾客购买商品的金额给顾客记积分，顾客可以用积分换取纪念品。我有位荷兰的朋友Ben Kamphuis曾经和我愉快地回忆起他年轻时候是怎样把超市所有的兑奖券收集起来，换上自己心爱的礼品。

20世纪50年代以后，很多国家的传统超市遭到来自于美国沃尔玛、英国阿斯达以及加拿大泽丽乐（Zellers）大超市的激烈竞争，纷纷败下阵来。因为，新型的大型连锁超市为顾客提供更加多的备供选择商品，更加优惠的价格，以及更加周密的服务。小超市纷纷倒闭，超市开始向大型连锁超市集中。“仓库俱乐部和大型超市的扩散使得小超市和杂货商店逐步地在市场上消声匿迹”。然而，大型超市也带来一些负面影响，譬如，为了到郊区采购增加消费者对汽车的依赖性，交通堵塞，空气污染[①]。

第五节　有代表性超市介绍

就在两天前，一位不速之客来拜访我，说是看了我发表的一些文章，想同我交流做超市的经验。这位客人原来从事房地产销售业务，后来对农产品营销有兴趣，集资办了一家小型的连锁超市。他的这家超市经营有机农产品，很多家农民专业合作社把自己生产的优质或者特色农产品送到这家超市的配送中心，由超市帮助他们销售。这位客人也很有创意，他的很大一部分业务是为顾客送货上门。顾客通过超市网站选上所需要的农产品，然后，由超市送货上门。每次只要订货超过60元的商品，超市就可以上门服务。这家超市的固定客人有200~300家。这位客人把他们的货价目录给我看，不禁吃了一惊。有机鸡蛋每500克21元，有机猪肉每斤35元，有机前羊腿（1250克）328元，有机南瓜每500克9.8元，有机韭菜每500克13.8元，山东有机苹果一箱120元，每个6元等等。我对他说，你这种价格普通老百姓很难消费得起。

我知道这位朋友同所有自己开超市的经理一样，希望把企业做强做大。虽然各个人理解不同，但历史经验值得参考。大部分做成功的超市有一个特点，就是“低价格”。用低价格吸引顾客，薄利多销赢得持续发展。

① 资料来源：http://en.wikipedia.org/wiki/Supermarket。

下面我们通过对几个成功超市的介绍，希望大家能够从这些案例中间悟出道理来。

一、沃尔玛超市

2007 年度，沃尔玛超市被美国《财富》杂志列为世界 500 强公司的榜首，销售收入 3511.39 亿美元。看到今天的超市巨人，很少会有人会想到沃尔玛超市诞生在美国阿肯色州的一个居民不到 3000 人的乡下小镇，班顿镇。

创始人山姆·沃尔顿家境并不宽裕，从小就得协做家计。7 岁开始推销杂志，从 7 年级到上大学一直送报纸。27 岁那年，山姆觉得自己可以独挡一面了，他向岳父借了 2 万美元，在阿肯色州纽波特（Newport，Arkansas）买下一家加盟商店。1945 年开张，4 年后扭亏为盈。1949 年山姆失去了这家店的租约，他在阿肯色州的班顿镇买下一家廉价商店。1953 年，山姆在附近的法叶镇开了第二家商店。当地人打赌说，两个月内山姆的店就会被附近的一家势力强大的连锁百货公司逼得关门。他们说错了，1962 年山姆已经拥有 16 家加盟店，成为美国最大的独立经营的杂货店老板。1962 年 44 岁的山姆与弟弟詹姆斯成立自己的第一家折扣商店，沃尔玛百货折扣城。第一年，沃尔玛百货就创下 97.5 万美元的销售佳绩。

山姆从无到有，把生意从小做到大的要诀是：“所有货物全部平价销售”。山姆坚信薄利多销是获得更大利润的不二法门。山姆曾经举过一个经典例子。他说：“如果我用 80 美分买进一件东西，并发现每个卖 1 元的销售量比卖 1.2 元多 2 倍，这样我宁可卖 1 元。虽然每买一件就少赚一半利润，但是可以卖 3 倍的量，整个算起来利润还大得多。”

为了获得价格最低廉的产品，山姆开始建立自己的配送系统。他经常亲自驾驶货车找到供应商，然后满载而归。等货品进了店里，他就开始促销特定商品。他把这种做法称为“单项促销”。山姆的独特策略创造了极大的竞争优势。山姆会选择一种货品，然后设法吸引大家的注意[①]。

沃尔玛百货有限公司成立于1969年10月31日。1970年，在阿肯色州开设总部和第一家物流配送中心。这时沃尔玛拥有38家商店，1500名员工和420万美元销售业务。同年，沃尔玛在纽约证券交易所上市。

在20世纪80年代，沃尔玛继续快速增长，1987年拥有1198个门店，159亿美元销售额。1988年，山姆·沃尔顿辞去了首席执行官职务，仍担任董事会主席。

2000年，李斯·科特（H. Lee Scott）出任总裁兼首席执行官，沃尔玛的销售额增长为1.65亿美元。

2005年，沃尔玛已在世界各地拥有6200多家商店，美国本土3800多家，其他国家地区2800多家，从业人员超过160万人，销售额达到16亿美元。2009年沃尔玛在全球开设了超过8000家商场，员工总数210多万人，分布在全球16个国家。每周光临沃尔玛的顾客有2亿人次。

20世纪90年代中期，沃尔玛开始向海外发展，1995年在阿根廷和巴西开设商店，1999年在英国用100亿美元购买阿斯达超市。

沃尔玛1996年进入中国，在深圳开设了第一家沃尔玛购物广场和山姆会员商店。沃尔玛全球采购中心总部于2002年在深圳设立。经过13年的发展，目前，沃尔玛已经在中国经营多种业态，包括购物广场、山姆会员商店、社区店，已经在全国20多个省的80多个城市开设了170多家商场。沃尔玛至今在华创造了超过50000个就业机会。作为一个出色的企业公民，沃尔玛自进入中国就积极开展社区服务和慈善公益活动，13年累计向各种慈善公益事业捐献了超过5900万元的物品和资金，员工累积投入超过17万个工时。沃尔玛十分重视环境保护和可持续发展，并把环保360的理念融入到沃尔玛日常工作的每一个环节。同时，沃尔玛也鼓励合作伙伴成为沃尔玛环保360计划的一部分，共同致力于中国的环境保护和

① 资料来源：Robert Slater，“How a New Generation of Leaders; Turned Sam Walton’ s Legacy into the World #1 Company”。

可持续发展。

沃尔玛折扣店的平均面积是 9476.1 平方米。商店销售一般商品和众多食品。很多沃尔玛折扣店有中心花园、药房、汽车用品店、光学中心、一小时照片冲印中心、银行分行、手机店和快餐店。部分折扣店附设加油站。

沃尔玛购物中心属于大卖场，平均面积是 18301.9 平方米。购物中心除了具备折扣店所有的机能以外，还经营肉类和家禽加工、烘焙食品、熟食、冷冻食品、乳制品、园艺产品以及生猛海鲜。许多沃尔玛购物广场还有花园中心、宠物商店、药店、轮胎及润滑油快、光学中心、一小时照片冲印中心、肖像工作室和众多的壁龛的商店，其他如手机店、头发和指甲沙龙、录像带出租店、本地银行分行和快餐店。

沃尔玛社区店平均面积 3901.9 平方米。它们为顾客提供的产品包括杂货、药品、保健及美容器材、照片冲洗服务和品种有限的一般商品。

山姆俱乐部也属于连锁式仓库商店，出售杂货和一般商品，主要提供大批量交易。山姆会员店属于“会员制”商店，大多数客户需要购买年度会员资格。一些地方的山姆俱乐部也出售汽油。最近山姆俱乐部还瞄准小型商店供应商市场，所有山姆俱乐部在凌晨开始营业，为他们的企业成员服务，他们的口号是“我们正在寻找商业小企业（图 2–13）”[①]。

图 2–13　沃尔玛超市

二、家乐福超市

家乐福作为世界第二大零售

① 资料来源：http://en.wikipedia.org/wiki/Wal-Mart。

企业经营着10300余家超市，分布在法国及世界多个国家，2010年1月在中国开设了156家门店。家乐福超市的类型包括便利店、折扣店、现金自运店和大卖场。世界上首家大卖场（Hypermarket）是由家乐福首创。大卖场改变了超市经营杂货店形象，扩大了超市经营商品的品种，包括杂货、电子产品、服装和汽车用品，使得超市同时具备杂货、食品以及百货公司的功能，消费者可以在一家商店内购买到他们所需要的大部分商品。大卖场的快速成功，彻底改变了法国及世界各地的零售行业。

家乐福创建于1959年。法国东部城市阿纳西（Annecy）的两个出身于成功家庭的企业家马塞尔·富尼耶和路易斯·德福雷为了扩大自己的生意，他们合伙开设大型超市。当时超市刚开始在法国普及，越来越多的消费者不再去传统的杂货商店，而是去新型的采用自我服务商店购买食品和需要的其他商品。

1959年5月，富尼耶和德福雷在阿纳西开了他们的商店。他们为商店发行了7000股股票，分配给10个股东，并且在阿纳西市买下一栋房子。房子地下用作超市商场，而地上的公寓被出售。马塞尔·富尼耶当选总裁，德福雷·路易斯的儿子任总经理。富尼耶给这家商店起个名字叫“Carrefour（家乐福）”。

这时有位名叫爱德华·勒克莱尔（Edouard Leclerc）的超市经营者宣布将要在阿纳西开店。富尼耶和德福雷得知这个消息之后，意识到勒克莱尔将成为他们的竞争对手，为了不失竞争优势，他们必须在勒克莱尔来到之前开出他们的商店。富尼耶把自己家里的百货公司的地下室拿出来做超市。1960年1月7日家乐福超市阿纳西店开张，时间上比勒克莱尔的大商场整整早6个月。这家家乐福超市非常成功，在开店不到四天时间里，商场内几乎所有的商品被销售一空。超市不得不关门备货。面对勒克莱尔的竞争，富尼耶和德福雷尽最大努力降低商品价格，家乐福的成功使得勒克莱尔再也不在阿纳西开设第二家与家乐福竞争的超市。

为了让顾客熟悉超市，家乐福在开店前必须做足促销，这样做的宣传效果相当明显。家乐福第一家商店开业的销售情况远远超出预期，在头两天吸引了 1.5 万客户光临。在短短三个多星期，家乐福店销售额已达 290000 法郎。这个数字相当于普通杂货店整整一年的销售额。为防止交通拥堵，商店扩大了停车场，随后，家乐福的经理们发现在市中心并不适合开大型超市。

1961 年至 1962 年，家乐福生意增长 45%。次年家乐福在阿纳西地区的 Cran-Gevrie 开了第二家超市。这家超市还有一个巨大的停车场。此外，家乐福还在停车场内建立折扣加油站，销售每公升低于平均价格 5 生丁的无品牌汽油。

不久家乐福进军巴黎地区，他们在巴黎以南 30 公里的圣资本耶沃－德布瓦买下一大块地，当时地价很便宜。在新超市施工以前，路易斯·德福雷和他的弟弟雅克去美国考察超市。通过参加美国人贝尔纳·特鲁希略（Bernardo Trujillo）组织的研讨会，使他们对美国超市的免费服务，折扣价格和采用大型设备等状况有更多的了解。学习了新理念以后，富尼耶修改巴黎郊区家乐福店的设计原方案。他们增加收银柜台数量和拓宽商场通道，使得进店购买商品的顾客更加方便。美国考察的更大收获是确定了家乐福的经营理念，“每件商品必须低价出售”，这个理念或者说是企业文化一直延续到今天。

为了贯彻这个理念，家乐福直接向生产者或者批发商采购商品，在门店建筑和装修方面尽可能降低成本。在 1963 年 6 月开业的家乐福超市，被媒体炒作得沸沸扬扬，说成是法国“超大型自助商场（大卖场）”，这家超市面积有 2500 平方米和 400 个停车位，商场内陈列着数量极其丰富的食品和非食品商品。这家新超市也是一炮打响，每个客单的消费金额是普通超市 3 倍以上。

家乐福开店频频获胜的主要原因在于他们商品的优惠价格、分权制管理、低装修和设备成本。家乐福通过减少商品库存和提高周转速度来降低经营成本。大卖场在 20 世纪 60 年代属于新生事物，由于商品数量齐全，价格优惠，迅速为当时的年轻人、城市郊区居民和收入有限的消费者所接受和利用。家乐福创造的商品定价、包装、兑现以及冷链等方面的新零售技术也推动了法国零售业的革命。

1965 年 1 月，为了避免政府对连锁超市新开门店的限制，家乐福被分成了两个部分，马塞尔·福涅尔和丹尼斯·德福雷负责家乐福超市，雅克德·福雷弗尼耶和伯纳德·富尼耶负责另一家家乐福子公司。1966 年家乐福同时在里昂附近开始建 10000 平方米的大卖场，在维特罗勒开设了 20000 平方米的大卖场。次年，在他们巴黎设立一个办事处，用于收集、比较和分析来自于各个门店数据。1968 年马塞尔福尼尔从阿纳西搬迁到位于巴黎的办公室。

家乐福还积极寻求与欧洲的其他零售企业建立友好合作关系，这些公司包括比利时的德尔海兹兄弟公司，瑞士的美居公司，英国的惠特希夫投资公司和意大利的伊丹味儿公司。这时家乐福开始进军欧洲地中海地区的市场，开始在新的国家或者地区开店。家乐福率先同当地的零售商合作建立新的子公司，然后再逐渐地把股权买回来。

在 1970 年 6 月，家乐福股票在巴黎证券交易所上市。由于 70 年代中期的通货膨胀，食品价格飞涨，法国在 1973 年颁布了罗耶法，限制大型商店在法国发展。这些因素促使家乐福加快向国外发展的速度。在 1978 年到 1982 年的 4 年中间，家乐福在国外开设了大量新超市，特别是在巴西、阿根廷和西班牙。

1985 年家乐福已经进入三大洲的 10 个国家，这年获得 5.20 亿法郎的纯利润。1988 年，家乐福成为法国最大的大型连锁超市企业和欧洲最大的零售企业。它在法国有 65 家大卖场，在欧洲和南美洲有 115 家。同年 2 月，家乐福在宾夕法尼亚州的费城开设了一家面积达 330000 平方英尺大卖场，并克服了最初的客流量不足问题。1991 年家乐福又在费城地区开设了第二家商店。

20 世纪 90 年代初，家乐福创始家族的所有成员不再继续参与公司的经营管理，他们成立了一个顾问委员会。家乐福出售阿纳西和克伦其的商店给卡西诺（Casino），卡西诺把自己在南特的大卖场卖给了家乐福，此举使得家乐福只经营 2500 平方米以上的大商店。1991 年，家乐福用 8.5

亿美元收购了竞争对手欧劳玛奇（Euromarché），以及1.75亿美元收购已经破产的杂货商店蒙洛尔。这时家乐福在法国已经有798大卖场。随着大型超市达到饱和点，政府开始着手限制开设新的大卖场。新形势又推进了家乐福在海外市场的发展速度，他们通过与合作伙伴的合作在奥地利、英国、荷兰、瑞士、德国、比利时、意大利、西班牙、南非、阿根廷、巴西和美国开了大量的门店。

1992年，家乐福与合作伙伴计好事多（Costco）合资在英国开设一家仓库俱乐部公司和一家折扣食物连锁公司，后者提供品种有限但价格极低的商品。家乐福还分别在西班牙、巴西和阿根廷开新商店，并且准备在中国台湾、土耳其和马来西亚的开店计划。

1993年，家乐福的发展面临新的挑战，法国政府强制冻结家乐福在农村地区新开设的一家大卖场。不过家乐福已经习惯政府的一贯做法，他们继续寻求在海外市场发展的机会。1993年，家乐福破例地关闭了美国的两家商店，并不再准备在美国继续开店经营。在他们退出美国市场时，出售了在美国好事多仓储零售公司中占有的11%利益，继续保留了英国好事多20%的股份。

在20世纪90年代，家乐福强势地在中美洲和南美洲扩张。1993年家乐福进入墨西哥。1996年家乐福在全球共新开了30家大卖场，其中有15家在墨西哥、巴西和阿根廷。到1997年，家乐福在南美洲共开了60多家商店，仅仅巴西和阿根廷的销售额就达70亿美元。为了巩固其在这个地区的成果，家乐福计划在未来的10年中间再在智利开设10家大卖场。

20世纪90年代中期，亚洲为家乐福的海外成长提供了肥沃的土壤。1996年，韩国政府取消了对外国零售商的一些限制，当年家乐福在韩国的首尔开设第一家商店。亚洲金融危机在90年代末冲击亚洲的时候，家乐福已经在这个地区经营26家大卖场。由于家乐福的折扣策略，以及可以稳定地为当地顾客提供食物和其他生活必需品，为这些处于危机中的国家作出积极贡献。在1997年和1998年两年，家乐福在亚洲开设20多家新店。

家乐福在1998年和2000年通过两项重要的并购，使它一跃坐上了欧洲第一，全球第二大零售商宝座。1998年家乐福用30亿美元巨资并购了现代经销公司（Comptoirs Modernes SA），这次并购使家乐福增加了790多家超级市场。家乐福的第二个大动作是在1999年以65亿美元的价格并购了竞争对手普美德斯（Promodès SA）的商店。这家公司成立于1961年，起步的时候是批发食品经销商，随着时间的推移，这家公司发展成为世界上最大的大卖场、超市、便利店和折扣商店运营商之一。双方管理层通过三周的洽谈，一致认为合并将有助于保持和提升他们在这个行业中的竞争力。合并不仅使他们成为欧洲第一、世界第二大零售企业，而且也增加对沃尔玛的竞争优势，这个美国巨人正在窥视家乐福的领地。整个并购工作在2000年初完成，家乐福在26个国家拥有超过8800家超市，年销售额达到650亿美元，家乐福脚踏实地地进入千禧之年。这年还在日本开设了第一个大卖场，并购比利时的GB公司和意大利的Gruppo公司[①]。

1989年，家乐福通过与统一企业公司合资进入中国台湾。它借助于在台湾学习的经验扩展其他亚洲市场。家乐福通过合资的方式进入阿拉伯联合酋长国和约旦。家乐福在2007年3月在科威特开设一家商店。2003年家乐福在在阿曼的马斯喀特城市的郊区也开设一家店。家乐福在沙特阿拉伯经营11家大卖场。2007年，家乐福加速在法国以外国家和地区拓展。2010年1月家乐福已经在中国开设了第156家大卖场[②]（图2-14）。

图2-14 北京通州家乐福店

① 资料来源：http://www.fundinguniverse.com/company-histories/Carrefour-SA-Company-History.html。

② 资料来源：http://en.wikipedia.org/wiki/Carrefour#Africa。

三、麦德龙

麦德龙现购自运公司（Metro Cash & Carry，以下简称麦德龙）是一家德国公司，也是国际批发自助服务的领头人。麦德龙通过自己的专业知识和服务来满足各种专业顾客、宾馆、饭店和中小零售商的特殊需要。2008年麦德龙在欧洲，非洲和亚洲的29个国家和地区开设了659家门店，雇佣300000名员工，销售额331亿欧元。

1964年，奥托·拜斯海姆教授（Prof. Dr. Otto Beisheim）率先在欧洲提出了“批发自助服务”的理念，他同米尔海姆/鲁尔的施密特鲁腾贝地铁公司（Metro SBGroßmärkte GmbH & Co. KG）一起把这个理念付诸于实践，他们合资开设了麦德龙公司。1967年弗兰兹哈尼尔公司也加入麦德龙。自那时起，奥托·拜斯海姆教授，弗兰兹哈尼尔公司和施密特鲁腾贝克家庭各占德国麦德龙1/3经营权。

1968年，麦德龙首次走出国门，与荷兰的斯汀科隆（Steenkolen Handels-vereeniging）公司合资在荷兰建立第一个万客隆超市。这是麦德龙走向国际化的里程碑，从此开始麦德龙就瞄准南欧和西欧市场，紧接他们进入土耳其和摩洛哥市场。

20世纪90年代，麦德龙已经在德国以外的12个国家和地区开设商店，成为著名的国际批发商。他们在这些国家拥有200多家连锁商店。90年代中期，麦德龙开始看好迅速发展的亚洲和东欧市场。1998年，麦德龙作为麦德龙集团全额控股子公司，开始经营和管理麦德龙和万客隆在全球的批发业务。进入21世纪以后，麦德龙继续扩大它在国际市场上的份额。鉴于东欧和亚洲的巨大市场潜力，麦德龙抓紧进入这些国家和地区。

麦德龙主要服务对象是宾馆、餐厅、食品供应商、小型食品零售商、医院，机关，以及不断扩大的其他顾客群。譬如，餐馆经理走进麦德龙，他可以买到鱼、蔬菜、厨房设备，甚至是办公用品。为了满足专业化顾客在时间方面的特殊需求，把营业时间延长到每天16小时。

麦德龙一直遵循“为内行服务的内行（From professionals for professionals）”的座右铭，用麦德龙、万客隆的品牌向顾客提供品种繁多、品质优良的商品。麦德龙的优势之一在于它拥有巨大的冷链和保鲜能力。通过高效率的供应链和品目繁多的质量保证体系，确保客户每天有品种繁多的新鲜鱼、肉、水果和蔬菜可选择。此外，麦德龙还提供品种繁多的非食品。良好的经济效益，以及高品质的产品一贯是麦德龙在全球的成功销售的概念。另一个重要的竞争优势是其独特的适应能力，满足不同地区对批发市场的特殊需要。麦德龙的产品分类是按照商店所在地的需求，同时，拥有高度现代化和有效率的采购组织。

在全球层面，作为商业顾客和转卖者提供服务的专业商店，麦德龙在选择商品的时候充分地考虑到顾客的特殊需求，使得货物可用性明显要高于零售业的平均水平。此外，容易在商店内找到自己需要的商品和延长营业时间，也增加麦德龙对商业客户的吸引力。麦德龙通过制定和实施高质量标准来体现它作为一家批发机构所负有的特殊责任。在其他服务方面，客户在麦德龙购买商品以后，还可以得到专业冷链服务。在其质量管理方面，麦德龙从 2006 年开始在所有的国家和地区都采用相同的欧洲标准。

1995 年，麦德龙进入中国市场，与上海锦江集团合作成立了锦江麦德龙现购自运有限公司。锦江麦德龙现购自运有限公司是第一家在中国获得政府批准的在多个主要城市建立连锁商场的合资企业。1996 年，麦德龙在上海普陀区开设了第一家商场。

2007 年，底麦德龙在中国成立麦咨达农业信息咨询有限公司，按照全球良好的农业操作规范，与中国农产品加工龙头企业开展咨询公司 + 企业 + 基地的合作，为它们提供生产、加工、包装、物流及市场运作等方面的专业培训和咨询，指导它们建立从田头到餐桌的质量安全可追溯体系。

麦德龙通过其全国性分销系统将当地产品投入国内市场，吸引着各地顾客。同时，麦德龙国际分销系统将中国商品推向国际市场。2002 年，麦德龙在中国北部、东部、南部和中部建立了四个销售区域。目标是尽可能接近顾客和供应商。

截至2008年12月，麦德龙在中国的31个城市共有38家分店，分别位于成都、重庆、昆明、武汉硚口、武汉洪山、长沙、广州、东莞、深圳罗湖、深圳南山、南昌、厦门、泉州、福州、杭州、嘉兴、宁波、上海闵行、上海普陀、上海浦东、青岛、南京、无锡锡山、南通、苏州、合肥、江阴、常州、无锡惠山、大连、沈阳、哈尔滨、天津、北京万泉河、北京十里河、郑州和西安。

2008年，麦德龙在中国市场实现销售126.46亿元，名列2008中国连锁百强第26位。麦德龙集团公司营运可以划分成四部分，拥有六个独立销售区域及不同品牌。现购自运针对商业和专业顾客，其他部分则针对零售销售和最终顾客。所谓的跨区域服务公司即为集团内所有销售区域提供服务，例如，采购、物流、信息技术、广告、财务、保险和餐饮。

麦德龙的经营方式同其他外资连锁超市相比，有其独特的方面。譬如麦德龙无论在全球什么地方开店，它都是强调拥有自有产权的店面。麦德龙是仓储式会员制，目前，在中国的店铺一般都超过1万多平方米，加上建筑面积和与建筑面积基本等同的停车场面积，有的甚至达到3万~5万多平方米。与其他大型综合超市相比，麦德龙店对地点、面积的要求更严格，更难选到合适的店，所以，麦德龙一直选择自建商店。麦德龙超市通常开设在大城市城乡结合部的高速公路或主干道附近。这样既避免了市中心及市区的交通拥挤，又因土地价格相对便宜，减少了投资风险。同时，选址还适应了城乡一体化的发展趋势，提前占据区位优势。商圈的辐射半径通常为50公里。

麦德龙仓储式超市是将超市和仓储合而为一的零售业态。它省掉了传统零售企业独立的仓库和配送中心，经营中实现了快速补货，保证了超市低成本高效率的运作。仓储式超市与普通超市整体策划设计方面有明显不同。麦德龙仓储式超市从外观看就象一个现代化的大仓库，其营业面积一般为15000~20000平方米。外部设有与营业面积几乎相等的停车场，内部结构比较简单，通常采用高4.5米的工业用大型货架。货架下半部分用于商品的陈列展示，与普通超市无异：而其上半部分则用于相应商品的存放，起到了仓库的作用，从而使销售和仓储合为一体。货架间距较大，便于存取货物的叉车通过，完成迅速补货的工作①。

麦德龙商品内容丰富，品种齐全，通常在20000种以上，可满足专业客户"一站式购物"的需求。如麦德龙商品种类中食品占40%，非食品占60%。食品类商品以时令果蔬、鲜肉、鲜鱼、奶制品、冷冻品、罐头、粮食制品、饮料、甜点为主，品种相对稳定。非食品领域的商品则按季节和顾客需要定期调整，涉及范围较广不仅包括日常生活用品、办公用品，还包括小型机械工具类产品。仓储式超市摆设的绝大多数商品都是捆绑式或整箱销售，除家电类、机械类产品外很少有单件摆设展示的商品。麦德龙对顾客采用"会员制"，只有申请加入并拥有"会员证"的顾客才能进场消费，其余消费者"请留步"。麦德龙还有条规定是，禁止1.2米以下的儿童进入卖场。它的理由非常有趣，作为一家大型仓储式商场，需要进行叉车作业，补充货品，而1.2米以下的儿童恰恰是在叉车驾驶员的视觉盲区。麦德龙采用"透明"收银单，不管顾客是否乐意，麦德龙的每一张收银单上详尽地排列着消费者所购商品名称、单价、数量、金额、日期和顾客姓名等。其详细程度甚至连每包卫生纸的卷数都有说明。在欧洲，这种透明方式很受欢迎，但有些中国顾客却不太愿意这样做，所以经常会发生一些顾客付款后退货（图2-15）。

图2-15 麦德龙超市门店

① 资料来源：http://en.wikipedia.org/wiki/Metro_Group；http://www.metro.com.cn/metro/front.do?go=WEB_HOMEPAGE_PG_Index；http://wiki.mbalib.com/wiki/%E9%BA%A6%E5%BE%B7%E9%BE%99。

四、易初莲花（卜蜂莲花）

易初莲花是世界 500 强企业泰国正大集团的一个下属企业。“易初”是正大集团创始人谢易初先生的名字，谢易初先生一家是泰籍华人。1921 年谢易初先生在泰国曼谷开设第一家销售菜种子的商店，经过多年的努力和发展，其业务范围已扩展至饲料、水产养殖、国际贸易、石油华工、通讯、银行、房地产、医药、零售等 10 多个行业，遍布全世界 20 多个国家和地区，成为世界 500 强企业之一。员工超过 200000 人，年总收入超过 150 多亿美元（图 2-16）。

图 2-16　易初莲花超市门店

1997 年 6 月，正大集团率先在上海浦东开设了第一家大型连锁购物中心易初莲花购物中心。经过 10 多年的发展，目前，已成功在中国开设了近 76 家大卖场（大型购物中心）。易初莲花在中国保持强劲的发展势头，每年的销售额增长高达 20%~30%。中国的食品和服装类产品价廉物美，销售数万种商品，易初莲花 95% 是在中国直接采购的。易初莲花提供的商品种类繁多，从新鲜的蔬菜到点心，从家电到交通工具，从服装到家具，从健康美容用品到玩具等，一律实行集中统一采购。其中超市的招牌产品——各种丰富的农副产品主要由正大集团在中国的农业和畜牧业基地提供。易初莲花致力于成为生鲜加强型超市，生鲜一直是易初莲花的特色。除了能够以低价满足顾客的一站式购物的需求，易初莲花一直以来都以美味新鲜、高品质的生鲜产品而闻名。为了保证生鲜食品的质量，易初莲花对自供的生鲜类产品进行严格的质量控制，并且尽量与大型厂家进行供应商合作，从而保证产品质量安全。生鲜损耗大致可以分为两类：一类是因为生鲜商品受损而产生的损耗，例如，由于商品丢失、浪费、损坏变质等造成的有形损耗；另外一类是商品没有受损而产生的损耗，例如，由于降价、清仓处理、单据错误或者录入错误造成的无形损耗。针对不同的损耗，易初莲花有不同的控制方法。

“易初莲花自有品牌数量在10%以上，它背后的正大集团是做农业起家，肉禽类商品直接由正大集团自供，质检环节就设在集团内部。易初莲花的大部分自有品牌，都是在中国制造的。”为严格执行商品准入制，易初莲花对供货商的产品定期抽查，看其是否具备有效证件、生产日期及标识等，还到厂家实地考察其生产流程，以保证产品质量。特别设立的检测室对进场蔬菜实行监测，发现有农药残留超标的立即予以退货或销毁，保证放心食品在门店中销售[①]。

五、山东家家悦

山东家家悦超市有限公司（以后简称：家家悦）前身是山东威海糖酒采购供应站，成立于1974年。在计划经济时期属于山东省糖酒行业中最小的二级批发企业。从1995年开始转而发展连锁经营。家家悦超市发展迅速，到2007年已经在中国连锁百强企业销售名单上排行第37名，成为山东省重点流通企业。家家悦在山东的威海、烟台、潍坊、青岛、临沂、莱芜和聊城等城市共开设400多家连锁店，2008年的销售额达85亿元。

家家悦曾经获得多项奖项和名誉称号，“山东省重点连锁企业”、“山东省文明单位”、“山东省消费者满意单位”、“全国百城万店无假货活动示范店”、“中国商业名牌企业”、“全国商业质量效益型先进企业”、“全国青年文明号”、“全国商业安全放心消费场所”等。

① 资料来源：http://www.hudong.com/wiki/%E6%98%93%E5%88%9D%E8%8E%B2%E8%8A%B1。

家家悦的经营理念是“顾客的需要就是我们追求的目标”。通过学习应用国内外先进的管理方式和营销手段，审时度势，抢抓机遇，大力发展连锁经营，通过在物流建设、信息建设、生鲜经营、自有品牌的方面的探索与开发，逐步发展成为目前以超市连锁为龙头，集物流配送、食品加工和对外贸易于一体的大型连锁企业集团。

在物流建设方面，家家悦按照“发展连锁，物流为先”的原则，在威海、烟台、高密建立了3座1万平米以上的现代智能化配送中心和1座2万平米的生鲜配送中心，形成了物流建设的网络化布局，构建了跨区域的物流配送体系。在信息建设方面，家家悦通过将采购部门、配送中心、门店与总部的计算机联网，形成了总部、物流配送中心、超市自上而下的网络管理格局和一整套管理流程，实现了企业从采购到销售整个过程信息流与物流、商流、资金流的有机结合。在生鲜经营方面，为了突出经营特色，强化生鲜管理，保证超市生鲜食品的安全，家家悦从生鲜食品的采购、加工到销售，全部实行自主经营，并建立了无公害蔬菜生产基地，与农户签订种植协议，积极发展订单农业，利用物流优势，打开了农副产品的销售渠道。在自有品牌的开发方面，家家悦拥有1万平米的食品加工厂1座和可年创产值2亿元的植物油厂1座，通过自有品牌的开发，倾力打造“家家悦”品牌，进一步提升企业的形象。在经营模式上，为了进一步优化供应链，降低采购成本，形成规模优势和区位优势，2003年，公司联合四家超市成立了中国第一家跨省区的超市自愿连锁组织–上海家联采购联盟，在采购业务上进行共同的资源整合与开发，全面提高企业的竞争能力。2004年，家家悦又申请加入了国际SPAR自愿连锁体系，并于2005年4月28日在威海开出了SPAR在中国的第一家门店，为提高企业的国际化程度，加速与国际零售商业接轨的步伐奠定了坚定的基础。

1995年，家家悦在威海开办第一家连锁店以来，经营领域不断扩展，企业规模和实力不断膨胀壮大，到2004年7月，家家悦旗下的“威海糖酒站超级市场”和“家家悦”两大品牌连锁店已达到100多家，拥有3处万平米以上的现代化杂货物流中心和1处生鲜配送中心。2008年又在山东莱芜建立了面积达5万平方米的物流中心，成为山东省内最具竞争力和影响力的连锁超市之一。按照“网络全国化、经营国际化”的企业战略部署，2010年后，连锁经营网络将遍布山东省各大中城市，销售规模达到100亿元。

降低生鲜配送成本，提供生鲜品质和新鲜度是超市在激烈市场竞争者取胜的关键点。家家悦超市不仅认识到这个关键问题，而且不断地朝着这个方向努力。家家悦要用生鲜构建起自己的核心竞争力，关键在于优化自己的生鲜加工配送中心。

随着社会的发展和消费者生活水平的不断提高，食品安全问题越来越受到全社会的普遍关注。为了适应市场变化，提高农产品的质量，确保食品安全。家家悦投资3000多万元建成了2万平米的生鲜配送中心，进行生鲜的“统一采购、统一加工、统一配送。”这种前店后厂，生产、加工、配送、销售一条龙的架构，为生鲜产品减少了中间流通环节，提高了生鲜食品的鲜度和安全。家家悦对经营生鲜的要求是，农民的蔬菜瓜果离开田头就上了货架，实现了“早上在田里，中年在店里，晚上在锅里”。由于生鲜农产品的品质提高，使得家家悦的生鲜产品销售额在2005年占到了总销售额的26%，达到了12亿元。

为了进一步完善生鲜经营的标准化、规范化和组织化程度，2005年，家家悦又在文登市宋村投资建设高标准的农副产品交易中心，对衣副产品进行统一的集散、加工、储存、交易，形成集水果、蔬菜、水产等农副产品加工、贮藏、交易、配送等多功能为一体的现代化交易市场，搭建服务农村市场的综合平台。利用该公司的网络优势、物流优势和信息优势，通过农副产品交易市场，带动周边农业生产，建立蔬菜、水果、杂粮等农副产品生产基地5万亩，从提供种植信息入手，到集散、加工、交易，形成农产品供应的整个产业链，推进新型农业产业化的进程。

家家悦按照国际上最先进的标准和要求，在交易市场建立一个集加工、储存、销售、运输为一体的现代化的生鲜配送中心，利用现代化的物流配送体系，把产品输送到城市，为商场、宾馆提供生鲜配送服务，实现农副产品基地化，生鲜商品工厂化，冷链运输系统化，店铺销售标准化。

2009年7月13日，山东家家悦物流有限公司正式成立，位于山东省威海市环翠区温泉镇，占地面积180亩，建筑面积8万平方米，计划总投资2亿元，标志着家家悦的通路资源不仅自用，而且要更多地服务于其他企业，开始将触角伸向第三方物流行业。目前，家家悦的物流配送中心总面积已超过5万平方米，整体配送能力能够支撑100亿元的销售规模，日配送商品能力达到了8万件，有效配送半径200公里，能够保证在24小时内将货物送达山东全省各地。按照家家悦董事长兼总经理王培桓的设想，将按照发展大物流，开拓大市场，形成大产业的思路，积极向全国的物流中心和大企业开放，实现与全国物流网络的信息对接，利用其他物流企业的资源，完成跨区域配送服务，形成最佳的物流配送体系。

在农产品营销方面，为了降低农产品的采购成本，家家悦开始需找与外省零售企业的合作，“协作采购”，即“以零利润方式委托对方采购其所属地的优势产品”。2006年8月，在福州召开的“2006中国超市生鲜食品经营模式研讨会”上，山东家家悦与福建永辉集团双方签署了战略合作协议。家家悦与永辉合作的优势主要体现在：①双方可以通过联合采购扩大采购规模，降低采购成本，增强各自的价格竞争力；②双方通过区域合作，可以使农产品进行南北互补；③双方将进行人才资源上的合作。

图2-17　家家悦超市门店

中国连锁经营协会会长郭戈平这样评价家家悦与永辉的合作：“当今世界，合作、合并是两个潮流，合作带来的是一种双赢。生鲜超市的发展除了要靠差异化外，还要走合作之路，只有通过合作才能使企业获得规模化发展，才能实现合作共赢。家家悦和永辉的合作一定会对业界产生积极的影响（图 2-17）”[①]。

六、物美超市

物美集团（以下简称物美）是一家在零售领域迅速发展起来的连锁超市集团公司，自 1994 年在北京创办大型综合超市以后，“发展现代流通产业，提升大众生活品质”为经营理念，以振兴民族零售产业为目标，取得了显著的成就。截至 2009 年物美在全国拥有门店总数近 800 家，其中近 500 家门店密集北京，销售总额占北京超市零售总额 1/3 强，是首都最大的连锁零售企业。

1994 年，物美集团前任董事长张文中曾做过两个预测：第一就是到 2000 年，中国将出现年销售额超过 100 亿元的零售企业——物美达到了；第二个预测是，到 2010 年中国会出现年销售额超过 1000 亿元的零售企业，而物美已经把这个当作自己的“千亿目标”。

1994 年，刚刚回国创业不久的张文中与一批海外归国人员创办了一家信息技术公司，其业务从为其他企业做系统集成项目。他们自主开发一套专为超市设计的信息系统管理，即 POS 系列。系统研究出来以后，面临销售问题，当时国内很少有超市愿意购买管理软件。几个创业者经过商量，决定自己先做一家使用管理软件的示范超市，把超市作为样本，别人参观，以促进软件的销售。正是这个歪打正着的想法，这批海归博士软件没有卖成，超市却出乎意外地开成功了。

20 世纪 80 年代中期，北京也曾出现过“超市”，但由于缺乏经营经验，都很快烟消云散，以亏损而告终。这批海归博士虽然没有经商经验，但在国外生活必须去超市，所以对于超市还是有些概念的。

---

① 资料来源：http://zb.jiajiayue.com/gsjj.asp。
http://www.commerce.sh.cn/lmxx/syyj/mb.asp?text_id=30558&lmbh=34%7C35%7C42%7C44&sub_lmbh=%7C44%7C。

1994年12月26日，物美的第一家综合超市翠微店开店了。店面是租赁的一家国营的废弃印刷厂。第一家超市设备非常简陋，"货架都是领导带着员工按照国外超市的模样，用粗糙的三角铁焊起来的"。然而，不可思议的是，刚开业就出现异常火爆的购物场景。物美促销口号是"购物到物美，工资长一级"。意思是告诉顾客，物美商品价格非常便宜。顾客口口相传，就连房山、延庆、通州等各个郊区的顾客都慕名来物美超市购物。物美董事长吴坚忠介绍物美开业时的火爆场景时说："从楼梯上看下面，根本看不到地面，从收银台一直到货品陈列区，除了货架就是人"。"当时到物美购物连购物筐都抢不上"。

1995年，物美超市翠微店的销售额达到1亿多元。1995年开设物美2号店。2000年，物美开始经营各种水产和果蔬类生鲜农产品[①]。

2003年11月21日，物美集团旗下的北京物美商业集团股份有限公司在中国香港联交所正式挂牌交易，这是北京商业企业首次在境外上市，也是国内第一家海外上市的民营商业企业。物美集团高素质的团队、稳健的发展战略、严格的经营管理及良好的社会声誉得到了国际资本市场的肯定，大大地增强了国际投资者对首都企业和民营企业的信心。2004年4月，物美集团通过购买职工持股会股权和托管国有股权而控股北京超市发连锁股份有限公司。8月，物美入驻北京怀柔，兼并怀柔最大的国有商业企业——京北大世界。2004年12月物美接收和收购了原天津大荣超市，扩大天津的市场份额，为做大做强首都零售企业奠定了良好基础。

2004年7月，物美集团作为北京连锁超市企业的代表名列国家商务部公布的"国家重点扶持培育的全国20家大型零售企业"名单。2004年，物美集团年销售额达130多亿，2005年1月，根据商务部的统计排行，物美名列全国商业30强第9位，名列中国企业500强的第188位。

物美在国内的主要网点分布于北京、天津、杭州和银川4大地区。收购一直是物美扩张的一项重要手段。2004年底，物美通过收购天津大荣

① http://www.wu-mart.com/NewShow.asp?NewsID=8011。

的12家超市，加快了其在天津的布局，2006年物美进入银川市也是采用收购银川的旗舰零售品牌新华百货。物美在北京主要通过收购美廉美，控股超市发等零售企业来加快发展速度和市场占有率。

2009年8月中旬，物美获得了由TPG带领的包括“弘毅投资”及联想控股有限公司在内的共约两亿美元的战略性投资，“用于扩展门店网点及收购”。继2009年8月引入两亿美元战略性投资后，物美又与北京农村商业银行签署战略合作协议，物美将在3年内累计获得40亿元的授信额度。显然，不断注入的资金将加快物美超市的扩张速度。物美董事长吴坚忠提出，2010年物美的战略重点是门店扩张、物流优化和“农超对接”方面。2009年年末，物美收购正大集团旗下天津的4家卜蜂莲花超市，增加物美在天津现代零售市场上的份额。

2009年，根据商务部最新的统计排行，物美名列“2008年中国连锁百强”第8位（图2-18）。

图2-18 物美超市门店

七、苏果超市

苏果超市有限公司成立于1996年7月18日，10年来艰苦环境磨练了干部和职工，强烈的危机感和不断的创新意识成为了这个团队的传统。苏果以经营业态多样化、连锁网络城乡化、物流配送现代化、企业管理科学化和服务内容系列化为核心，始终坚持走具有自身特点、符合当地实际、贴近百姓生活的连锁发展之路，取得了超常规、跳跃式的发展。

苏果根据中国市场发展的情况，已成功开发出具有苏果特色和市场前景的新业态，形成了社区店为主体、标准超市和便利店两翼齐飞的格局。

另外，还开发了苏果平价店、购物广场和定位于中高端消费群体的“好的便利”，一体两翼五种业态，资源共享，优势互补。

在大力发展直营店的同时，苏果大力发展特许加盟店。1998年4月，苏果在溧水县开出了第一个加盟店，从此走上了网络快速扩张的发展道路。1999年2月14日，苏果在南京以至于江苏率先引进了“便利店”业态。经过几年的迅猛发展，目前网点总数已经超出200家。便利店经营面积定位在100平方米左右，相对商品很丰富，品种约达4000种，以及售店、代邮等20多种多功能服务项目，打造了苏果“为民、便民、利民”的经营理念。2000年，苏果开始尝试开设近1万平方米的大卖场，提供3万多种商品，满足了消费者“一站式”购买的需求。于2001年1月，苏果最大的卖场——面积12000平方米的兴隆仓储卖场开业。

2002年9月18日，第一家苏果社区店开业，在业态创新上写下了新的篇章，打造了苏果最具特色的业态模式。2002年底苏果低价外埠直营店开业，拉开了苏果超市大幅度对外扩张的帷幕。目前，在南京已发展到近60家，在外埠也很快发展到20家。

2004年，苏果一方面创新了“好的”高端便利店业态，店堂设计时尚、高档、宽敞，商品都经过精选，大约在2000种，满足了现代消费者的个性化需求；另一方面，推出“平价店”经营业态，苏果平价店面积定位在1万平方米左右，1万多种商品，价格定位以“平价”为参考标准，秉承“物美价廉”的经营宗旨。2005年，“华润苏果”购物广场成功推出，完善了苏果业态功能，使苏果的综合竞争实力得到了一个新提升。同时，也为苏果外埠扩张提供了主力业态。

早在1998年，苏果就已经开始实施城乡一体化“渗透扩张”的发展战略，借助品牌连锁这一新型零售业态重组农村流通网络，大规模进军江苏及周边省份的农村市场。目前，苏果有近60%的门店设在县城及县以下农村，其中60%的网点已进入县以下乡镇；在整个销售规模中，50%多份额是在农村实现的；在整个经营品种中，70%的品种为农副产品及其加工产品；吸纳安置了农村富余劳动力近3万人。

2004年底，零售业全面开放。沃尔玛、家乐福、好又多等外资洋卖场早已提前进驻南京。面对咄咄逼人的态势，苏果采用“蜂窝战术”，围绕着好又多、金润发、时代等外来卖场，形成十多个“蜂窝”状包围圈。为迎战欧尚，苏果同时有72家大小卖场、标超和便利店参与围攻，展开“蜂窝战术”予以遏制。以平价店、社区店、“好的”便利店、标超在内的四种业态现已占据了南京60%的市场份额，有效地分流了洋卖场的客源，并以密集布店的战略抬高外资竞争对手进入门槛。

目前，苏果在南京有400多家门店，其中便利店240家，社区点和标超近160家，平价店和购物广场15家。今年将再造20多家大型超市巨舰，其中南京10多家面积都在1万平方米左右，还有几十家社区店和便利店。外埠市场的发展将进一步提速，开设大型门店在20家以上。2006年总网点数新增150家。为了支撑外埠门店和下一轮扩张，强大的物流配送体系——苏果马群配送中心于2005年1月正式投入运营，该中心占地250亩，单体仓库建筑面积4.5万平方米，堪称华东地区第一。新物流中心单品2万多种，年配送量达4300多万箱，服务半径约300公里，能够适应苏果的长远发展战略和更大规模的发展（图2-19）。

图2-19 城市居民的生活离不开超市

第六节 超市经营理念与经营目标

随着超市迅速发展，农贸市场面临的压力越来越大。我带领学生到农科院附近的一座农贸市场做调查。我们访问了一家经营大米和杂粮等的小铺子。老板和他的妻子来自于黑龙江，到北京做这个生意已经有 10 多年了。当我们问这个老板是怎样为他的大米定价的。老板说他需要每天一早去周边的几家超市看价钱，然后给自己的大米定价。然而，这个老板还说，有的时候超市搞促销，米的价格比批发市场还便宜，这时候就不能按照超市价格定价。

我问他，你知道超市是怎样经营的，他说：虽然自己每天去超市，对于超市的经营理念却"不太清楚"。

什么是经营理念？经营理念指的是指导企业管理的核心思想或原则。一个成熟的企业，不仅必须有自己的经营理念，而且一切的管理活动都必须围绕这个核心思想和原则进行。

虽然，各家超市公司各有自己的经营理念，但凡是成功的超市，它们经营理念中的核心内容应该是不会有太大差别的，因为，无论哪家超市都必须顺应市场发展规律，违背了这个规律，超市就会受到"看不见的手"的惩罚，发展就会受到阻碍，在激烈的市场竞争中难以做大，甚至会被市场所淘汰。

其实，超市的基本经营理念是比较非常容易记忆："低价位，多品种，质量安全和更好的服务。"这五点是从前面的超市案例中总结出来的。

低价位：所谓的低价位，指的是超市商品必须对顾客有吸引力，被尽可能多的顾客所接受。很多超市为了吸引顾客眼球，给商品定价时往往不是按照"成本 + 毛利"的原则，而是参照商圈内竞争对手的价格来设定。超市生鲜部门经理上班的第一件工作就是调研竞争对手的超市，甚至是农贸市场商品的价格，有些经理甚至亲自出去"采价"（收集价格）。有些超市在一天内对一些重点商品的价格进行多次调整。目的也只有一个，就是使自己商品在价格上更加有竞争力，能够吸引更多的顾客。

多品种：多品种是指超市在可能的条件下，尽可能增加经营商品品种，让顾客有很大的挑选余地，免得顾客跑到其他市场，特别是竞争对手的市场去购买，避免忠实的顾客群被竞争对手所"勾引"。

食品安全：食品安全法颁布以后，超市经营农产品，特别是生鲜农产品的责任增加，在采购和销售农产品的时候，需要采取各种措施，以免发生食品安全事件。

质量安全保证：出售的商品须是质量可靠，性价比高，特别是食品，应尽可能保证其产品品质，提高超市的信誉度，争取更加多的回头客。

更好的服务：未来超市间的竞争将会愈发激烈，在达到价格、品种、安全以及品质等相关目标之后，超市与超市之间的竞争就会朝着服务的方向发展。哪一家超市能够为顾客提供更多的便利，更好的服务态度，更愿意站在顾客的角度为他们着想，顾客当然就愿意到哪一家超市购物（图2-20）。

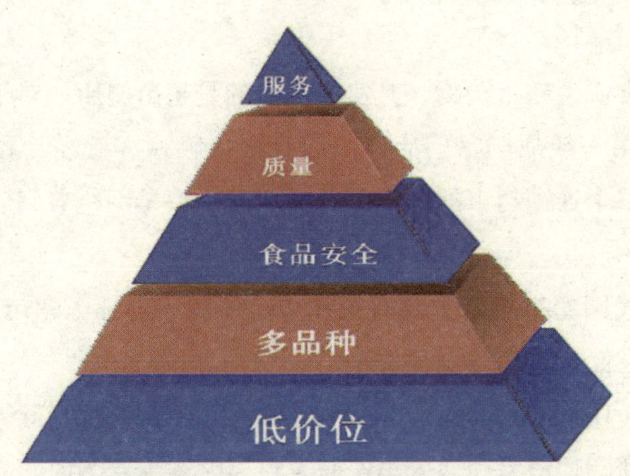

图 2-20 超市经营的基本理念

超市奉行这四大经营理念的目的就是实现其经营目标：实现企业利润最大化和社会效益最大化。现代化超市的经理都是受他们股东雇佣的职业经理，为了使股东满意，为了使得超市可持续发展，同其他所有的企业一样，必须做到利润最大化。然而，超市除了股东利益和经营管理者利益以外，还必须有社会责任感，需要实现社会效益最大化，这样才有更大的发展前景。

从层次上来看，追求企业利润最大化目标是企业的基本目标，充分考虑社会效益是超市更高层次的经营目标，二者缺一不可。

我们在与超市联系时会发现一个现象：一些超市，特别是外资超市的经理，甚至是高层管理人员，经常更换。可是，超市却不会由于人事变动而影响运作。超市犹如一台巨大的机器，一年 365 天不停地运转，与操作这台机器的人没有太大关系。那是什么在确保这台机器正常运转的呢？答案在于：正是“经营理念 + 组织结构（Organization Structure）”在推动和维持超市的运转。

第七节　超市的类型

我们经常说上超市购物，其实我们去的是超市门店。对于连锁超市来说，他们的第一线战场是门店，门店直接接触顾客，经受顾客市场的检验。可以说整个连锁超市的绝大部分的活动，都是围绕着门店进行，为门店提供服务。

目前，我国超市门店主要有折扣店、便利店、社区超市、综合超市、大型超市和仓储会员店等六种类型。

折扣店（Discount store）开店位置在居民区、交通要道等租金相对便宜的地区。商圈辐射半径 2 公里左右，目标顾客主要为商圈内的居民。经营面积一般在 300~500 平方米。折扣店的服务对象是中低收入消费群体，因此，商品平均价格低于市场平均水平，而且自有品牌的商品占有较大比例。商品销售方式为开架自选，统一结算。服务特点是用工精简，为顾客提供有限的服务。我在荷兰学习的时候，宿舍附近有家折扣店，店内有大量的便宜食品，因此吸引了周边各色人种的顾客。店内清洁程度比普通超市差，结账以后，不给购物塑料袋，顾客就拿一些超市丢弃的纸箱、纸盒等提走购买的商品。

便利超市（Convenience supermarket）是一种规模较小、为顾客提供生活便利的超市，目前在南方地区的大中城市增加迅速。便利超市的位置商业中心区、交通要道以及车站、医院、学校、娱乐场所、办公楼、加油站等公共活动区。商圈范围小，顾客步行 5 分钟内到达，目标顾客主要为居民、单身者、年轻人。顾客多为有目的的购买。经营面积一般在 200~500 平方米，利用率较高。超市主要经营食品、日用小百货、报刊、杂志为主，有即时消费性、小容量、应急性等特点。商品品种在 3000 种左右，售价高于市场平均水平。商品以开架自选为主，结算在收银处统一进行。营业时间 16 小时以上，提供即时性食品的辅助设施，开设多项服务项目。“7–11”就是有代表性的便利超市，夜里其他商店关门后，顾客可以在便利超市内购买到便当、饮料、方便食品以及报刊杂志。在日本便利超市的利用率很高，特别是大学生或未婚年轻的上班族，便利店是他们主要光顾的地方。年轻人晚上一两点钟睡觉，睡觉前去便利超市买些小食品填饥，并看个把小时的漫画杂志。

社区超市（Community supermarket）主要开设在城市的居民小区。目标顾客以居民为主。经营面积一般在 500~2000 平方米。以经营生鲜和包装食品为主，逐渐成为城市居民生活不可缺少的购物场所。社区超市经营方式采用自选销售，出入口分设，在收银台统一结算。营业时间 12 小时以上。社区超市主要满足周边居民生活中不可缺少的菜油米酱醋等需求。特点是距离顾客住家近，为顾客节约时间。曾经有位社区超市总经理给我打过一个比喻，“顾客家里做菜，锅里放上油，到我家超市来买了葱姜回去都来得及”。这个比喻虽然有些过分，但社区超市的确可以给周边居民带来极大的方便。

综合超市（General supermarket）也是以开设在城市居民小区为主，但经营面积比社区超市大，销售商品品种多。经营面积一般在 2000~6000 平方米。经营日常生活必需品，水果、蔬菜、肉禽蛋、杂货、日常生活用品及家电、自行车等产品。自选销售，出入口分设，在收银台统一结算。营业时间 12 小时以上。

大型超市（Hypermarket）也称大卖场，主要开设在市、区商业中心、城郊结合部、交通要道及大型居住区。经营面积一般在 6000 平方米以上。

经营商品包括大众化衣、食、日用品等，商品相当齐全。如果是一般的消费者的话，只有一进超市可以购满衣食起居所需的所有商品。因此，大型超市提出的口号是，"一站式购买"。大型超市注重自有品牌开发。自选销售，出入口分设，在收银台统一结算，设不低于经营面积 40% 的停车场。加上商场周边有餐饮、时装、鞋帽、钟表珠宝、书屋等商店，顾客有时间可以打发半到一天的时间。大卖场方便大批购物的顾客，对于一周购物一次的消费者最适合。大型超市的特征是光临的顾客多，据家乐福超市的经理说，他们卖场平均每日进店的顾客有 15000~20000 人左右。

仓储会员店（Warehouse club）主要设在城乡结合部的交通要道。辐射半径 5 公里以上，目标顾客以批发为主，以中小零售店、餐饮店、集体购买。有些仓储会员店内部有高高的货架，叉车来回运货。仓储会员店经营面积一般在 6000 平方米以上。经营商品为以大众化的衣、食、用品为主，自有品牌占相当部分，商品在 4000 种左右，实行低价、批量销售。自选销售，出入统一结算口分设，在收银台。店外设相当于经营面积的停车场。对顾客实行会员制管理（表 2-3）。

第八节　超市总部的组织架构

有位朋友创健了一家公司，运作得不错，效益也很好。但每次与这位朋友见面，他就抱怨自己的"命运"不好，为了公司，为了 200 多名员工，他一年 365 天呕心沥血、含辛茹苦、疲于奔命。自己有了钱，却没有时间享受。我对这位朋友说："您虽然经营能力很强，社会活动范围广，精力充沛，但是，随着企业规模的扩大，必须把自己从企业中解放出来，把人治的企业，转变为自我运作的'机器'。需要通过有效的组织架构和规范的公司制度来管理。作为董事长，你主管战略决策、考核指标和重大人事任免。从繁忙的业务中脱身出来，站得高、看得远，才更加有利于企业发展。"

表 2-3 各种超市业态的特征

业态	基本特点						
	地址	商圈与目标顾客	规模	商品（经营）结构	商品售卖方式	服务功能	管理信息系统
折扣店 Discount store	居民区、交通要道等租金相对便宜的地区	辐射半径2公里左右，目标顾客主要为商圈内的居民	经营面积一般300~500平方米	商品平均价格低于市场平均水平，自有品牌占有较大比例	开架自选，统一结算	用工精简，为顾客提供有限的服务	一般
便利超市 Convenience supermarket	商业中心区、交通要道以及车站、医院、学校、娱乐场所、办公楼、加油站等公共活动区	商圈范围小，顾客步行5分钟内到达，目标顾客主要为居民、单身者、年轻人。顾客多为有目的购买	经营面积一般200~500平方米，利用率高	即时食品、日用小百货为主，有即时消费性、小容量、应急性等特点，商品品种在3000种左右，售价高于市场平均水平	以开架自选为主，结算在收银处统一进行	营业时间16h以上，提供即时性食品的辅助设施，开设多项服务项目	程度较高
社区超市 Community supermarket	市、区商业中心、居住区	目标顾客以居民为主	经营面积一般500~2000平方米	以经营食品（包括生鲜和包装食品）为主	自选销售，出入口分设，在收银台统一结算	营业时间12小时以上	程度较高
综合超市 General supermarket	市、区商业中心、居住区	目标顾客以居民为主	经营面积一般2000~6000平方米	经营日常生活必需品	自选销售，出入口分设，在收银台统一结算	营业时间12小时以上	程度较高
大型超市 Hypermarket	市、区商业中心、城郊结合部、交通要道及大型居住区	辐射半径2公里以上，目标顾客以居民、流动顾客为主	经营面积一般6000平方米以上	大众化衣、食、日用品齐全，一次性购齐，注重自有品牌开发	自选销售，出入口分设，在收银台统一结算	设不低于经营面积40%的停车场	程度较高
仓储会员店 Warehouse club	城乡结合部的交通要道	辐射半径5公里以上，目标顾客以中小零售店、餐饮店、集体购买和流动顾客为主	经营面积一般6000平方米以上	以大众化的衣、食、用品为主，自有品牌占相当部分，商品在4000种左右，实行低价、批量销售	自选销售，出入统一结算口分设，在收银台	设相当于经营面积的停车场	程度较高，并对顾客实行会员制管理

资料来源：中国连锁经营协会。

世界著名的企业发展史研究大师阿尔弗雷德·钱德勒(Alfred D. Chandler, Jr)曾经对企业的经营组织架构做过精辟的论述[①]。他研究了美国从18世纪开始的200多年中成功企业成功的发展史,在1977年出版了《看得见的手——美国企业的管理革命》(The Visible Hand: The Managerial Revolution in American Business)[②]。钱德勒在书中说,美国众多的企业之所以能够发展成为具有全球品牌的大企业,关键是美国企业在发展过程中出现的管理革命。他强调说:"现代工商企业在协调经济活动和分配资源方面已取代了亚当·斯密的所谓市场力量的无形的手。市场依旧是对商品和服务的需求的创造者,然而现代工商企业已接管了协调现有生产和分配过程的产品流量的功能,以及为未来的生产和分配分派资金和人员的功能。由于获得了原先为市场所执行的功能,现代工商企业已成为美国经济中最强大的机构,经理人员则已成为最有影响力的经济决策者集团。在《看得见的手》一书中钱德勒坚持他的观点:"生产率的潜力只有通过企业内部的组织过程才能被实现,而这个过程的核心是能够有效进行计划和行政协调的管理结构。"这本书对于我们管理现代化企业很有帮助,建议读者读一遍。

如果我们把企业看作是一个人的话,那么企业的组织架构和控制就是人的骨骼和神经。企业的战略就是企业家长期性的目标。如果企业的战略同他们的组织架构结构和控制不能够协调,企业的绩效就要下降,就如同一个患有骨骼肌萎缩病或者帕金斯症的人,他们想随便拿起一样东西都困难。有效的组织架构可以为企业创造稳定的市场需求,成功地执行企业战略和保持当前的竞争力,以及不断发展出新的竞争优势从而满足企业提出

① 阿尔弗雷德·钱德勒(Alfred D.Chandler, Jr)(1918~2007年)是著名的企业史学家、战略管理领域的奠基者之一。他于1952年在哈佛大学历史系获博士学位,随后任教于麻省理工学院和霍普金斯大学。自1971年被哈佛商学院聘为企业史教授后,他一直在那里工作,直至近80岁退休。2007年5月9日逝世,享年89岁。

② (美)钱德勒.看得见的手——美国企业的管理革命.商务印书馆,1987年报。

的新的战略要求。因此，有效和稳定的组织架构对于企业管理日常事务和可持续发展必不可少。结构的灵活性增强企业的竞争力。

随着企业发展，他们的业务范围与量的扩大，必须改变他们现存的组织结构，或者选择新的组织结构。一般来说，大部分的企业还是倾向于对现有的组织结构修补，而不愿意采用新的组织结构，企业内部的工作人员通常熟悉他们之间的位置和关系，直到企业的行为变得非常缺乏效率的时候，才有可能对组织结构进行改造。

组织控制是企业组织中的重要组成部分。组织控制能力的好坏可以通过比较企业的期望成果与实际结果得出来。如果企业的组织控制能力很强，那么他们的期望成果就会非常接近现实成果。组织控制在很大程度上依靠企业内部上下级之间的交流，使得决策者掌握足够的信息使他们作出正确决策。

企业战略与组织结构之间的关系可以说是相辅相成，密不可分。通常的情况是，企业战略的改变就产生改变组织结构的需求，使其能够更好地去完成新的使命。相反，结构也会影响企业战略的决策，因为，一个摇摇欲坠和弱不禁风的企业何谈制定积极的发展战略？

企业的组织架构与植物的进化规律一样，从单细胞到多细胞，由简单到复杂，由低等到高等。在第一阶段，企业的结构由于业务数量的增加，发生变化；第二阶段，随着企业业务在地域上的活动范围扩大，发生变化；第三阶段，随着生产和采购供应链的延长而发生变化，这时组织架构变化的特征是纵向或横向一体化（Integration），或者同时朝纵向与横向一体化架构发展；最后按照产品和业务品种的增加，朝着多样化方向发展（Diversification）。

几乎所有的世界顶级超市在起步的时候，只是一家门店的杂货铺。他们的老板就如沃尔玛超市创始人山姆大叔开店初期一样，依靠夫妇自己来照看，组织架构非常简单。随着超市门店变得越来越多，需要为超市门店提高服务的“后台”部门和职能就不断增加，加上需要的包括门店和后台在内的整个超市公司或集团公司进行有效管理，执行企业的发展战略，就需要一套复杂的管理系统、组织架构和控制（图 2-21）。

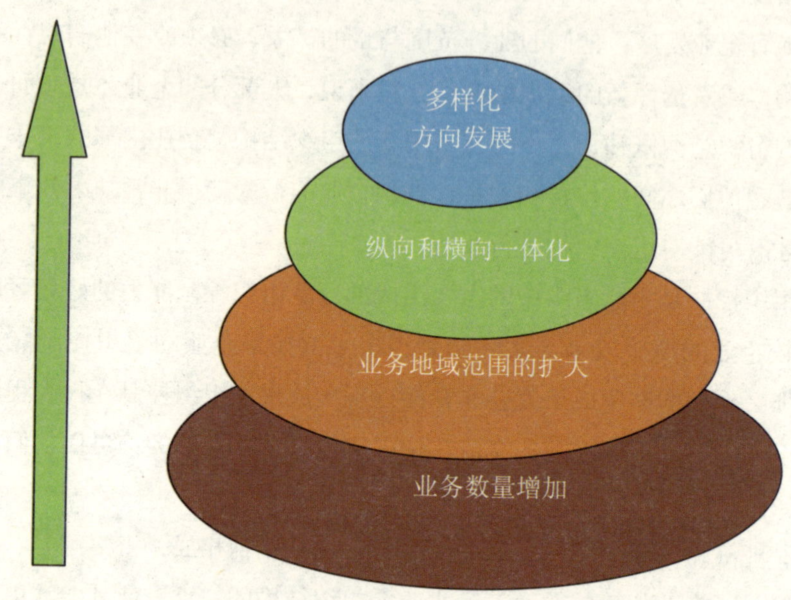

图 2-21　组织结构进化示意图

一家大型超市企业的组织架构可以分成三个层面。第一层是决策层。包括总裁、大区经理、食品与非食品副总裁、人事副总裁和财务副总裁。这一层次的主要任务是制定超市短期和长期的发展战略、监督战略的执行情况。上市公司超市的决策层主要为股东的利益服务，股东满意了，他们的工作就做好了。第二层是执行层。执行层包括小区区长，总部的生鲜部、杂货部、家电部、纺织部部门经理。第二层经理的职责是把决策层制定的发展战略转变成具体的任务，分配给下面的业务层，监督业务层的执行情况，并向决策层报告同执行情况有关的信息。很多时候，执行层需要向决策层提供各种有助于制定新战略的建议，因为，很多执行层的经理是本行业的专家。第三层是业务层。业务层包括门店的店长，总部各部门的处长，主要完成为超市的前台后台的各项具体业务（图 2-22）。

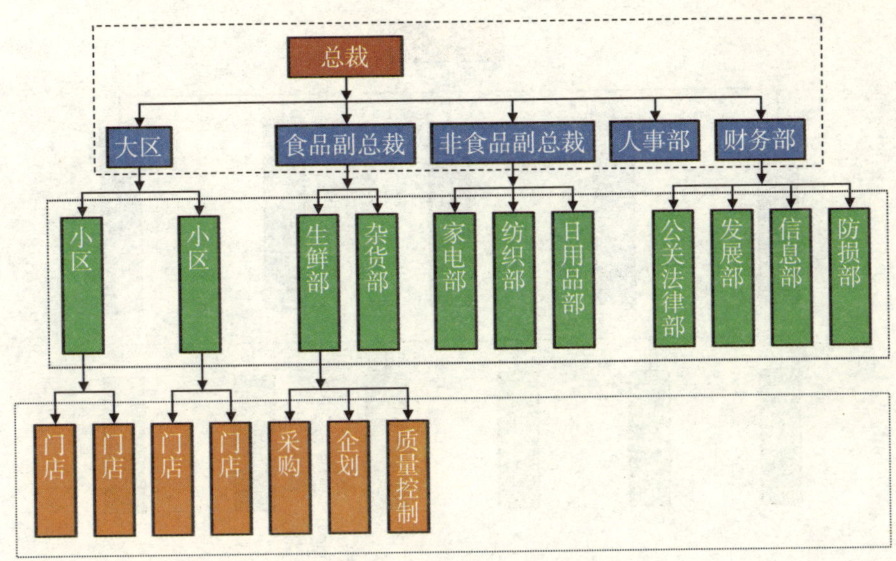

图 2-22 一般超市总部组织架

第九节 超市门店的组织架构

对于大型超市来说，门店的组织架构比总部简单得多了。门店的管理层也分成三层。门店的总负责是店长，掌管门店的所有业务，对门店绩效负责。店长的工作相当不容易做，店长既要管商品，又要管人事，很多超市门店的店长天天加班。店长下面按照产品的类型分成各个处。①杂货处；②生鲜处；③百货处；④家电处；⑤纺织处。处长下面有科长，科长是按照更加具体的商品品类配置的。我们拿生鲜处为例。生鲜处下面配置六个科，熟食科、海产品科、蔬菜水果科、面包科、肉科和散装干果科。熟食科经管的商品有面点，杂料烤类，冷切类。海产品科经管冷冻水产品、冰鲜水产品、鲜活水产品和加工水产品。蔬菜水果科经管各类的生鲜蔬菜和水果。面包科经管各种点心和主食面包。肉科主管猪肉、羊肉和鸡鸭等。散装干果科经管蜜饯、散装干果类等（图 2-23）。

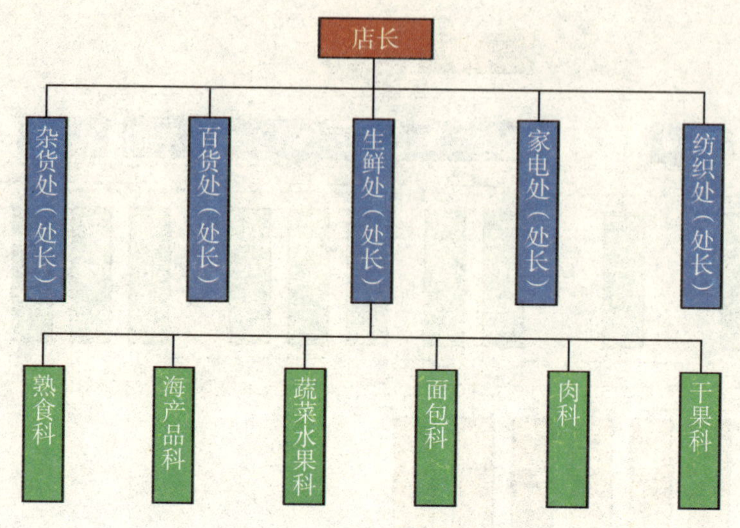

图 2-23　大型超市门店结构图

第十节　超市门店布局

我们一进超市总会看到琳琅满目的商品，却不一定知道超市的门店布局是经过精心设计的，其中有很多的学问。有些著名品牌外资超市门店布置和商品陈列成为其他超市学习的模板。诚然，各家超市公司有自己的目标顾客和盈利指标，因此，门店的布局不会千篇一律，超市都有各自的特色。连锁型超市的特点之一是一旦某家超市的门店布局定型以后，其他门店几乎都照此复制。总之，超市的布局是为了吸引更多的顾客光临，刺激顾客的购买欲望，促使他们采取购买的行动。超市的布局还同他们目标市场相联系。譬如，南方地区非常时兴水果超市，目的是让顾客购买他们的水果，因此，店内分类堆放着不同品种和等级的水果，顾客进店，很快就能找到他们所需要的商品。顾客在这类超市购买商品，不需要花费太多的时间。

然而，大卖场式的超市，它们希望顾客能够多购买一些利润率较高的商品，如家电、服装鞋帽、旅游用品、洗涤用品、饮料等。超市在门店布局上会充分考虑把顾客原打算进超市购买的商品放在最后，目的是让顾客一边走，一边观看丰富多彩的各类其他商品，刺激起顾客的购买欲望。因此，在大卖场，顾客必须兜很多圈子以后，才能够到达生鲜农产品和加工食品区。有些大卖场会把生鲜部门放在商场的第二层，顾客走过第一层家电、服装鞋帽、旅游用品和文具部门以后，上了第二层，才见到玲琅满目的各种生鲜农产品。可见商场布局设计人员的用心之苦。

超市门店的设计同人文有密切的联系，目前，中国超市门店设计还属于拿来主义，把适合于欧美人生活习惯的设计直接拿到中国，不一定完全适合中国人生活习惯。譬如，我们中国的消费者习惯每天购买时鲜蔬菜和水果。让顾客兜了一大圈子再去买点蔬菜之类的商品，时间上太不划算，反而迫使他们走进农贸市场。社区超市门店的设计，可以更加便利顾客每日“买菜”。如果顾客能够在几分钟内搞定他们的每日买菜问题，超市将会吸引更加多的客人。

第十一节　超市商品陈列

超市商品的陈列有七大原则。它们包括：

（1）可获利原则。超市门店陈列商品的原则是促进销售额增长，因此，超市会努力争取将店铺内最好的位置，用于主推产品的销售。

（2）陈列点原则。超市把陈列商品的位置分成不同的陈列点。好的陈列点是指人流方向的墙面与视线等高的货架位置，主要通道的展台、收银台旁边的展台。超市会将主推产品或促销产品放在位置好的陈列点。

（3）吸引力原则。超市陈列商品时会充分考虑主商品的特点，风格和利益点，加以充分展示，使得消费者产生购买欲望。

（4）有效陈列原则。顾客在自然站立的时候，伸手可及的范围约是从地板开始 60 厘米到 180 厘米之间。这个空间被称为有效陈列范围，超市会把重点商品陈列在这个范围内。

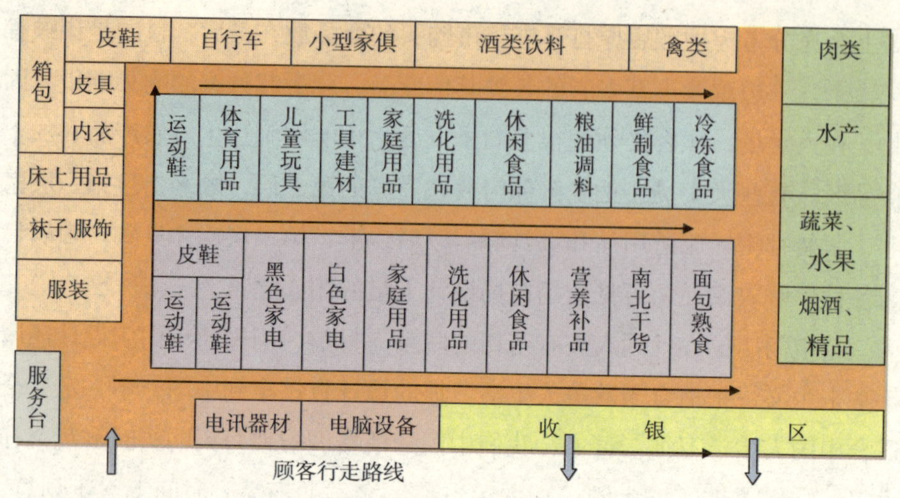

图 2-24 大卖场布局和顾客行走路线图

（5）商品搭配原则。超市陈列商品是为了帮助商品销售，他们会把相关联的商品陈列在一起，帮助商品销售。譬如，顾客买了鲜鱼以后，往往需要购买些葱姜作调料，超市把这几种商品陈列在一起，为顾客提供方便、带动销售。

（6）一目了然原则。超市会把促销商品和特价商品陈列在显著的位置，使得这些产品醒目，顾客明白这些商品所表达的意思。

（7）清洁新鲜原则。卫生对于商品的形象和吸引力非常重要，洁净和新鲜的商品，不仅吸引顾客的注意力，而且，使得顾客购买的时候感到放心。

对于生鲜农产品，经营有特色的超市通过有效的陈列，使顾客对商品有新鲜感、卫生感和特色感。

第十二节 生鲜农产品在超市中的地位

2010年元月，我们曾经对北京的超市进行过调研。一家超市生鲜经理非常坦率地告诉我们，超市经营生鲜产品不挣钱，只要在支付生鲜部门工员工工资以后，不出现赤字就算不错了。我问道，“如果你们把生鲜柜台租出去，不是一桩稳赚不亏的好买卖吗？”经理回答说，如果他们把生鲜柜台租出去以后，超市就不能控制生鲜农产品的销售价格，吸引不了顾客，超市的其他商品也受到影响。目前，生鲜农产品对于大部分超市来说，主要是吸引客人的手段。

虽然，超市经营生鲜农产品盈利不高，但生鲜农产品在超市的地位却不低。我们可以举另外一个例子。有次参加一家大型超市的庆祝酒会，在上千人的会场上，演出节目的质量一个胜过一个，高潮一潮高于一潮。总裁、副总裁来到各部门的餐桌前与众部下敬酒、鼓励。在众多的餐桌中间，总裁停留时间最长的，同部下交流最亲热的要数生鲜部和消费品部。消费品部属于超市挣钱最多的部门，而生鲜不仅工作艰巨，也是超市的门面。

在我国除了便利商店外，几乎所有的超市都经营生鲜农产品。亚洲消费者的饮食习惯与欧美消费者差异较大，特别是中国家庭，一般每天要做三四道菜，为了提高菜肴的鲜美度，每道菜都需要用上新鲜时菜。这种饮食习惯决定了只要有可能，消费者需要每天去买菜。顾客在超市购买生鲜农产品的频率，远远高于其他商品。因此，对于精明的超市经营者来说，通过生鲜农产品来“吸引”顾客是上上策。

勤俭是中国人的优良品德，在日常消费上，几乎每个消费者精打细算，即使家财万贯的富太太们，虽然可以在化妆品、时装和手提包上一掷千金，但进超市买菜，突然变得精打细算起来。超市便利用人性的弱点，在生鲜农产品的经营上采取薄利多销模式（图 2-25）。

图 2-25　一投千金的化妆品

有一份关于大卖场商品定价的资料告诉我们，商场内只有

20% 的商品属于高利多销的商品，30% 的商品属于薄利多销，还有 50% 的商品属于极低利润销售的商品，经营这些商品的利润仅 2%~3%。我们对超市经营利润做过调查。北京的一家超市生鲜部门的管理人说，他们以负毛利经营生鲜农产品，政策上允许有 4% 上下的亏损额。主要是因为生鲜农产品比较娇嫩，易损易腐。

但是也有一些超市非常成功地经营生鲜农产品，譬如物美超市。物美超市总裁吴坚忠先生曾经对我说：“原来以为超市经营生鲜农产品不挣钱，事实上我们物美却做到相当好，利润不低于其他的商品，”为什么？秘诀在于物美的很多生鲜农产品是采用“农超对接”的模式采购的，吴总裁正在亲自挂帅物美的“农超对接项目”。

山东家家悦超市在生鲜经营方面也非常特出，生鲜采购部总监杜总经理告诉我，家家悦的生鲜经营很棒，每月都有盈余。显然，如果经营出色，生鲜食品不仅可以吸引顾客，也可以为企业增加利润。

第十三节　超市生鲜食品分类

其实超市的有些分类方法与我们的常理是相悖的，我们一般理解生鲜，必须是没有经过烹调的食品，而有些超市把面包、散装干果等商品也归到生鲜部门管理。大型超市的生鲜部门一般管理五个大类商品，水产类、肉类、蔬果科、熟食类和面包食品。熟食类产品包括熟食品、自制配菜、麻辣拌类、自制热炒和凉拌菜类等构成。大型超市各店经营生鲜的品种数多达 3000~5000 个品种。因此，当我们一进到大卖场的生鲜区，琳琅满目，简直不知道购买什么是好。超市还会针对不同地区顾客的特点，经营地方特色的生鲜食品。譬如，一走进成都家乐福超市，可以看到铺天盖地的腌腊制品。而在上海占商场面积最大的应该是各类高档水果。广东人喜欢吃生猛海鲜，超市中特色水产品品种比其他地方多。此外超市还会按照不同的季节，特别是节庆日，组织特别的专供商品。一般来说，春节和春节前后品种最齐全，数量最多。

商场内顾客对生鲜食品的新鲜度和价格最为挑剔。所以超市经营生鲜食品策略是确保商品新鲜、价格竞争力，并注重对顾客的服务。要做到和做好这些工作非常不容易，需要供应、采购、存货、销售等环节之间密切配合，特别生鲜食品的采购需要得到当地供应商的合作和支持。

第十四节 生鲜农产品采购的发展阶段

其实，超市并不是生来就经营生鲜农产品。前面我们介绍过欧美的很多成功超市都是从杂货商店起家。中国超市的情况更是如此。

我于 1996 年从日本留学归国后定居北京，当时北京已经有一些超市，但上超市没有现在这么方便，大约需要走 3~4 站的路。当时超市主要经营生活日用品、食品和一些小家电。这是超市的起步阶段，超市还没有意识到需要经营生鲜农产品。

到了 20 世纪 90 年代末，不少超市开始增加生鲜农产品柜台，经营蔬菜、水果、肉类和水产品。然而，当时生鲜农产品不是超市自家经营，而是把柜台租赁给专业户来经营。超市做地主，采用扣点的方式收取受租人的租金。一方面是超市本身缺乏懂得经营生鲜农产品的人才，另一方面，收取租金是不会亏本的。

第三阶段是超市自己经营生鲜农产品。内资超市这样做主要受外资超市的影响。家乐福、沃尔玛、麦德龙、洋华堂等超市把国外积累的经营生鲜农产品的经验拿到中国来，但是当时的问题是生鲜农产品的货源。因为在超市购买生鲜农产品的顾客不多，超市销售生鲜农产品的数量上不去，采购量很小，所以一般从附近的农产品批发市场采购，甚至有的时候采购人员还会到附近的农贸市场补一些商品应付台面。

再过了几年，超市的采购人员已经同农产品批发市场的批发商熟悉，超市经营生鲜农产品的数量也在不断增加，超市就不需要派遣采购人员外出到批发市场采购，而是让信用和关系比较好的批发商为他们定时送货。这些批发商中的佼佼者逐渐地成为超市的供应商。这些供应商开始购买卡车，为超市配送。诚然，批发商在比较长的时间内还以城市周边的农产品批发市场为主要的进货渠道。本地批发商的供货为超市经营生鲜农产品带来了很大方便。可是，超市还没有满足，因为他们发现通过城市供应商供货的成本较高，在和周边农贸市场和其他超市竞争上还处于价格上的劣势。

这时，超市生鲜农产品采购进入下一个阶段，超市开始寻找一些生鲜农产品产地的供应商为他们供货。与城市供应商不同的是，产地生鲜农产品供应商面临门店配送问题。一方面外地的大货车在城市内为一家家门店送货不方便，另一方面很多城市对外地卡车设有种种的限制。这时，超市开始投资建设生鲜农产品配送中心，外地供应商和采购人员从批发市场采购的生鲜农产品进入配送中心以后，由专人进行分拣、分级和包装，然后直接用卡车把这些商品配送到超市的各个门店。2005 年以后，消费者在食品的品质和安全性方面的需求增加。一些供应商开始建立自己的生产基地，对农产品的品质和安全性进行控制。这时超市在经营农产品上进入双轨制，即使用生鲜农产品配送中心的同时，仍有一些供应商为他们供货，特别是品质和安全性比较高的绿色和有机农产品（图 2-26）。

图 2-26　山东家家悦生鲜农产品物流配送中心

关于超市供应商，我们来介绍一个上海新城公司的案例。新城公司位于上海浦东新区。原来是一家乡镇企业。从 1992 年开始，新城为上海的各个菜市场供应盆菜。1997 年随着上海超市数量迅速增加，新城开始向超市供应产品。最初只为农工商超市供货，然后，增加联华超市。到了 2003 年，新城产品的供货对象已经扩大到500家内资和外资超市，如农工商超市、华联超市、华联吉买盛超市、大润发超市、家得利超市、麦德龙大卖场等。

1992~1998年之间，新城主要依赖于批发市场进货。为了提高食品安全，1998年开始，新城公司在浦东租赁了13公顷的耕地种植蔬菜。新城在这些耕地上建设温室租给农民耕种，新城提供种子、化肥、农药和技术，农民工人按照质量和安全标准种植蔬菜，所有产品由新城收购。2002年，新城已经在浦东新区10个乡镇租赁到了670公顷的耕地。新城在福建省也建立了同样类型的农场。

新城的另一种模式是同上海周边4200多户农民签订采购合同。合同农户不同于新城自己的农场工人，农民在自己的耕地上种植蔬菜，收获的蔬菜卖给新城。新城也向他们供应种子、化肥、农药和相关种植技术（图2-27）。

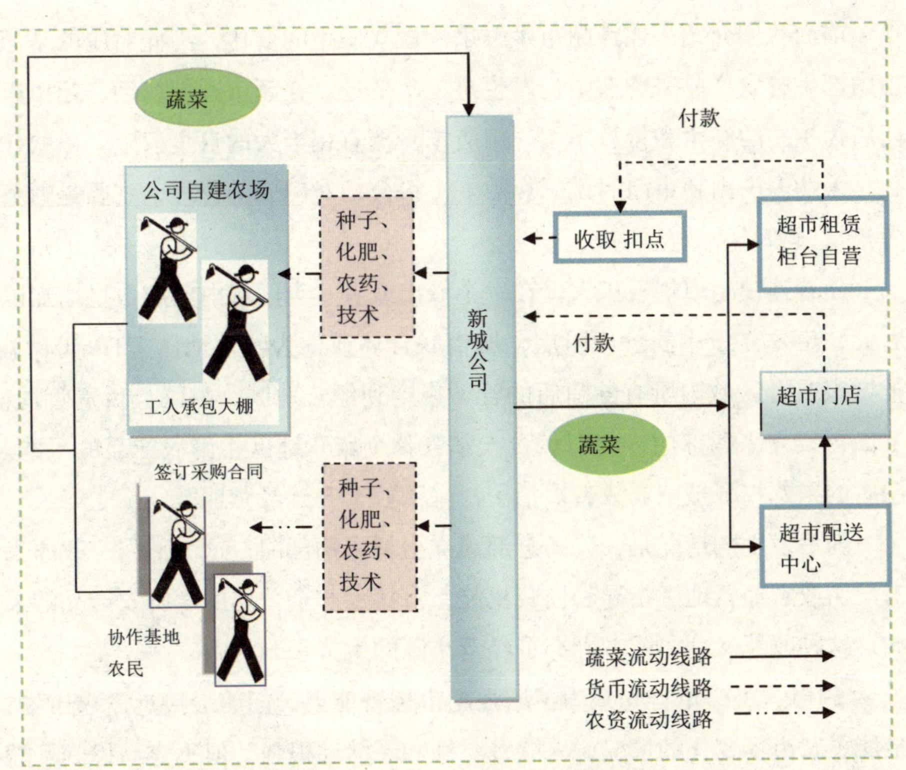

图2-27 新城公司超市合作模式

新城向超市销售蔬菜有两种方式：第一种是向超市租赁柜台，他们向超市支付20%的扣点，另一种方式是直接卖给超市的配送中心。新城每年同这些超市签订合同，然后，每天按照各家超市发给他们的订单发送货物。

新城供应给超市的蔬菜从外表和新鲜度上看都属于质量相当高的产品。主要是因为他们对产品的生产过程进行严格的监督，使得产品能够达到上海市政府提出的质量要求标准，同时还在自己的农场里生产有机蔬菜。

第十五节　超市采购权的三次变迁

前面我们介绍了连锁超市生鲜采购模式发生的变化，与此对应的是超市内部生鲜农产品采购权限也发生过三次变迁。在超市开创初期，超市以门店为主要的经营和核算单位，门店本身拥有相当大的自主权限，采购什么、采购多少由超市门店说了算数。上级公司对门店的管理，主要是财务考核指标和经济效益。

随着连锁超市规模扩大，在一个城市或者一个区域内门店数量增加以后，超市建立了中间管理阶层，城市联合体或称为经营地区（Territory）。把城市或者区域内所有的门店的管理集中到经营地区，由区长负责管理，下面再设立采购部门，部门负责人掌管整个经营地区生鲜农产品的采购。门店的采购权限被削弱或者取消了，采购权上升到经营地区。

随后发生的情况是，公司总部建立生鲜采购部门，这个部门一改原来对门店或者经营地区指导和监督机能，直接参与全公司的生鲜农产品的采购。这种改革又削弱或者剥夺了经营小区的生鲜采购权限。

超市这类改革首先是为了增强超市控管能力。门店最接近需求市场，最能了解市场变化的情况，采购针对性和灵活性很强，但不容易控制。随着信息技术的发展，经营地区（和总部）也能够及时掌握门店的经营状况，从而上升采购权限。进而，随着计算机功能增强，全国乃至全球联网，使得超市的信息收集和对内部的掌控能力进一步增强，从而，使得总部采购成为可能。譬如，沃尔玛超市总部为了掌控全球门店的经营信息，甚至还在太空拥有一颗商业卫星。从另一个角度来看，总部掌控采购权限可以更加有效地限制贪污舞弊行为的发生。

第十六节 超市采购生鲜农产品程序

一般来讲，超市需要从外部采购所经营的生鲜农产品。超市采购生鲜农产品不同于我们到批发市场采购，因为超市已经有了相对固定的采购渠道。他们不再需要每天派人跑批发市场，而是实行订单采购。所谓的订单采购，就是超市给供货商（也包括合作社和个人）发送采购订单，供货商根据订单给超市发货。毋庸置疑，在实现订单采购之前，超市需要同供货商签订采购合同。下面，我们把超市的采购生鲜农产品的程序介绍给读者。

（1）年供货计划。作为现代化企业的超市不会像个人做买卖，有多少，做多少。生鲜采购部门需要按照上级指标制定全年的采购计划。这是一份庞大的计划，但也有灵活性。生鲜采购会把这份计划分解成各个主要供应商的供货计划，并同这些供货商通气，使得他们心中有底，做好准备。譬如，有基地的供应商必须考虑当年是否需要再扩大种植面积，以满足超市增加的订单。

（2）送报价单。虽然超市属于订单采购，但由于生鲜农产品价格一日多变，超市不可能一年或者几个月同供货商定一个价格，这样做缺乏灵活性，无论对于超市还是供货商都不利。然而，超市也不能像在批发市场买东西，每小时甚至每分钟都在变化价格，这样做不利于管理。因此，超市采取一周一定价模式。在每周确定的日期，一般在周一或者周二，供货商向超市总部或城市采购中心报价，即把准备卖给超市商品的价格、规格、品质，以及可以供货的数量信息，报送给负责的谈判员。谈判员对报价单进行审核，如果发现问题，譬如报价高于超市期望值，谈判员会同供货商进行沟通，看价格是否能够做调整。供货商每周的一次报价确定以后，不管市场价格的变化对谁有利，一般的情况下必须维持一周，要变更只能到下周再谈。如果供货商想要增加新的单品，他们是需要向超市提供由第三方公司出具的产品质量和农药残留检测报告以及新单品的样品，有必要时超市还会派人到产地进行考察和验货。

（3）超市内部订货。超市拿到各个供应商报价单以后，把这些信息汇总起来，分发给各个超市门店。门店的生鲜处长，按照报价单提供的产品价格、规格、最近几天门店生鲜农产品的销售情况，以及未来几天的预测，制定订货单，然后由超市门店直接把订货单发给各家供货商。超市采用分权管理方式，超市总部或城市管理部门（CCU）采购员确定采用哪家供应商的产品，提供价格信息，门店生鲜处长决定采购数量，对于供应商和价格是不能更改或者选择的。

（4）送货。超市供货商按照门店给他们下的订单，每日在指定的时间内给超市发货。供货商送货地点有两类，一种是运送到超市的生鲜农产品配送中心，再由配送中心给各家门店配送。采用这种模式供应商主要是外地或远郊的供货商。第二种是直接把产品配送到超市的各家门店。

（5）验货。因为生鲜产品易腐不耐储存，经营生鲜农产品的风险很大，所以超市收货部门在验货方面把关很严格。一般的方法是采用随机抽样。在送货卡车的前后中上中下各抽取一箱产品，把箱内的产品全部倒出来，逐个地按照标准进行验货。如果发现存在质量问题，验货员会把整个卡车的所有产品卸下来逐箱检验。当不符合标准的产品超过超市采购标准的规定比例，超市就会要求打折甚至退货。产品验货合格以后，进行称重，填写收货单据。

（6）收货单据生成。如果供货商给超市门店送货，超市填写的收货单据就是超市收到货物的实数。但是，如果供货商把产品发送到超市的生鲜采购中心，当时签发的收货单还是参考数据，因为正式的收货单是以门店实收的货物重量为依据的。偶尔会有供货商送货的数量与门店提供的收货信息不符的情况发生。超市门店收到供货商的货物以后，生鲜部门把收货信息输入电脑，发布在网上。供应商通过网络直接查到包括收获数量、单价、总金额的超市收货单。

（7）开具发票。供货商根据超市网上公布信息，开具公司发票，邮寄给超市总部或者城市采购中心的财务部门。

（8）收款。供货商即使开出发票，超市不会立即付款，因为一般超市有付款期。对于一般的生鲜农产品供应商，付款期是60天。即超市财务部门接到发票以后，在60天内给供货商账户汇款。因此，当超市供货商必须有实力，需要相当多的流动资金进行周转。

第十七节　超市农产品采购标准

标准的概念应该起源于现代工业部门。1913年，美国汽车公司老板亨利·福特创立了汽车装配流水线。福特为了加快汽车引擎中磁电机的生产速度，他改变了传统由一个工人装一台磁电器的方法，将磁电机传送带上，随着传送带的移动每个工人都装配一个部件。原来一个工人按照一台磁电机需要20分钟，采用装配线后，时间缩短到5分钟。试验成功增强了福特的信心，该年福特将此方法贯彻于汽车装配的全过程。由于装配时间缩短，使得福特公司可以在一年之中生产几十万辆汽车。这个新系统既有效又经济，结果使得汽车成本削减了一半，价格下降使得此前一直买不起汽车的人都能担负得起了。很快全世界的汽车制造商都仿照他这样做。

汽车安装流水线之所以能够顺利进行，关键在于所有零部件必须一模一样的，不能够有丝毫差异。如果一个零部件出现偏差，整个流水线就无法运行。为了检验零部件是否能用，汽车组织公司、零部件车间和外面的零部件加工企业需要有一个统一的生产和检验标准。

可是，对于传统的农业来说，只有数量和价格，没有涉及到农产品的标准。“苹果是树上结的，大米是稻穗上生的，我们不能够用尺去量，让它们长成什么样子就什么样子。”很多老农民会这样说。然而，自从我国引进超市以后，农产品的标准就不是嘴里说说，纸上画画的东西，变成了“真枪真刀”了。为什么呢？因为超市采购农产品就是按照一张纸上的标准来判断合格与不合格。

我曾经有过一个想法，我国农业统计需要改进，不能够仅仅统计农产品的总产量，而应该统计符合标准的农产品。因为自从执行标准以后，农民生产的产品就不一定会全部卖出去。农业科学技术的发展目标，将不会仅仅是产量目标，更重要的是符合标准比例的目标。

超市在同供货商签订合同的时候，会向供货商提供产品的供货标准。一方面可以为供货商生产与分级农产品提供依据，另一方面在超市收货的时候，双方参照这个标准来判断交易产品是否达标。从理论上来说，采购标准须是超市与供货商双方协商制定的，但在我国农产品供货商规模和能力不足，往往由超市单方面制定，让供货商认可。

有关于生鲜农产品标准的具体内容，我们将在本书第三部分，农超对接部分中详细介绍。

第三章 农超对接实践篇

第三部分是我们这本书的重点，这部分将要同我们的读者讨论什么是『农超对接』，为什么要做农超对接，农超对接有哪几种主要的模式，及农超对接的具体的操作程序。

第一节　什么叫做“农超对接”

什么叫做“农超对接”？回想起来，由于这是一个新生事物，当时谁也没有做过，没有经验可以借鉴，也没有案例可以参考，所以在开始做这些工作时我也不十分理解。作为一个学者，我的研究习惯是：一旦大方向确定下来以后，就先动手做起来，然后逐渐地理清思路，从不断地解决问题的过程中加深理解、获得真知。大概这就是所谓的“从实践到理论的飞跃”吧。

参与“农超对接”工作已经有整整 3 年时间了，我觉得有必要整理和总结一下“农超对接”的思路和途径。做农超对接，首先需要解释“什么叫做农超对接”。我曾经看过一篇有关“农超对接”的论文。论文的作者把农超对接归纳成近 10 种模式。百花齐放、百家争鸣，“农超对接”存在各种模式本来是件好事情。在实践的过程中，优胜劣汰，适者生存，“农超对接”就可以不断优化，可持续发展。但令人无法理解的是，写这篇论文的朋友还把“农民 + 合作社 + 批发市场 + 超市”也扔进“农超对接”的十大模式的箩筐中来了。如果超市通过农产品批发市场采购农产品，那么超市还有什么必要去做农超对接呢？

我曾经就上述论文作者提出的“农民 + 合作社 + 批发市场 + 超市”的模式与家乐福超市主管农超对接的负责人赛伯先生展开讨论。赛伯说：“如果我们（超市）的农超对接必须通过农产品批发市场采购，那么我们花这么大力气去做‘农民直采’（农超对接）项目有什么意义？超市做农超对接就是为了减少采购农产品的中间环节，降低农产品的采购成本”。

赛伯的话是有道理的，即使按照字面进行解释，“农超对接”含义也是：农产品的生产者（农）直接把自己生产的产品出售给超市（超），或超市直接向生产者采购他们生产的农产品”。不然就会增加中间环节，超市采购成本就会因此提高。

然而，仅仅用降低采购成本还不能够覆盖农超对接的所有涵义，因为“农超对接”是我国农产品供应链上发生的一次划时代的革命，它的意义就在于“看得见的手”取代了多年来我国农产品的生产与流通领域中占主导地位的“看不见的手”。超市的职业经理们把他们的管理职能伸延到了上游的农业和农产品生产部门，他们通过合同、订单、标准等手段直接参与了对农产品生产、加工和物流领域的监督和管理。这种变化将影响和推动农产品生产者和流通业者吸收更先进的经营理念，促进农产品的生产技术、品质与安全性的提高，加快农业部门实现现代化的速度。农超对接在我国的成功表明“超市是引导中国农业走向现代化的火车头”①。

让我们以国家商务部姜增伟副部长的讲话作为对“农超对接”定义的总结：“农超对接是我国农产品流通方式的一次创新，优化了农产品供应链。在这个新的模式中，超市利用自身在市场信息、管理等方面的优势参与农业生产、加工、流通的全过程，为农业生产提供技术、物流配送、信息咨询、产品销售等一整套服务，从而成为农户与市场的纽带，将农户的小生产与大市场有效连接起来，发挥流通带动生产的作用。“农超对接”是农副产品流通体系的一种创新，有助于构建适合我国基本国情的农产品现代流通体系②。”

第二节 “农超对接”史话

农超对接是怎样发起的？我想不仅是当今，即使将来研究历史的人也会感兴趣的，因此，就借助这本书留下一个历史记录。

2007 年年初，国家商务部姜增伟副部长召集 9 家超市的负责人开会，要求这些超市为解决我国农产品销售难问题出力气。他提出，超市可以直

① 胡定寰 . 2004 年上海国际超市研讨会上的发言。

② 姜增伟 .“农超对接：反哺农业的一种好形式”，《求是》杂志 2009 年第 23 期，12 月 1 日。

接到产地去采购农产品，减少中间流通环节。姜副部长的讲话为超市采购农产品提出了新的思路，得到超市积极响应。经过研究，家乐福超市决定采用“农民＋农民专业合作社＋超市”的采购模式，即超市通过产地农民专业合作社来组织和采购社员农民的产品。麦德龙超市成立麦志达咨询公司，麦志达公司同产地农业产业化龙头企业合作，采购农产品。家家悦超市建立农产品生产基地，直接参与农产品的种植、养殖和加工过程。

“农超对接”也引起了农业部的高度重视，农业部经管司赵铁桥副司长和他同事们在为超市与合作社之间牵线搭桥做了大量的工作。

“农超对接”模式在商务部和农业部的支持下推广很快，并得到中央的重视，2009年“中央一号文件”把“农超对接”作为新的任务提出来。2009年8月，原国家商务部部长助理黄海先生给温家宝总理写来一份有关“农超对接”的报告，总理当天就批示。2010年的“中央一号文件”再次提出，“全面推进‘农超对接’项目的深入发展”。

国家商务部公布的第一批“农超对接”项目试点企业的名单是：山东家家悦超市有限公司、河北保龙仓商业连锁经营有限公司、家乐福(中国)管理咨询服务有限公司、锦江麦德龙现购自运有限公司、江西国光商业连锁有限责任公司、沃尔玛(中国)投资有限公司、上海康成投资(中国)有限公司、华润万家有限公司和中粮集团。

目前，估计约有近半数左右的超市采用不同形式的农超对接来采购农产品。2009年10月，我应邀去湖北省仙桃市做了一次农超对接的培训。当地的农业部门除了召集该市的农民专业合作社社长参加以外，还请了8家地方超市参加，其中不乏只有门店六七家的小型超市。会后交流中，我惊讶地发现，几乎所有的参会超市都在采用“农超对接”模式采购蔬菜和水果。这些超市经理告诉我，他们采用农超对接的直接原因是可以降低采购成本，“其他超市做了，自己不做，菜卖不出去”。这就是只有六七家门店超市的经理亲口对我说的。

第三节　为什么要推出“农超对接”

有些农产品流通业内的人士想不通，我们市场做得好好的，为什么要推出什么农超对接来？有些从事科研和教学工作的学者会问，如何从理论上解释农超对接？

其实，威廉姆逊[①]等经济学家的有关市场失效（Market failure）的理论是可以解释在我国农产品流通中引进农超对接的原因。

庇古[②]早在20世纪初就从社会成本和私人成本差异的焦点出发，证明了在某一种市场失效的情况下可以由政府分配来替代。科斯从交易成本的角度出发，提出了如果交易费用为零，那么市场交易可以达到资源的最佳配置。然而，现实世界中交易费用不可能为零，因此，市场就不一定是最有效的资源配置方式了。

威廉姆森提出了一种新的概念，即在经济生活中的人总是尽最大能力保护和增加自己的利益，也就是说，经济中的人都是自私的，而且，为了利己，还可能不惜损人。但为什么没有造成社会混乱，主要是因为人的行为要受到法律的制约，违反了法律，就要受到法律的制裁，所以法律使损人利己的行为受到一定的节制。威廉姆森把人一有机会就会不惜损人而利己的“本性”，称之为机会主义。

人的这种机会主义本性直接影响了市场效率和增加不确定性。机会主义的存在使包括监管费用在内的交易费用提高。交易本身越复杂，交易费用就越高，市场作为一种交易的管理机制其效率就越低，甚至不能实现可靠的交易（譬如2010年发生的海南有毒豇豆事件）。在市场失效的时候，

① 威廉姆森（Oliver E. Williamson）获2009年诺贝尔经济学奖。归功于“他对经济治理的分析，特别是对公司的经济治理边界的分析”。

② 庇古（Arthur Cecil Pigou，1877~1959）是英国著名经济学家，剑桥学派的主要代表之一。

交易是无法终止的（人总是要吃饭），因此这时市场交易的方式就有可能被更加紧密的协作，中间或者内部组织所取代。中间组织指的是采用合同的买卖方式，内部组织指的是企业内部生产。

我们再举一个更加简单的例子。随着收入的增加，消费者在满足对商品数量需求的同时，对商品的品质（包括安全性）的需求也逐渐提高了。农产品的品质会受众多因素的影响，除了气候因素和生产技术因素外，由于存在威廉姆逊所谓的“机会主义”，所以监控的作用非常大，对生产者监控力度越强，农产品的品质越高。此外，对于生鲜农产品来说，同物流配送时间也有紧密的联系，我们知道生鲜农产品收获以后，送到消费者餐桌的时间越短，新鲜度越高，品质就越好。

请看图 3–1。我们有一条表示消费者收入与对品质需求关系的曲线。消费者收入在 L_1 的时候，他们对农产品品质的要求在 Q_1 的水平上。然而，当消费者收入从 L_1 增加到 L_2 水平的时候，他们对农产品品质的要求就从 Q_1 提高到 Q_2 的阶段。譬如，在 20 世纪 80 年代，我国消费者收入在几百元，能够吃上水果就不错了，哪里还考虑水果的质量？即使有点伤或烂，只要价格便宜，买到手还觉得特别幸运。到了现在，大城市的人均收入达到数千元，消费者买水果给孩子吃，只要质量好和食品，安全再多花些钱也是愿意的。超市有时处理水果，其实一样可以吃，但很少有人光顾。为什么，觉得买这类水果没有面子，对吗？

然而，高品质和安全的农产品是怎样获得的呢？除了有更加好的技术，更加好的生产资料的投入以外，在现阶段更加需要监管，避免出现威廉姆逊所谓的“机会主义”作怪。因此，就需要缩短农产品的供应链，因为供应链越短，监管成本就越低。我们用图 3–2 来解释。原来我们获得质量 Q_1 的农产品是在供应链上 O 到 S_1 距离长度上。当我们需要获得 Q_2 质量的农产品，如果还是通过 O 到 S_1 这么长的供应链采购，无法获得更加好的监控，质量难以保证达到要求。因此，需要缩短供应链的距离，从 O 到 S_1 缩短到 O 到 S_2，把从田头到餐桌之间的一些中间环节如经纪人、批发商等请出去。

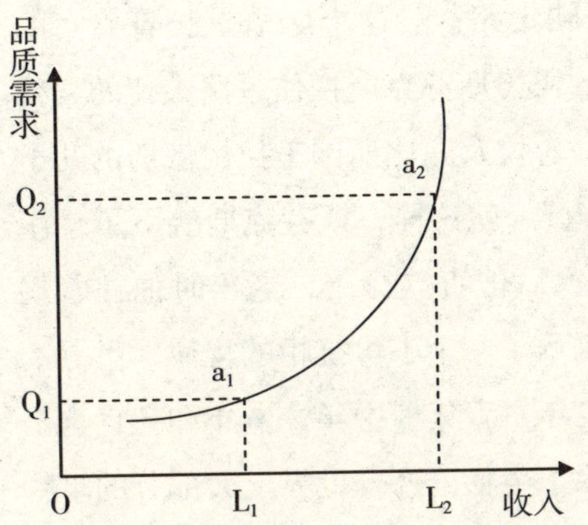

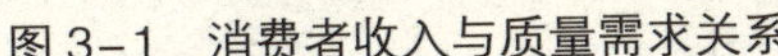
图 3-1 消费者收入与质量需求关系

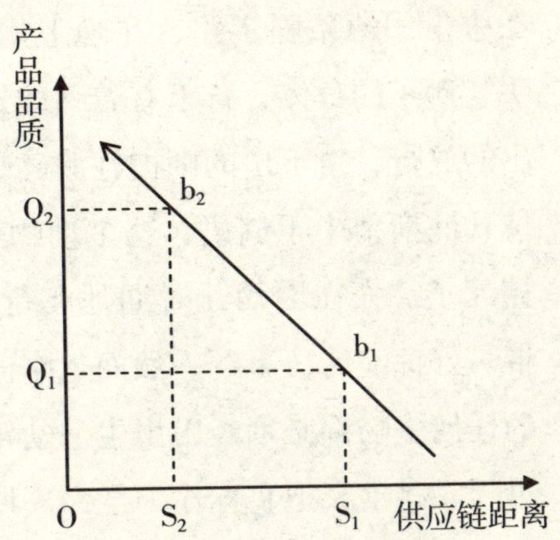

图 3- 2 农产品质量与供应链长度关系

有读者会提出异议，说:“胡教授，你的说法不对。我们村里的蔬菜一直是卖给外地来的老板（批发商），2008 年在政府的扶持下做了农产品的有机认证，拿到了证书。我们产品达到最高品质和最安全的水平，但供应链并没有像您所说缩短了，我们还是把蔬菜卖给原来的那些老板。”我会问:“先生，你们村里的蔬菜做了有机认证，但是否能够通过原来的那些老板卖出比同类的没有认证过的蔬菜卖更高的价格？”我估计这位先生的回答是:“这是我们面临的问题，虽然拿到有机认证，但没有人把这些蔬菜当作有机蔬菜来收购。”

其实，即使我们的农产品真正达到有机水平的品质和安全性，如果不能直接同超市对接，很难实现有机农产品的价格，因为，过多的中间环节使得超市无法认定卖给他们是“真”还是“假”的有机蔬菜。况且，也有些以盈利为目的的认证公司，只要给钱，什么证书都给，从而扰乱了这个市场。因此，我们做认证的时候，必须要选好的公司。但关键是，我们被认证以后，超市认不认这个证书。如果不认，那我们的钱是白搭的。

为什么农超对接不早不迟刚好在 21 世纪前 10 年的后阶段被采用呢？我们可以用事物的生命周期理论进行解释。

古代希腊神话中有一个著名的谜语，“什么动物在早晨用四条腿走路，在中午用两条腿走路，在晚上用三条腿走路？"这个谜语是长着美女的头、狮子的身体，背上有着鸟的翅膀的怪兽斯芬克斯拦住过路人猜的，猜出的放行，猜不出的则被她撕碎吃掉。古埃及底比斯国王拉伊俄斯的儿子俄狄浦斯猜中了谜语，这个动物是"人"。就这样，斯芬克斯跳下了悬崖摔死了。人在婴幼儿时期他爬行，长大后他直立行走，老年时他柱着拐棍。好惊险的故事啊。然而这个谜语揭示了一个不可抗拒的规律，世界上的任何生物都必须经历出生、幼年、少年、青年、中年、老年和死亡这个过程。科学家把它称作为生命周期。除了生物以外，世界上大部分的事物都也遵循这样周期的规律在变化，农产品的市场模式也不例外。

一种有生命力的新市场模式刚诞生，呱呱落地的时候，往往不会引起人们的注意，到了青少年时期优势就逐渐显现，到了中年时期发挥巨大的积极作用，然后进入衰老时间，各种弊病纷纷显露，不得不让位给新生代的市场模式。

新中国成立之前，连年的战乱使我国的农业、商业、交通运输业和工业遭到了巨大的破坏，当时国家财政十分困难。在这种情况下，新中国建立后，国民经济恢复工作主要承担双重任务，一是使国民经济恢复元气；二是在经济领域内进行改变，改造半殖民和半封建的经济形态为新民主主义的经济形态。

这时期我们国家的生鲜农副产品的流通是以购销和市场调节为主的流通体系和价格制度。对于蔬菜、肉类、水产等生鲜农副产品主要是市场自由购销为主，购销的经营活动主要通过市场来完成。

1953~1979年的24年间，我国蔬菜、肉类、水产为主的生鲜农产品流通体制是以统购统销为基本特征。所谓的"统购统销"指的是国家制定生产计划来指导农产品的生产，并且由国家来从事农产品的收购和销售活动。这种模式在早期曾经发挥过积极的作用，因为当时农业生产水平低，通过由国家控制的农产品流通模式可以主动地调节供需，特别是需求分配，支持发展基础薄弱的工业，加强国防建设。可是随着时间的推移，由于这种流通模式一方面挫伤农民的生产积极性，另一方面，由国营和集体垄断的商业缺乏竞争，没有效率，导致农产品的供应一直处于低水平上，物质供应非常紧缺。

1978 年改革开放以后，国家对生鲜农副产品的统购统销政策有了巨大的转变，逐渐地放开了农产品的统购统销的品种和范围。1985 年以后大部分农产品可以上市自销，特别是蔬菜、果品、畜禽和畜禽肉制品，以及水产品等生鲜农副产品的购销基本上放开。

家庭承包责任制的采用，极大地激发了农民的生产积极性，同时，随着农产品市场的放开，大量的农民和城镇居民参与到农产品的流通和加工活动中来，他们有的担任经纪人，有的担任批发商，有的成为直接向消费者提供农产品的零售商。这种建立在市场机制之上，由“看不见的手”协调传统的农产品供应链，为搞活我国农产品的流通，促进农产品全国大市场形成发挥了积极作用。

然而，随着经济发展，城乡居民收入迅速提高和恩格尔系数的下降，我国农产品消费者已经不再满足吃饱肚子了，他们开始重视农产品的品质。特别由于近几年来，媒体曝光了多起重大的食品安全事件以后，消费者对农产品安全性持有一定程度的怀疑态度，他们迫切需要找到相对可靠的农产品零售市场，确保能够买到货真价实的农产品。传统的农产品供应链从青年期、中年期走向老年期，逐渐与变化的消费者的需求不相适应了。这不是某个人提出的新的观点，而是严酷的现实变化。经济发展，消费者收入提高以后，超市逐渐地成为购买食品的重要场所，这属于现阶段社会发展的一种趋势[①]。

2010 年 6 月，我在荷兰的瓦赫宁根大学参加了讨论会。会议上一位研究农产品供应链的教授发言说，“农产品进超市是社会发展的必然趋势，

① 以超市经营农产品为主的模式，到了将来的有一天也会变得落后，为更加先进的模式所取代，譬如网上农产品市场，农产品直营，甚至消费者之间参与农产品生产过程。高楼林立的大城市有众多的弊病，将来有可能被农田和住宅相结合的生态城市所取代，门前、屋顶生产农产品，消费者直接参与自己消费农产品的生产成为可能。

目前，美国有 90% 的农产品通过超市销售，我们欧洲有 85% 以上。目前，中国大约有 20% 的农产品进超市，我相信再过 10 年，中国农产品进超市的比例将会达到 50% 以上"[①]。显然国外的专家比国人更有信心。

我国在 20 世纪 90 年代初引进了以超市为首的现代化农产品供应链。踏入 21 世纪后，我国超市获得了迅速发展的契机，这些年来，超市平均每年以 20%~30% 的速度快速发展。超市已经从一二级城市伸向三级城市和农村乡镇，并逐渐成为我国城乡消费者日常生活不可缺少的购物场所。

我国超市经营生鲜农产品是从 20 世纪 90 年代中期以后才开始的。到 2007 年为止，超市采购农产品的模式经历了以下几个阶段的变化。经营生鲜农产品的初期，超市经营规模很小，他们一般通过农产品批发市场甚至农贸市场采购少量的农产品就能够应付。这种模式超市几乎不挣钱，甚至亏本，因此，超市开始出租柜台，超市把经营生鲜农产品的产地租给外面的经营者，超市收取扣点，也就在租赁者出售的农产品金额中扣除一定的比例。这种模式使得超市只赚不亏。然而，超市无法对租赁者进行控制，特别是超市需要通过生鲜农产品进行促销的时候，租赁者往往不予配合。第三阶段，超市把租赁者请出超市，自己直接经营生鲜农产品。超市出售的农产品有两大来源，其一是超市直接向城市的农产品批发市场采购，或者由供应商供货。供应商主要还是通过农产品批发市场采购。

到了 2005 年以后，超市面临经营生鲜农产品的巨大压力。一方面是由于政府部门与消费者对农产品的安全性越来越重视，特别是食品安全法的颁布，零售商背负很大的责任。超市通过农产品批发市场或者供应商供货，农产品的来源不清楚，安全性无法得到保证。同时，随着超市数量的迅速增加，超市与超市，超市与农贸市场之间的竞争加剧，超市需要在价格与品质上具有竞争力的农产品，特别是生鲜农产品。超市原来的采购模式也开始难以同环境相适应。

---

① 瓦赫宁根大学与中国农业大学交流会议上 Aalt A. Dijkhuizen 教授发言，2010 年 6 月 10 日，荷兰瓦赫宁根大学。

有家调查公司曾经在大商场对3540位顾客做了问卷调查。在回答“您最关心以下哪些方面”的时候，有56%的顾客关心的是健康，有51%的顾客是食品安全，可见消费者对于自己的健康和食品安全是极其重视的（表3-1）。

表3-1 消费者喜好调查：您最关心以下哪个方面①

项目	比率
健康	56%
食品安全	51%
烹饪	33%
旅行	28%
小孩的教育	27%
房子	22%
网络	21%
环境	20%
美容与时尚	19%
财经	19%
减肥	18%
交通工具	17%
运动（瑜伽）	16%
音乐和电影	16%
医疗	15%
网上购物（淘宝）	14%
文化	11%
进修	8%
数码产品	8%
娱乐	6%
婚姻	2%

① 在大型超市对3540顾客问卷调查结果，2009年。

正在这个时候，政府部门提出农超对接，新的模式有效地降低了超市采购成本，由于农超对接使得超市可以知道谁生产的农产品，可以直接介入农产品生产过程的监管工作，从而极大地提高了农产品的安全性。新型的农超对接模式刚好解决了超市在采购农产品上的困惑，因此迅速地被越来越多的超市所采纳。农超对接的引进，实际上是在农产品的交

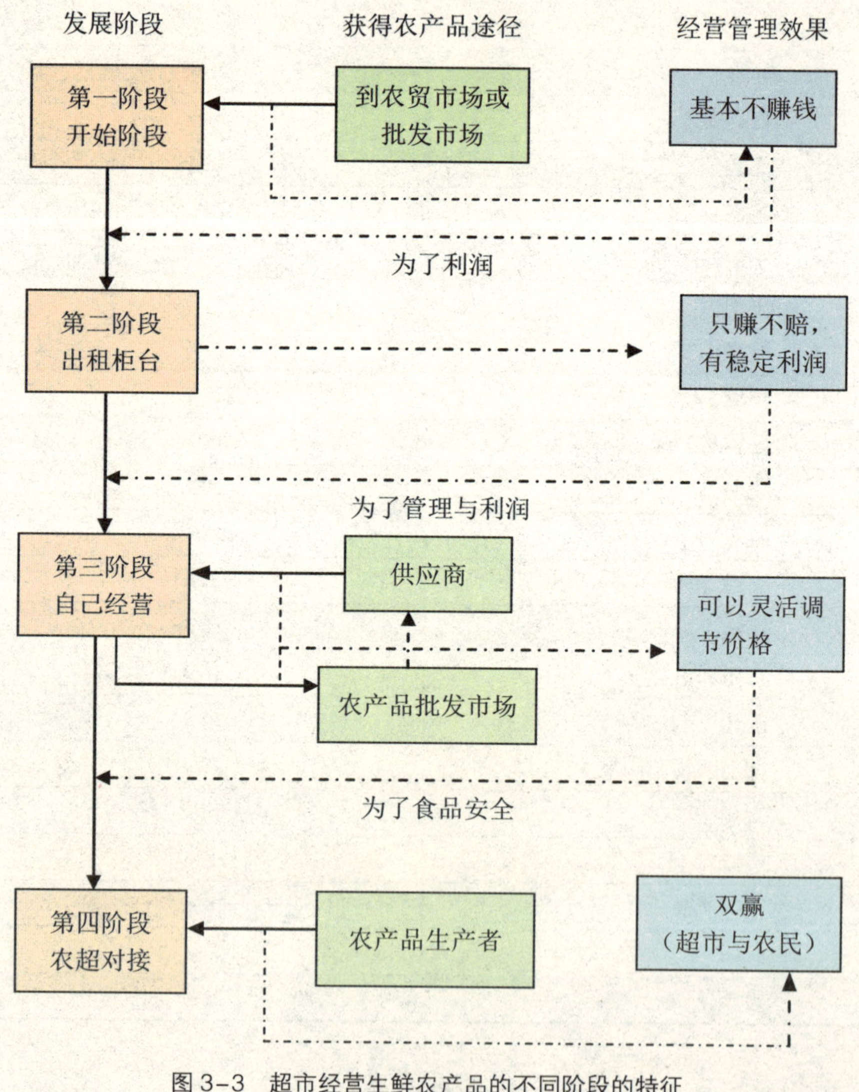

图 3-3　超市经营生鲜农产品的不同阶段的特征

易上用钱德勒[①]提出的"看得见的手"来取代亚当斯密的"看不见的手"（图 3-3）。

第四节 农超对接成功原因

有人会提出，"农超对接"让超市走出门来，直接到千里迢迢的产地去采购农产品，为什么超市能够在"农超对接"上获得成绩？如果早十年开始做"农超对接"也会像现在这样成功？

我们的回答是："肯定不会"。其实，目前超市之所以能够做成农超对接是有其内因和外因。毛泽东在论内因和外因的辩证关系时曾经提出，"鸡蛋因得适当的温度而变化为鸡子，但温度不能使石头变为鸡子"[②]。如果超市没有积极主动性是不可能做农超对接的。然而，如果没有外部条件，即使想做农超对接，超市也做不起来。有哪些外部条件呢？

一、农产品集中产区大量形成

如果我们逐一地分析在农超对接上获得成功的农民专业合作社，就可以发现大部分合作社来自于名优农产品的集中产区。根据 2005 年以来 3 个中央 1 号文件的精神，我国各地要发挥资源优势，要因地制宜地大力发展特而专、新而奇、精而美的各种特色农产品，推进"一村一品"建设，形成了国内外知名的优势产区，培育出了一批特色明显、类型多样、竞争

① 阿尔弗雷德·钱德勒，在 1977 年出版的《看得见的手——美国企业的管理革命》(The Visible Hand：The Managerial Revolution in American Business) 中提出了"现代工商企业在协调经济活动和分配资源方面已取代了亚当·斯密的所谓市场力量的无形的手"的观点。

② 毛泽东.《矛盾论》,《毛泽东著作选读》（上册），人民出版社，1986 年版，第 141 页。

力强的专业村、专业乡镇，现代生产要素向优势区定向聚集。

图 3-4 丰富多彩的超市水果销售区

随着城乡居民收入的增长，人们对农产品的品味功能、观感功能、营养功能、保健功能和安全性等个性化特殊需求逐步增加，丰富多样的特色农产品倍受市场青睐，超市也成为多样化、细分化、优质化农产品主要的销售渠道。因此，特色农产品产区逐渐地成为超市采购的主要目标指向地区（图 3-4）。

我国著名的农产品集中产区包括：大米的黑龙江五常和佳木斯；苹果的山东栖霞、陕西洛川、甘肃静宁和天水、新疆阿克苏；猕猴桃的四川都江堰和陕西的周至；脐橙的江西赣南和湖北秭归；大桃的北京平谷；水蜜桃的四川龙泉和江苏无锡；梨的安徽砀山、河北赵县；荔枝的广东湛江，福建莆田；马铃薯的内蒙古武川、安徽定西和山东滕州；胡萝卜的安徽萧县和山东寿光；菠萝的海南万宁、琼海、文昌和广东湛江；海南海口、文昌、琼海、万宁、三亚和东方等地区为全国供应大半年的西瓜。在这些农产品集中产区中间，有不少地区的主打农产品的种植面积达到耕地总面积的 50% 以上。

（1）特色蔬菜优势产区。目前，我国特色蔬菜优势产区分布在全国各地。江汉平原、洞庭湖南部、千岛湖和太湖区、广西中部、江苏北部、山东黄河三角洲的莲藕；秦巴武陵区、云贵川区的莼菜；云南区、鄂湘赣区、浙江天台的藠头；滇中南部、桂东北区、浙闽区、湖北区、鲁东南区的芋头；东南区、西南区、陕南的竹笋；甘陕区、湘黔区、鄂豫区的黄花菜；甘青区、豫西区、苏皖区、江西万载、湖南隆回的百合；东北区、滇西区、浙皖赣区、鄂中区的荸荠桂；东北区、浙闽区、秦巴伏牛山区、甘肃南部、滇桂区的黑木耳；福建区、秦巴山区、黔西北区的银耳；青藏高原东部区、长白山区、河北承德和云南的松茸；西南区、湘鄂豫区、陕甘区、东北区、黄淮海区、海南区的辣椒；桂西南区、桂东南区、滇东南区的大料和西南区、陕甘青区、藏东南的花椒（表 3-2）。

表 3-2 特色蔬菜优势产区

蔬 菜	优势产区
莲 藕	江汉平原、洞庭湖南部、千岛湖和太湖区、广西中部、江苏北部、山东黄河三角洲。
魔 芋	秦巴武陵区、云贵川区
莼 菜	浙江杭州、江苏吴县、重庆石柱、湖北利川、四川雷波
藠 头	云南区、鄂湘赣区、浙江天台
芋 头	滇中南部、桂东北区、浙闽区、湖北区、鲁东南区
竹 笋	东南区、西南区、陕南
黄花菜	甘陕区、湘黔区、鄂豫区
百 合	甘青区、豫西区、苏皖区、江西万载、湖南隆回
荸荠桂	东北区、滇西区、浙皖赣区、鄂中区
黑木耳	东北区、浙闽区、秦巴伏牛山区、甘肃南部、滇桂区
银 耳	福建区、秦巴山区、黔西北区
松 茸	青藏高原东部区、长白山区、河北承德
辣 椒	西南区、湘鄂豫区、陕甘区、东北区、黄淮海区、海南区
花 椒	西南区、陕甘青区、藏东南
大 料	桂西南区、桂东南区、滇东南区

除了上述的这些特色蔬菜产区以外，大面积的反季节蔬菜基地有河北的坝上，湖北的火烧坪和恩施地区。

（2）特色果品优势产区。因为地形、气候、市场需求等因素的影响，我国果品呈现明显的区域特点。比如，新甘宁区、环渤海湾、黄河故道、汾渭平原、云南高原、吉林盛产葡萄；山东的栖霞、陕西的洛川、甘肃的静宁和天水、河南三门峡、新疆阿克苏的苹果；南疆塔里木盆地北缘（库尔勒香梨）、山东莱阳（莱阳梨）、冀中和鲁西北（鸭梨）、冀中（雪花梨）、鲁苏皖黄淮平原（砀山梨）、河南南部（砂梨）、吉林延边（苹果梨）、辽宁沿海（南果梨、锦丰梨）、甘肃河西走廊（苹果梨）、陕西渭北和晋中南（酥梨）、京郊（京白梨）、浙江中部（砂梨）、重庆西南部（砂梨）、云南中南部（砂梨）各具特色的梨；北京平谷、鲁西平原东部、河北平原西部、陕甘中部、苏浙沪区的桃；辽宁大连、河北秦皇岛、北京郊区、山东胶东半岛和泰沂西部、陕甘中部的樱桃；新疆南疆绿洲、陕西临潼和礼泉、安徽怀远和淮北、川滇高原区、山东枣庄、晋南区的石榴；浙闽大部、江苏太湖沿岸、安徽歙县、湖南靖州、云南石屏的杨梅；云南中西部、晋冀区、陕甘青区、藏东南、新疆和田、山东泰山；浙皖天目山区（山核桃）的核桃；京津冀东北部、鲁中低山丘陵、鄂皖大别山区、苏皖江南丘陵、陕南鄂西、云南中部的板栗；京冀太行山区、晋豫陕甘区、桂北区、鲁中丘陵区的柿子；闽粤沿海、海南区、桂南、云南区、四川泸州的龙眼；粤桂南部、闽东沿海、海南、云南南部、四川泸州的荔枝；闽粤沿海、海南区、桂南、云南区的香蕉；广西西南部、闽粤南部、海南东部、云南南部和西部热区的菠萝；粤桂南部、海南西部、云南、四川攀枝花、福建南部的杧果；粤桂南部、海南、云南西南部、福建南部的木瓜。具体情况如表 3-3 所示。

表 3-3　特色果品优势产区

水　果	优势产区
葡　萄	新甘宁区、环渤海湾、黄河故道、汾渭平原、云南高原、吉林
苹　果	山东栖霞、陕西洛川、甘肃静宁和天水、河南三门峡、新疆阿克苏
柚　子	福建平和县、广西容县、广东梅州

续表

水 果	优势产区
特色梨	南疆塔里木盆地北缘（库尔勒香梨）、山东莱阳（莱阳梨）、冀中和鲁西北（鸭梨）、冀中（雪花梨）、鲁苏皖黄淮平原（砀山梨）、河南南部（砂梨）、吉林延边（苹果梨）、辽宁沿海（南果梨、锦丰梨）、甘肃河西走廊（苹果梨）、陕西渭北和晋中南（酥梨）、京郊（京白梨）、浙江中部（砂梨）、重庆西南部（砂梨）、云南中南部（砂梨）
特色桃	北京平谷、鲁西平原东部、河北平原西部、陕甘中部、苏浙沪区
樱 桃	辽宁大连、河北秦皇岛、北京郊区、山东胶东半岛和泰沂西部、陕甘中部
石 榴	新疆南疆绿洲、陕西临潼和礼泉、安徽怀远和淮北、川滇高原区、山东枣庄、晋南区
杨 梅	浙闽大部、江苏太湖沿岸、安徽歙县、湖南靖州、云南石屏
枇 杷	浙闽粤、鄂湘桂、川滇、江苏吴中、安徽歙县
特色柚	闽粤赣区、桂东北湘南区、浙江中南部、鄂渝区、云南区
猕猴桃	陕甘豫、渝湘黔区、鄂赣区、川中区。
特色枣	冀鲁平原（冬枣和小枣）、河北区、鲁西北、黄土高原、甘新区（大枣）
仁用杏	冀晋北部山区、甘肃陇东
特色核桃	云南中西部、晋冀区、陕甘青区、藏东南、新疆和田、山东泰山、浙皖天目山区（山核桃）
板 栗	京津冀东北部、鲁中低山丘陵、鄂皖大别山区、苏皖江南丘陵、陕南鄂西、云南中部
柿 子	京冀太行山区、晋豫陕甘区、桂北区、鲁中丘陵区
巴旦杏	南疆西部
香 榧	浙江会稽山脉
龙 眼	闽粤沿海、海南区、桂南、云南区、四川泸州
荔 枝	粤桂南部、闽东沿海、海南、云南南部、四川泸州
香 蕉	闽粤沿海、海南区、桂南、云南区
橄 榄	闽粤沿海

续表

水　果	优势产区
椰　子	海南
腰　果	海南
菠　萝	广西西南部、闽粤南部、海南东部、云南南部和西部热区
杧　果	粤桂南部、海南西部、云南、四川攀枝花、福建南部
番木瓜	粤桂南部、海南、云南西南部、福建南部

（3）特色粮油优势区域。我国粮油优势区域分布较为广泛。云南、四川、贵州、重庆、新疆、甘肃、陕西、黑龙江、吉林、内蒙古、山西、河北、山东等省区的部分县市盛产芸豆；绿豆则集中在内蒙古、黑龙江、吉林、辽宁、陕西、山西、河北、山东、河南、安徽、湖北、四川、重庆、广西等省区的部分县市；黑龙江、吉林、辽宁、北京、天津、河北、内蒙古、山西、陕西、甘肃、湖北、重庆、云南等省区的部分县市的红小豆；扁豆集中在陕西、甘肃、宁夏、河北、山东等省区的部分县市；蚕豆在云南、四川、重庆、广西、陕西、甘肃、宁夏、青海、山西、河北、江苏等省区的部分县市；豌豆集中在甘肃、宁夏、青海、四川、重庆、湖北、云南、贵州、河北、广东等省区的部分县市；荞麦在陕西、甘肃、宁夏、内蒙古、山西、云南、贵州、四川、重庆、西藏、广西、安徽等省区的部分县市；青稞多在西南的西藏、青海、甘肃、四川、云南等省区的部分县市；山西、陕西、甘肃、内蒙古、河北、辽宁、吉林、黑龙江、山东等省区的部分县市盛产谷子；高粱分布在黑龙江、吉林、辽宁、内蒙古、陕西、甘肃、山西、河北、天津、山东、四川、重庆、贵州、湖北、广西等省区的部分县市；新疆、甘肃、陕西、内蒙古、黑龙江、江苏、河南、安徽、云南等省区的部分县市的啤酒大麦；新疆、甘肃等省区的部分县市的啤酒花；河南、湖北、安徽、江西、陕西、重庆等省区的部分县市的芝麻；甘肃、内蒙古、宁夏、山西、河北、新疆、陕西等省区的部分县市的胡麻；黑龙江、吉林、辽宁、内蒙古、山西、陕西、甘肃、宁夏、新疆等省区的部分县市的向日葵。具体如表 3-4 所示。

表 3–4 特色粮油优势区域

粮 油	优势产区
芸 豆	云南、四川、贵州、重庆、新疆、甘肃、陕西、黑龙江、吉林、内蒙古、山西、河北、山东等省区的部分县市
绿 豆	内蒙古、黑龙江、吉林、辽宁、陕西、山西、河北、山东、河南、安徽、湖北、四川、重庆、广西等省区的部分县市
红小豆	黑龙江、吉林、辽宁、北京、天津、河北、内蒙古、山西、陕西、甘肃、湖北、重庆、云南等省区的部分县市
扁 豆	陕西、甘肃、宁夏、河北、山东等省区的部分县市
蚕 豆	云南、四川、重庆、广西、陕西、甘肃、宁夏、青海、山西、河北、江苏等省区的部分县市
豌 豆	甘肃、宁夏、青海、四川、重庆、湖北、云南、贵州、河北、广东等省区的部分县市
荞 麦	陕西、甘肃、宁夏、内蒙古、山西、云南、贵州、四川、重庆、西藏、广西、安徽等省区的部分县市
燕 麦	甘肃、宁夏、内蒙古、山西、河北、云南、四川、贵州等省区的部分县市
青 稞	西藏、青海、甘肃、四川、云南等省区的部分县市
谷 子	山西、陕西、甘肃、内蒙古、河北、辽宁、吉林、黑龙江、山东等省区的部分县市。
糜 子	陕西、甘肃、宁夏、内蒙古、山西、河北、黑龙江等省区的部分县市
高 粱	黑龙江、吉林、辽宁、内蒙古、陕西、甘肃、山西、河北、天津、山东、四川、重庆、贵州、湖北、广西等省区的部分县市
薏 苡	云南、贵州、广西等省区的部分县市
啤酒大麦	新疆、甘肃、陕西、内蒙古、黑龙江、江苏、河南、安徽、云南等省区的部分县市
啤酒花	新疆、甘肃等省区的部分县市
芝 麻	河南、湖北、安徽、江西、陕西、重庆等省区的部分县市
胡 麻	甘肃、内蒙古、宁夏、山西、河北、新疆、陕西等省区的部分县市
向日葵	黑龙江、吉林、辽宁、内蒙古、山西、陕西、甘肃、宁夏、新疆等省区的部分县市

（4）特色饮料优势产区。我国特色饮料主要是茶和咖啡。红茶集中在皖南、滇西、粤桂部分县；乌龙茶集中在闽西北、闽南、粤东；普洱茶在滇西南；黄山太湖区、浙闽丘陵区、闽粤丘陵区、大别桐柏区、两湖丘陵区、武陵区、五岭区、粤西桂东区、海南区、秦巴区、川黔区、滇西南区的绿茶；咖啡则在云南西南部、广东雷州半岛、海南西北部如表 3-5 所示。

表 3-5　特色饮料优势产区

饮　料	优势产区
红　茶	皖南、滇西、粤桂部分县
乌龙茶	闽西北、闽南、粤东
普洱茶	滇西南
绿　茶	黄山太湖区、浙闽丘陵区、闽粤丘陵区、大别桐柏区、两湖丘陵区、武陵区、五岭区、粤西桂东区、海南区、秦巴区、川黔区、滇西南区
咖　啡	云南西南部、广东雷州半岛、海南西北部

（5）特色猪禽蜂。我国特色猪禽蜂分布在全国。金华猪在浙江中西部、江西东北部；云贵川乌蒙山和金沙江流域的乌金猪；黔东南、桂西北的香猪；西藏东南部、云南西北部、四川西部、甘肃南部的藏猪；华北区、长江中下游区、华南区、西南区、东北区、西北区的特色肉鸡；长江中下游区、东南沿海区、西南区、黄淮海区、东北松花江区的特色水禽；特色蜂产品则分布更广，东北区、东南区、华中区、西部区和华北区等，如表 3-6 所示。

表 3–6 特色猪禽蜂优势产区

猪禽蜂	优势产区
金华猪	浙江中西部、江西东北部
乌金猪	云贵川乌蒙山和金沙江流域
香 猪	黔东南、桂西北
藏 猪	西藏东南部、云南西北部、四川西部、甘肃南部
特色肉鸡	华北区、长江中下游区、华南区、西南区、东北区、西北区。
特色水禽	长江中下游区、东南沿海区、西南区、黄淮海区、东北松花江区
特色蜂产品	东北区、东南区、华中区、西部区和华北区

（6）特色水产品。我国河流湖泊众多，海岸线长，特色水产品丰富。辽宁、山东等地沿海的鲍鱼；辽宁、河北、山东、江苏等地沿海的海参；辽宁、山东等地沿海的海胆；广西、广东、海南、浙江、江苏、江西、安徽、湖北、湖南等地的部分县市的珍珠；湖南、湖北、江西、安徽、江苏、浙江、广东等地的部分县市鳜鱼；北京、河北、山西、辽宁、黑龙江、云南、贵州、四川、甘肃等地的部分县市的鳟鱼；四川、重庆、湖北、江西、安徽、广东等地的部分县市的长吻鮠；江苏、浙江、安徽、江西、湖北、山东等地的部分县市的青虾；浙江、福建、广东、广西、海南等地沿海的锯缘青蟹；黑龙江、辽宁、江苏、安徽、江西、湖北、湖南、四川等地的部分县市的黄颡鱼；江苏、安徽、江西、湖北、湖南、四川等地的部分县市的黄鳝；辽宁、山东、江苏、安徽、江西、湖北、湖南、四川、广东、广西等地的部分县市的鲶鱼；江苏、浙江、江西、湖北、湖南、广东等地的部分县市的龟鳖；辽宁、河北、山东的沿海地区的海蜇等（表 3–7）。

表 3-7　特色水产品优势产区

水产品	优势产区
鲍　鱼	辽宁、山东等地沿海
海　参	辽宁、河北、山东、江苏等地沿海
海　胆	辽宁、山东等地沿海
珍　珠	广西、广东、海南、浙江、江苏、江西、安徽、湖北、湖南等地的部分县市
鳜　鱼	湖南、湖北、江西、安徽、江苏、浙江、广东等地的部分县市
鳟　鱼	北京、河北、山西、辽宁、黑龙江、云南、贵州、四川、甘肃等地的部分县市
长吻鮠	四川、重庆、湖北、江西、安徽、广东等地的部分县市
青　虾	江苏、浙江、安徽、江西、湖北、山东等地的部分县市
锯缘青蟹	浙江、福建、广东、广西、海南等地沿海
黄颡鱼	黑龙江、辽宁、江苏、安徽、江西、湖北、湖南、四川等地的部分县市
黄　鳝	江苏、安徽、江西、湖北、湖南、四川等地的部分县市
乌　鳢	江苏、浙江、江西、安徽、湖北、湖南、山东、广东等地的部分县市
鲶　鱼	辽宁、山东、江苏、安徽、江西、湖北、湖南、四川、广东、广西等地的部分县市。
龟　鳖	江苏、浙江、江西、湖北、湖南、广东等地的部分县市
海　蜇	辽宁、河北、山东的沿海地区

二、"一村一品"的积极作用

我国快速形成农产品集中产区是与国家农业部门的"一村一品"工作有一定程度的联系。农业部从 2005 年开展以来，到 2008 年止已经发展了一村一品专业村 4.56 万个，占全国行政村总数的 7.1%；专业村农户数 2076 万个，占全国总农户数的 8.3%。发展一村一品的意义是，"从一定区域内的资源禀赋和区位特点出发，集中生产要素的投入，推进规模化、专业化、标准化生产，可以充分发挥各地农业资源的比较优势，把地方特色和区域优势的主导产业做强做大，促进产业集聚，将资源优势转化为经济优势，强化社会主义新农村建设的产业支撑”[①]。

“一村一品”的模式是由平松守彦率先在日本的大分县发起的，旨在致富农民、致富地方农业的创意运动。大分县位于日本西南部，由于境内多山地，自然条件差，人口流失现象非常严重。1979 年平松守彦上任知县伊始，就到县内各地视察。所到之处尽是“我们村里没有资源”、“我们没有学校”、“道路条件太差”等叹息声。平松守彦认为，无论怎样抱怨都摆脱不了贫困，于是提出将一个村子或一个地区注重生产一种值得骄傲的东西，“无论什么都行，开发成在全国以至全世界都能叫得响的产品”。这就是著名的“一村一品”运动的开端。

大分县开展“一村一品”运动 20 多年后，县内共培育出有特色的产品 306 种，总产值高达 10 多亿美元。其中产值达到 100 万美元以上的有 126 项，产值达 1000 万美元以上的有 15 项。人均收入在 1994 年达到 27000 美元。全县面貌发生巨大变化，成为一个生活安定、环境优美、经济发达的国际化都市。“一村一品”运动不仅在日本国内，在世界上也引起广泛关注。韩国、法国、英国、美国和俄罗斯等国家，都与大分县在互惠互利的基础上进行了交流。美国洛杉矶制定了“一村一品”节，路易斯安那州开展了“1K1P”运动，印度尼西亚也推出了“东爪哇一村一品”标记的咖啡[②]。

发展“一村一品”的关键在于能够充分利用当地的资源优势，改善农业生产的基本条件，优化配置土地、劳动力、环境资源，生产出具有特色的，高性价比的农产品。其最终目的是：“实现农民共同富裕，缩小城乡差别，保证社会稳定。”

① 引自 2010 年 3 月的《农业部关于一村一品的指导意见》。

② 资料来源：“开展“一村一品”运动 推进新农村建设”，引自 http://www.ycdxnet.cn/yingchengxk/ShowArticle.asp?ArticleID=441。

2006年，我曾经在四川彭州做过蔬菜市场问题的研究工作。彭州是四川省的蔬菜主产区，全县60%以上的耕地用于种植蔬菜。当地农民的收入相当可观。批发商从农民手中收购了蔬菜以后，找人清洗、包装，并在每个蔬菜包里放上6只冰瓶，卡车外面包上棉被和稻草包，这些蔬菜可以南方运到海南，北方到哈尔滨，西北是乌鲁木齐，西南到拉萨。彭州蔬菜一村一品之所以成功，与地理位置很有关系，彭州距离成都只有50多公里，成都本身就是彭州的巨大蔬菜市场。同时，彭州刚好位于我国地理上的中央位置，到最东、最南、最西、最北的距离基本相当，平均运输时间为3天，在蔬菜的保鲜期内。优势的地理位置造就了彭州的特色蔬菜产区（图3-5）。

图3-5　彭州批发市场准备外运的蔬菜

特色产区与农产品流通是相辅相成的，因为在同一个地区集中生产同类产品以后，供应数量增加，专业化程度高后，农民生产技术提高很快，产品质量会越来越好，数量和质量推动了市场知名度的提高。

我们举一个安徽省萧县胡萝卜的例子。在一个不起眼的乡镇拥有全国著名的胡萝卜市场，如果我们不是亲眼看到，可能难以想象。2007年，我去安徽省萧县调查，县农业局的领导非常热情，执意要带我去看他们胡萝卜批发市场。

萧县种植胡萝卜历史悠久。萧县胡萝卜是华东地区种植面积最大，品质最好的产地。全县农民有栽培胡萝卜的丰富经验。1998年以来，胡萝卜的种植面积逐年扩大，2006年全县胡萝卜的种植面积达5500多公顷，产量为240000吨。总产值达1.5亿元。萧县的胡萝卜主要分布在孙圩子镇、丁里镇、杜楼镇、组楼镇、王寨镇等乡镇，其中孙圩子镇胡萝卜种植最集中。

孙圩子镇种植胡萝卜有50年的历史。附近山上有野生胡萝卜品种。本地的胡萝卜品种是长期由野生和人工栽培品种杂交选育而成。孙圩子镇的胡萝卜色彩鲜红，在20世纪80年代以前，这里的品种不外传给其他地方，近年来逐渐引进国外品种。

胡萝卜的种植面积逐年扩大。从1995年的330公顷增加到2006年的1467公顷。孙圩子镇有条大沙河，属于黄河故道。这里种植胡萝卜采用以饼肥为主的有机肥，土壤和气候也适合，种植出的胡萝卜非常漂亮。

图3-6 安徽萧县批发商清洗胡萝卜

由于萧县胡萝卜品质好，产量大，所以萧县拥有华东地区最大的胡萝卜批发市场。在胡萝卜上市的季节，江苏、河南、山东等省的胡萝卜都集中到这个市场来交易，采购的批发商来自全国各地（图3-6）。

一村一品可以使当地的自然禀赋优势得到充分发挥。农产品特色产区一般是根据自然禀赋来形成的。譬如，前面我们提到的砀山良梨镇的砀山梨的品质特别优良。因为，良梨镇原来是黄河的故道，沉睡在土壤下面的是多年黄河河床，几百年沉积下来的腐殖质，使得土壤特别肥沃，加上河床上沉淀大量的沙子，增加土壤的透气能力，非常适合梨树根部的发育。内蒙古武川县种植马铃薯的自然条件非常优越。当地全部是沙质土，生产的马铃薯表皮非常光滑干净，迎合现代消费者干净厨房的要求。加上内蒙古地区气候偏冷，马铃薯种植时间长，昼夜温差大，使得马铃薯积累丰富的淀粉和蛋白质。这些优势在其他地方难以获得。

气温优势也是形成农产品特色产区的重要条件。海南省位于热带，适合于在春冬季种植西瓜。西瓜的成熟与气温有密切联系。因此，从每年的 11 月到第二年的 5 月之间，海南西瓜分别在海口、文昌、琼海、万宁、三亚和东方形成了连续的集中供货时间，每年 10 月海口西瓜上市，11 月文昌，12 月琼海和万宁，1 月三亚，2 月东方，3 月转移到万宁，4 月琼海，5 月文昌，6 月海口。

三、全国高速公路网络形成

我国人口和消费能力中有很大部分集中在北京、上海、广州、武汉、成都和重庆等城市。生鲜农产品讲究的是"鲜"，保鲜期很短，特别是目前冷链运输还没有得到普及的前提下，农产品采摘下来后，需要尽快地从产地运输到消费地以缩短采摘到食用之间的时间间隔。自从 1988 年我国第一条高速公路沪嘉高速公路建成以来，我国高速公路总里程已经达到 6.5 万公里，居世界第二位，仅次于美国。全国高速公路网络的形成，极大地减少了货运时间。高速公路每小时可以达到行速 100 公里，3~5 天内新疆葡萄、海南杧果和荔枝等水果就能够通过高速公路运输到全国各地，特别是北京、上海和广州等大型消费市场。如果没有高速公路网，难以想象采用卡车运输的方式能够将生鲜农产品转运到全国各地。

四、农产品产供销一体化配套体系形成

如果你到我们前面提到的农产品集中产区去看一下，就会惊奇地发现这些地区的产前、产后配套设施相当完整。我们以湖北省长阳县火烧坪的蔬菜为例。火烧坪隶属湖北省西南部长阳土家族自治县，地处美丽的清江中下游，地势垂直高差大，从海拔 48.7 米到 2259.1 米。坐车盘山上去，接近山顶处的时候，眼前出现了大面积蔬菜种植区，这里蔬菜的特点是反季节，每年 7~9 月份收获，大部分的蔬菜都是种植在坡度等陡峭的山上。山坡上种菜还可以，但没有公路怎样把菜从山上运下来就成了问题。不着

急，这里有专业化的背菜工，这些工人背着箩筐，为客户一筐一筐地把蔬菜从山上背下来。批发商的卡车就等在山下的路旁。他们从农民手中买下蔬菜后，运输到加工厂，这里有很多工人洗菜，整理，然后装袋，再进入冷库，等候客户采购。村里有专业的运输车队，随时可以代理客户运输。加上这里的批发商为顾客提供住宿和伙食，一些外地客户可以从开始收获蔬菜住到蔬菜收获季节结束，一直住在山上做他们的业务。一条龙服务，使得火烧坪的蔬菜可以非常便利地同全国市场链接起来（图 3–7）。

图 3–7 湖北火烧坪的背菜农民工

类似与火烧坪的配套服务设施，在全国所有的农产品集中产区都可以找到。

五、农民专业合作社的快速发展

截至 2009 年 12 月底，我国共有农民专业合作社 24.64 万家，比 2008 年底增长 122.2%；实有入社农户约 2100 万户，占全国农户总数的 8.32%。农民组织化程度的提高，突破了我国农民种植规模小的局限性，这样超市才可能大规模的集中采购农产品。

六、农超对接获得的成功经验

那些第一个“吃螃蟹”的超市家乐福、麦德龙、沃尔玛、物美和家家悦等，引进农超对接采购模式所获得的成功，极大地刺激了其他超市开展直采行动。媒体的报道、研讨会的交流使超市间成功经验的信息传播速度增快，一旦发现其他对手能够采购到性价比更好的农产品，为了保持并扩大竞争优势，超市便会积极学习、进行模仿并结合自己实情加以创新。

七、政府的积极政策

“农超对接”跨越政府的两个行政管理部门——商务部门和农业部门，这两个部门都在积极支持农超对接，而且在“农超对接”上，两个部门配合相当协调，对“农超对接”的发展起到了巨大的推动作用。

八、农民专业合作社有极大的兴趣

“农超对接”可以为农民专业合作社带来相对稳定的市场，给予他们比较好的价格，使得他们非常愿意同超市合作。对于一些有眼光的农民专业合作社的负责人来说，他们更加注重于品牌效应。农产品进入超市不仅是对他们产品的认可，也有利于对农民专业合作社及产品的宣传。

九、农超对接带来多赢

一件事情之所以成功，往往是它能够为众人带来利益，用现代的时髦话来说就是因为能够“双赢”或者“多赢”。

罗杰·费舍尔（Roger Fisher）是美国的著名的谈判专家，他在《理性之外的谈判》一书中，从谈判的角度来分析什么叫做双赢。罗杰认为，做生意总离不开谈判，谈判成功与否需要用三个标准来加以衡量。首先谈判的结果应该是一个明智的协议，符合双方可能有的合法利益，有持久性。第二，它应该改善（至少不伤害）双方的关系。第三，它应该是高效率的。因此双赢的意义在于：①在结果上双方都觉得自己赢了，至少没有人觉得自己输了；②双方都对对方感觉良好，有再次合作的意愿。归根到底就是，最成功的谈判是双赢的谈判，双方对谈判的结果和感觉方面双方都觉得满意。

农超对接的参与者包括政府、超市、农民专业合作社和农民四方，我们发现农超对接之所以能够为很多人接受，是因为四方都“觉得自己赢了，至少没有人觉得自己输了”。

从政府的角度来看，当前，我国政府急于解决三农问题，农产品销售问题和农产品的食品安全问题。农超对接通过优化我国农产品供应链，充分发挥市场在资源配置中的基础性作用，优化结构来提高和增加农民收入，提升农业生产技术和基础设施，提高农业生产者的组织能力，改善农产品的食品安全和品质。农超对接当然值得政府来支持和推动。

同政府相比，超市目标更为明确，因为他们在市场中要生存就必须面对“利润”的检验。“农超对接”为什么被我国很多超市所青睐，是因为：①随着我国超市在十多年的时间中快速的发展，超市的竞争压力不断增强，超市与超市，超市与农贸市场商圈的重叠，促使超市必须找到性价比更高的生鲜农产品资源来提升竞争力；②我国食品安全法颁布，超市经营生鲜农产品的责任和风险越来越大，要想知道谁在生产农产品、用什么样的投入品生产农产品的最好的途径是抛开中间环节，直接采购农民的产品；③节约上架时间，提高农产品的品质，特别是生鲜农产品的新鲜度；④受政策的鼓励和支持。

对于农民专业合作社来说，合作社成立时间不长，新生的合作社在引导社员农民走组织化道路，不仅自己经验不足，吸引力也不够。通过参加“农超对接”：①农产品可以卖更好的价格；②获得相对稳定市场；③提高管理能力和生产技术；④获得政府部门的政策与资金支持。

对于农民专业合作社的社员来说，经历30多年市场经济浪潮的拍打，虽然学到了一些游泳经验和技巧，毕竟个人力量单薄，市场变化莫测，同经验相比，市场失败的教训印象更加深刻。农民社员也希望合作社同超市合作，提高自己产品的销售价格和有相当稳定的市场。

第五节　农超对接的经济分析

毛泽东曾经说过，“感觉到了的东西，我们不能立刻理解它，只有理解了的东西才更深刻地感觉它”。我们做“农超对接”，不仅要“知其然”，而且更要“知其所以然”。

我们农产品生产者同超市合作，除了要了解超市通过这种模式可以采购到更加优质和安全的农产品以外，还需要知道超市做“农超对接”可以在什么地方获利。这就需要从“农产品供应链”的角度进行考虑。农产品供应链是指，“把农产品从生产开始到消费者餐桌为止所经过的生产、收获、出售、加工、包装、储藏、物流配送、批发、零售的各个环节看作是一个整体，一根链条。简而言之“从田头到餐桌”。国家标准物流术语对供应链定义是：“生产及流通过程中，涉及将产品或服务提供给最终用户活动的上游与下游企业所形成的网络结构”。简单地说我们可以把农产品供应链看成是一条河流，农产品的生产、加工、流通、批发和零售就是一条河上的不同水域。农产品就如同小船一样，它们首先进入上游的生产水域，然后驶进加工水域，再到批发水域，经过批发和零售水域以后，到达最终消费者手里。因此，农产品供应链可以分成上游、中游和下游。

在农产品供应链的这条河流上，除了农产品可以流动以外，金钱和信息也能够流动，只是朝着相反的方向。譬如农民把他们的生猪卖给屠宰场，生猪屠宰之后，猪肉被卖到农产品批发市场，然而又被卖到农贸市场，最后，分割过的猪肉再卖给各个消费者。这个过程是从农产品的上游流向农产品的下游。相反，金钱是从下游流到上游。消费者买猪肉，把钱给肉摊，卖肉的人为了买进猪肉，需要把钱交给屠宰厂，屠宰厂把钱交给农户。信息流指得是供应链上的商品信息和价格信息，它们也在供应链上流动（图 3-8）。

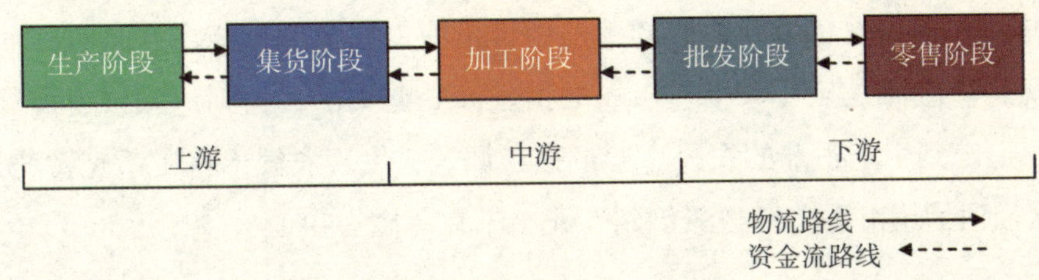

图 3-8 农产品供应链示意图

我们的读者可能会问，这同农超对接有什么关系呢？别急，请听下面的故事。

北京的物美超市在农超对接方面做得相当不错。如果我们到物美超市，发现这里的蔬菜不仅价格便宜，而且非常新鲜。很多顾客走很长的路来物美超市购买蔬菜。为什么物美的菜可以做得这样好？物美超市卖场生鲜蔬果科长张铭告诉我们，物美采用农超对接以后，“省去了供应链上的不少中间环节，从而降低了物流成本。物美在山东、京郊、河北、内蒙古等地都有农超对接的蔬菜基地。通过这些基地采购西葫芦、长茄子、尖椒等蔬菜，价格经常低于批发市场价 40%。”

物美董事长吴坚忠曾经为我计算过农超对接是怎样削减成本的。吴董事长以他们采购的山东反季大棚蔬菜为例，如果山东蔬果通过传统渠道进入北京超市或农贸市场，一般需要经过“农户、地头经纪人、山东区域批发经纪商(或区域集货市场销售)、北京批发经纪商(或批发市场销售)、农贸市场商户(或超市供应商)、超市卖场和消费者”，这样一条或多条长长的供应链，不仅导致蔬果成本层层增加，商品损耗不断增加，而且在经历了多次装车、配货、卸车、改包装等过程后，从采到市场时间可能远超过 48 小时，商品鲜度和品质还可能出现明显下降。“农超对接”使得物美可以直接去山东农户的田头采购，节约了成本和时间。

下面我们用图示说明农超对接前后农产品供应链之间的差异。

在没有采用“农超对接”以前，超市购买的农产品需要经过：①农村经纪人；②产地农产品批发市场；③消费地批发市场；④超市农产品供应商以后，才能到达超市手中。我曾经在 2008 年在河南省做过超市采购链的调查。我去超市问他们的番茄由谁供应的，拿到供应商联系方式后，了解到供应商是从一家批发市场的批发商处购买的，再到这家批发商处，最后追踪到生产番茄的农民。通过这项调查，发现农民出售 1 千克番茄是 2 元，到了超市手中已经涨价到 5 元 1 千克（图 3-9）。

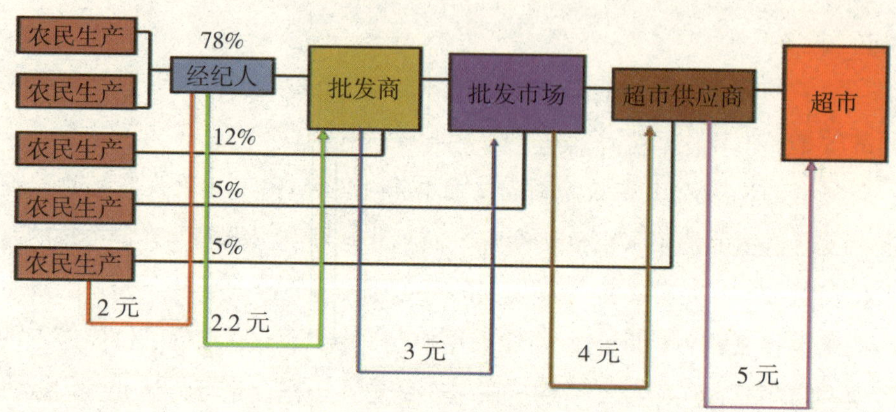

图 3-9　农民出售番茄到超市为止的价值链

然而，超市通过传统的方式采购农产品，农产品从田头到超市的时间也非常长。上述的调查发现，农民把番茄采摘下来，通过各种中间环节到超市已经是 3 天以后了。因此，不少人抱怨超市经营的蔬菜不新鲜还是有道理的（图 3-10）。

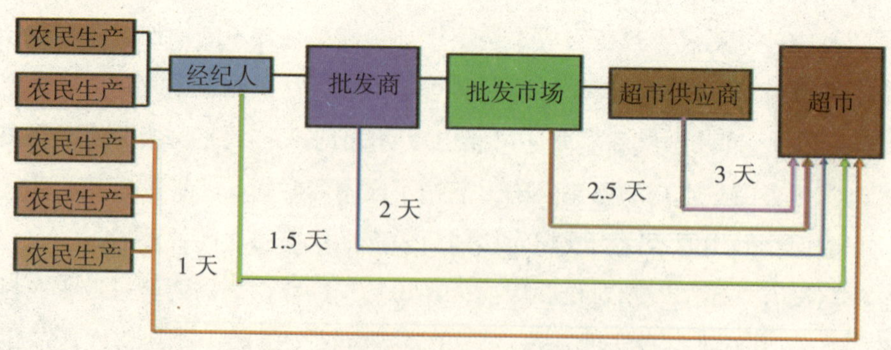

图 3-10　番茄从采摘到进超市的时间

采用了“农超对接”的农产品采购模式以后，超市就不再需要经纪人、批发商和超市供应商等供应链上的中间环节了，取而代之的是农民专业合作社或者产地的农业产业化龙头企业。超市通过农超对接的新模式采购农产品，平均可以节约 20%~30% 的采购成本。有人会问：“胡教授，你怎么知道超市可以节约这么多采购成本？”其实，为了了解节约多少成本，我曾经问过多个超市的负责人，包括物美超市的吴坚忠董事长，山东家家悦的王培桓董事长兼总经理，北京超市发超市的李燕川总经理和家乐福全国生鲜采购总裁赛伯先生。调查了这么多的企业家，应该说数据还是相当可靠的。

又有人会问：“胡教授，你前面说农超对接是多赢，超市节约了这么多采购费用，农民得到什么好处，还有消费者呢？”不着急，我还没有讲完。“农超对接”可以使超市节约 20%~30% 的采购成本，对于节约成本不同超市有不同做法，大部分是反馈给农民和顾客。譬如，家乐福超市把其中的部分，10%~15% 返还给农民专业合作社，增加农民收入，其余部分超市用于降低产品的售价，吸引更多的顾客。合作社和农民多拿到了 10%~15% 的利润，超市吸引到更多的顾客，做好生意。各种参与者获得多赢而皆大欢喜。（图 3-11）。

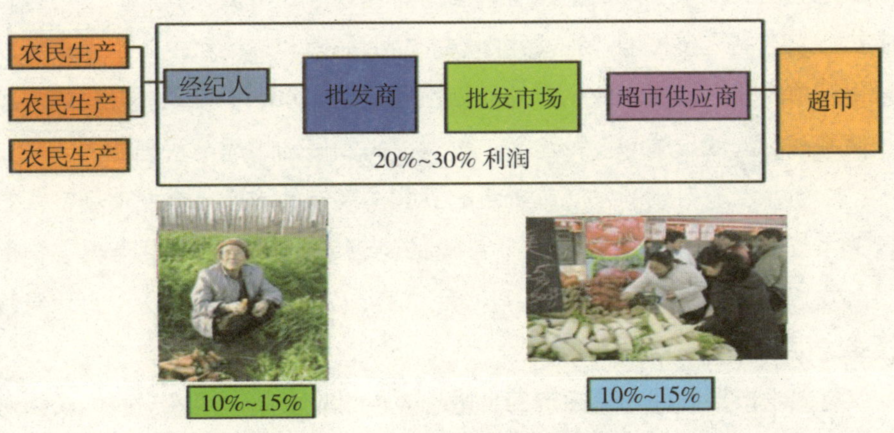

图 3-11 农超对接的盈利分配模式

有人会问：“超市真的这么傻，辛辛苦苦赚来的钱，自己不放进口袋，反而拿出去撒钱？”其实不然，超市经营者不比我们笨。为什么？大部分超市经营生鲜农产品是为了“吸客”。做“农超对接”提高农产品的新鲜度，保证了品质，降低了价格，把这些好处给了顾客，更多的顾客进了超市的门，客流量增加，超市就挣钱了。而且把盈利反馈给农民，也是超市承担社会责任的表现。

第六节 农超对接的意义

虽然目前已经有很多超市、合作社和农业产业化龙头企业正在做农超对接，但据我了解并不是所有的人都掌握农超对接的意义所在，以及在新形势下我们怎样改变自己的战略定位。

在我国农超对接的最重要的意义就在于对农产品流通模式进行创新，这种新模式可以减少农产品流通的中间环节，降低农产品物流成本；可以监控农产品的生产与流通，使得农产品更加安全和实现农产品可追溯性；可以把利润反馈给农产品生产者，提高农民收入；可以在农产品生产过程中执行农产品质量标准，提高我国农产品的品质和标准化生产水平；可以采用订单农业，提高农业生产的计划性和信息化水平；可以提升我国农产品储藏和物流的设施与设备水平；可以提高农民的组织与管理能力。

然而，农超对接的发展是否影响到我国现有的农产品批发市场？我想这关系到很多参与者，包括批发市场的经营者，政府的批发市场主管部门。我想说的是：“农超对接”势必促进我国农产品批发市场功能和经营模式的提升。

有次吃饭，我同物美超市的吴坚忠先生讨论农超对接。当我们谈到对批发市场影响的时候，吴先生说：“我们不是不要批发市场，而是批发市场难以满足我们超市的需求。如果批发市场可以满足我们的要求，为什么超市还需要花很大的力气去做‘农超对接’？”

我有一个研究我国批发市场的科研课题。我让一位博士生去北京郊区调查产地批发市场的设施和设备。他回来后非常失望地对我说：“胡老师，批发市场哪有什么设施和设备。批发商把卡车开进来，缴20元，东西卖完就开走了。市场上有个小冷库，现在也没有人去用。批发市场与农贸市场没有区别”。我的博士生反映的情况是属实的，因为目前我国农产品批发市场大部分还是“对手交易”。虽然农产品批发市场可以起到集散的作用，满足产地农产品销售，消费地城市居民购买农产品的需求，但是，这种对手交易的方式效率太差。因为所有进市场出售农产品的人都希望卖出好的价钱，进市场购买农产品的人都希望买到好价钱的东西。买家与卖家要看货，要讨价还价，浪费大量的时间。生鲜农产品由于受交易时间的影响，质量下降，浪费增加。

我国农产品批发市场也曾经打算引进发达国家批发市场的拍卖机制，因为拍卖不仅效率高，而且可以提高农产品交易过程的透明度，增加公平率，也免除了进批发市场做买卖的人经受晒雨雪之苦（图3-12）。然而，除了云南花卉拍卖市场以外，基本上都未能成功地引进农产品拍卖模式。主要原因还在于我国农产品标准化水平不够，没有标准化的农产品，难以实现拍卖。

图3-12　荷兰批发拍卖市场的舒适环境

“农超对接”正在逐渐地解决我国农产品的标准化问题。谁来做？超市需要按照标准收购“农超对接”合作伙伴的农产品，作为生产者为了把农产品卖给超市，必须依照标准化进行生产、加工和包装。超市是我们农民进行标准化生产的老师兼顾客。因此，随着“农超对接“范围的扩大，农产品标准化也将获得推广和普及，从而为实现农产品拍卖制度创造条件。

若批发市场能够推出农产品拍卖模式，很多超市就可以避免直接采购中的很多麻烦，集中精力做好自己的主营业务，关键在于农产品批发市场的经营者必须要经历从“地主”向“经营者”的转变，或许这是一个质的飞跃。政府主管部门思维方式的转变也是不可缺少的。

第七节　谁最适合做“农超对接”

这应该是本书读者最感兴趣的问题。从2007年以来的3年间，我每年需要在全国各地做很多次与“农超对接”有关的演讲。演讲结束后，一些听众会走过来同我聊聊，提些问题让我回答。其中最多的就是“具备什么样的条件才能够做农超对接”。因此，写这本书是无法避免这个问题的。

凡是有能力的农产品生产者都可以做农超对接，这是明确无误的。然而，从带动农民致富的角度出发，重点还是推荐农民专业合作社。

一、必须是“真正”的农民专业合作社

前面我们提到，“农超对接”作为一种新型的农产品采购模式，为越来越多的超市所接受和引进。面对“农超对接”不断扩大的商机，也出现不少的“翻牌”的农民专业合作社。所谓“翻牌”就是一些公司借助于注册登记农民专业合作社门槛较低的机会，他们找了几个农民注册成为“农民专业合作社”。其中不乏是原来超市供应商。

翻牌的合作社与由农民自己组织的合作社容易混淆，鱼目混珠的合作社并存并不利于“农超对接”事业的发展。“农超对接”的重要利益点是为农民合作社提供相对稳定的市场，从而给初生的合作社有更多的发展机

会。但是，同由“面朝黄土背朝天的农民”组织起来的合作社相比，已经“成功”的公司具有雄厚的资金，灵活的经营头脑和牢靠的关系，在加工、运输、设备与设施等方面有明显优势。“真正”的农民专业合作社在平等的条件下难以同他们竞争市场。若“农超对接”的市场被“翻牌”的农民专业合作社占有了，“真正的”农民专业合作社产品进入超市就更加渺茫。

从经济利益的角度来看，我见到的绝大多数“翻牌”的农民专业合作社虽然口头上说得非常好听，实质上还是以“老板”利润最大化为营运目的。虽然，有些这类合作社还名义上搞所谓的“二次分配”，优惠价格采购等，由于博弈能力不对称，单个农民面对有组织的企业，总是吃亏。人家账簿不拿出来，你怎么知道是否盈利，盈利多少?

从超市的角度来看，超市引进农超对接模式的宗旨之一是缩短农产品采购链条，降低采购成本。他们同“翻牌的”农民专业合作社合作，特别是城市内的农产品供应商合作，实质上没能够实现采购模式上的创新，没有任何实质性的意义。超市的采购并不是单纯的买卖，背后还存在错综复杂的“人际关系”。因此，在超市上层积极推进“农超对接”的时候，不可避免的会遇到来自于各方面的阻力。“农超对接”不仅对于农民专业合作社，对于超市也同样面临各种各样的挑战。为了给我们的读者增加感性认识，下面举个例子。

从事农产品供应链和超市市场问题的研究已经很多年了，期间结识了不少业内的朋友。有次同一位超市供应商朋友喝茶，他告诉我他的公司已经开始同超市做农超对接了。我顿觉惊奇，因为这家龙头企业早在20世纪末已经是超市供应商，在北京业内有相当高的知名度，可以说凡是北京大超市都有其产品，年销售金额早已超过一个亿。这个金额对于经营生鲜农产品的企业来说已经相当可观。

我问：“你们公司为什么要加入‘农超对接’，你们不早就是超市供应商了吗？”

这位经理朋友说，“听超市内部人透露，超市要扩大‘农超对接’的采购比例，如果我们现在不抓紧，将来有可能把这块市场丢了。我同政府部门的人很熟，参加‘农超对接’，除了享受免税优惠外，还有可能拿到政府的扶持项目。项目虽然不大，年二三十万还是有的，总比没有强。”

这位朋友确实有远见，我心中暗暗佩服。接下我故作不知问道：“你们是公司，怎样能够注册农民专业合作社？”

经理说，“那不太容易了嘛。我们本来就向郊区农民采购蔬菜，找上4个农民，请吃一顿饭，把他们身份证要过来，到工商等有关部门注册就行了。具体的业务是我部下运作的，就不十分了解了。”

有次会上遇到一家外资超市的高层经理，有位外国老总告诉我，他突然发现他们超市原来的很多农产品供应商一夜之间都变成了“农民专业合作社”，这家超市农产品“农超对接”的比例剧增。这家外资超市做事还较认真，针对这种情况特地聘请了几名专家，对“农超对接”合作社逐一审核。弄清楚情况以后，有好几家“翻牌的”农民专业合作社被请出去了。

我也有幸参加了超市组织的农民专业合作社的调查。在调查过程中发现不少问题。譬如，调查到一家江苏省的合作社时，我问，“你们有没有合作社的账本？”。合作社社长（公司董事长）说，还没有建立。“合作社是否按照农民专业合作社法的规定，把60%的盈利返回给社员农户”。“返回了”。“年终结账时返回的？”“不是，我们以高于市场的价格收购社员的农产品，其中包括盈余返回给社员农民部分”。“具体返回多少？”“我不清楚，需要问会计，今天会计出差，不在公司里”。还有一些被调查“合作社”的账簿上记录的是负盈利，他们怎么会给农民社员返回盈利。虽然是负盈利，老板开的是宝马车。

有次在广东省寻找适合做“农超对接”的农民专业合作社。经人介绍，来到一家经营菠萝的“翻牌”合作社。社长肥头胖脑，大腹便便，西装革履，手上的钻石戒指至少有5克拉。我对他说，需要找“由农民组织的”农民专业合作社。他倒也挺认真地，对我说，“我就是农民，你看我是农民户口”。看他这个样子，至少20年没有下地干过农活，他也算“农民”？这是户籍上的农民，而不是种地的农民。

二、组织起来的农民

如果有读者问，我是农民，真正的种地的农民，我能够做农超对接吗？我们的回答是可以，这是必要条件，但不是充分的条件。我们这里强调，农超对接的对象是“组织起来的农民”。大家都知道，我国人多地少，农民人均耕地只有 1.3 亩。如此有限制的耕地面积，单个农民家庭无论是种什么，都难以满足超市采购的数量需求。

农民同超市合作截然不同于把农产品卖给经纪人或者批发商。把农产品卖个经纪人或批发商的方法很简单，有什么卖什么，只要价格被双方接受，让他拉走就可了。同超市做生意是不行的。因为超市采购以后，需要立即配送门店立刻上柜出售。超市人手少，无法对采购的农产品进行分拣、包装。因此，做农超对接的时候，超市会要求合作社对自己的农产品进行，分级、加工、包装和配送。少数几个农民是无法完成这些工作的。

怎么办，就借助集体的力量。成立农民专业合作社以后，组织起上百户，甚至上千户农民。组织化以后，我们不仅可以在数量上满足超市采购数量要求，而且也可以在合作社社员之间进行合理分工，有管理能力和经营头脑的人负责经营，懂得营销的人负责市场，精通种植技术的人做质量管理，合作社的加工车间，运输部门也需要很多的劳动，社员可以在生产时间之余参与各项工作。农民专业合作社内部的集资也有同样的意义。社员农民可以把剩余资金拿出来作为股份投入合作社的公共设备和设施建设，建造包装车间、冷库。这样就更加容易引进农超对接了。

目前，还有不少人对农民可以办好农民专业合作社没有信心，其中包括部分基层干部，他们认为农民是一盘散沙。持有这种观点也有原因。因为他们长期在基层工作，对农民情况相当了解。然而，经验主义还有失误的地方，他们忽略了一个重要的事实，“比较利益”是把农民组织起来的最好的手段。如果农民知道参加农民专业合作社可以比不参加赚到更多的钱，我相信他们中间的大多数会选择参加合作社。我们来举一个安徽省砀山县良梨镇农民专业合作社例子作证。

良梨镇鑫泰果业农民专业合作社是第一家同家乐福实现对接的合作社。2007 年的 10 月，经过长期的准备，良梨镇合作社把第一卡车的砀山梨送进了上海的家乐福超市。由于砀山梨口感和品质极好，价格合理，25 吨的砀山梨仅仅用了 4 天的时间就被销售一空。家乐福给良梨镇农民专业合作社开出第二张订单。1 个月后，良梨镇的砀山梨又直接进入北京的家乐福门店。从此以后，良梨镇农民专业合作社需要每周发 4 卡车的砀山梨到上海和北京的家乐福，每周需要供货整整 100 吨的砀山梨，这个巨大的市场一直延续到 2009 年的 5 月。良梨镇农民专业合作社原来只有 100 多户的社员，巨大的超市需求促使合作社不断地扩大规模，到了 2009 年年底，良梨镇农民专业合作社的社员已经扩大到 6000 多户（图 3-13）。

图 3-13　安徽砀山良梨镇鑫泰果业农民专业合作社

三、产品具有竞争优势

产品的竞争优势指的是"性价比"。用公式来描述的话就是"品质优势 × 价格优势"。有读者会指出，品质与价格不是同一样东西，怎样能够相乘呢？其实并没有错。超市是很有经营头脑，他们出来做"农超对接"，选择合作对象的时候，势必要把合作社进行比较，看看同谁做更加合适。价格对于超市是生命线，他们不可能忽略。

顾客是超市的上帝，顾客的需求就是超市的采购和销售农产品的标准。对于消费者来说，不仅价格，产品品质也非常重要。随着我国消费者收入的提高，很多顾客在超市购买农产品的时候，第一个关心的是产品的品质好坏，而不是价格。一次我去沃尔玛超市购物，看到一位年轻人，把一盒一盒的有机农产品往手提筐里装。我很惊讶，有机农产品的价格是普通农产品的 4 倍，竟然不眨眼就买下来了。我走上前去问这位青年，"你不嫌有机农产品贵？"他的回答是："只要产品好，吃得安全，贵一点没有关系，家里两个人吃得不多"。确实，同一些发达国家，特别是欧美、日本相比，食物同收入比较起来，价格并不太高。对于我国中产阶级来说，他们更加倾向于选择优质优价的农产品。如果 1 斤普通马铃薯的价格是 1 元钱，优质马铃薯是 1.5 元，很多中产阶级会选择 1.5 元的，绝对不会计较 5 毛钱的。关键还在于质量一定要好。建立起品牌更可以卖出好的价格。

四、农产品生产过程的监管能力

在农超对接中，农民专业合作社仅仅帮助农民解决销售问题是不够的，更重要的是利用组织化的优势，对社员农民的生产过程进行监督和管理。前面我们也介绍了，进入 21 世纪以后，食品安全已经成为举国上下关注的一件大事情。食品安全问题的根源在于投机心理和农产品生产者规模小、人数多政府部门难以对其进行有效的监管。这个问题不仅仅在我们国家，在发达国家的早期，也曾经出现过。

有次坐出租车，坐在旁边的驾驶员很年轻。在聊天中，他告诉我，他的妻子已经怀孕了，他喜忧参半，喜的是马上要做爸爸了，忧的是非常难找到放心的蔬菜给怀孕的妻子吃。驾驶员怕妻子吃了含有农药的蔬菜会影响到胎儿的健康。驾驶员对农业生产技术还是有些了解的。他对我说，“现在农民用药可狠了，特别是夏天，隔两三天就在蔬菜上打农药，即使两三天后要上市场，上药还是不停。我绝对不敢在农贸市场买蔬菜”。

“那么，你上哪儿买菜？”我问道。

“我上朋友家里”，他回答，“有朋友的朋友自家种菜自家吃，不上农药，我就每周二三次到他们院子里摘些菜回家给妻子吃。”

2006年，我曾经在西部地区的一个养猪大县调查。农民给我说了实话。他告诉我，现在饲养的国外品种猪，虽然长得快，但容易得病，弄不好就得死亡，损失惨重。因此，他在配合饲料上要再加抗生素如土霉素或禁用的氯霉素。这些药物便宜，每吨饲料加上1~2千克的抗菌素。我知道，一些小的饲料加工厂在做饲料的时候，已经添加了抗菌素，显然两次添加势必超过国家规定的比例。

农民这样做，为了什么？当然是为了减少自己的经济损失，但这危害了消费者健康。我问他，政府部门是否来查？他说，我们村里有上千家人，几个村干部怎么忙得过来。我再问他，你自己吃不吃这些猪的肉？

“绝对不吃”，他说，“我自家留了两只猪，全部用粮食喂的，需要长12个月才能杀，烧起来味道可香了。”

如果我们把施过农药的菜，喂过量抗生素的猪卖到传统市场，一般没有人管，即使想管，检测成本也太大，时间上也难以实现。一份蔬菜的快速检测需要20多分钟，成本20多元。但超市不一样，他们责任越来越大，因此，参加农超对接的农民专业合作社是有责任对社员农民的生产，特别是安全性进行监管。

提高农产品的质量安全也是超市开展农超对接的主要原因之一。食品安全法经十一届全国人大常委会第七次会议通过，并于2009年6月1日起正式实施。食品安全法确立了一系列法律制度，构筑起食品安全“新防线”，对各部门的监管职责给予进一步明确，使食品安全监管的链条环环相扣。食品安全法在保护消费者的同时，也增大农产品加工和零售企业的责任。《食品安全法》第96条规定，生产不符合食品安全标准的食品或者销售明知是不符合食品安全标准的食品，消费者除要求赔偿损失外，还可以向生产者或者销售者要求支付价款10倍的赔偿金。在这里，对消费者很有利的一个保护是，只要生产或者销售了不符合食品安全标准的食品，并不要求人身损害后果，即可要求赔偿损失，并可要求获得10倍赔偿。对经营农产品的超市，无疑是增加压力。超市自己不生产农产品，因此，在选择农超对接的合作对象的时候，超市会把农民专业合作社对农户社员生产过程的监管能力作为重要的评选标准之一。超市在同农民专业合作社签订农超对接合同前，他们也会对社员农产品的种植土壤、水源等，以及产品进行抽样检测，只有合格者才与其签订合同。

五、拥有现代化商业意识

阻碍不少农民专业合作社参加农超对接的主要原因之一就是超市的付款方式。众所周知，我国在企业的财务审核方面的相当严格，对于大型超市，特别是外资超市在付款和上税方面相当谨慎。不少超市的农超对接采用银行转账的方式。这种付款方式与我国传统的农民出售农产品的“一手交钱，一手交货”的对手交易模式是大相径庭的。

在我国农村也不是除了对手交易以外就没有其他的买卖方式。譬如，有些农药商店就是通过赊款的方式把农药和化肥卖给农民。记得几年前，去安徽调查农民使用农药的情况。当时正值年末，农资商店的老板手里拿着账簿，一家一家去农民家里收款。这家农资商店为了吸引缺少流动资金的农民来家购买农药和化肥，采用先用后付的方式。东西拿走时记个账，庄稼卖出去以后，来商店付款。有些农民没有来还款，老板只能一家一家“上门服务”去收款。

我问老板:"是否有人不来还款? "。老板回答:"肯定有的，有人手里没有钱，特别是受灾，或者农产品市场价格特别低的时候。""怎么办? "我问。老板说，"让他们明年付款。做我们这一行是有一定的风险，但是，我自己进货的时候，也是采用赊账的方式。如果我的钱收不上了，我也无法给农药和化肥公司还钱。"

这就是所谓的"三角债"。农民并不是唯一的买方，他们同时也是卖方。有些时候，自己的农产品难以卖出去的时候，他们也会先让经纪人赊账，然后还钱。这种做法在 20 世纪 80~90 年代非常普遍。随后，经常有欠款不还的事情发生，给一些农民带来重大的损失。"一次被蛇咬，十年怕井绳"。现在很多农民是不愿意赊账的。"要买东西可以，拿现金来。"

有次到安徽去寻找农超对接的农民专业合作社。有个地区的胡萝卜非常出名，品质也好。找到一家农民专业合作社，交谈后，觉得符合做农超对接条件，然而合作社社长不愿意参加农超对接。他直接对我说，"我们这里胡萝卜供不应求，不愁销路。超市来合作很好，但需要付现金。我们这里的农民吃过亏，他们不拿到现金是不愿意卖胡萝卜的。虽然我是社长，但是说服不了社员，自己也没有钱垫付。"

类似于这种情况的农民专业合作社，我在 3 年中见得不少。诚然，随着农超对接逐渐的普及，越来越多的农民专业合作社愿意接受超市的付款方式，但还是存在一些坚持采用传统方式付款的农民专业合作社。

其实，对于一些知名度很高的超市是不愿意拖欠农民的钱的。一车农产品几万元，超市的名誉和信用远远大于这些钱。

同时，有些超市根据实际情况，特别是在农超对接开展初期，农民专业合作社缺乏流动资金的时候，超市会酌情考虑先给合作社部分预付款，让合作社有资金支付农民社员的产品及物流费用。

虽然超市会采用一些灵活的措施来帮助农民专业合作社解决各种困难，但是我们必须理解农超对接属于现代化的经营模式，如果我们固步自封，安于现状，不求改进，不学习新生事物的话，就会落后于社会和时代。

六、农产品初级加工能力

这里的农产品初级加工指的是农产品的分级和包装，这是农超对接不可缺少的环节。传统的农产品销售模式是从地里收获回来的农产品，大大小小、好好坏坏统在一起卖出去，价格随行就市。而超市有自己的农产品标准（后面将详细介绍），农民出售给超市的农产品必须达到标准。为此，就需要对农产品进行分级和包装。

这些工作是不能够在地头做到，因此需要有农产品初级加工的场所，有人在做分级工作，同时也需要有人对工作人员进行管理。

在商品化程度较高的地区，特别是农产品的集中产区，已经有不少企业、合作社或者经纪人在这样做了。每到10月中旬，山东苹果的主产区栖霞到处都是苹果的收购点，设施虽然简单，只有几个帐篷，一块黑板上写上收购苹果的价格，但在这些收购点聚集很多工人。收购苹果的经纪人一般做代理，他们从农民手里收到苹果以后，立即按着客户订单的要求，对苹果进行分级、装箱，然后及时地发给客户，或者直接进入冷藏库（图3–14）。

图3–14　山东农民工做苹果分级工作

可是，在一些商品化程度比较低的地方，农民虽然有很好的产品，却没有这种分级意识和设备设施。因此建议农民朋友，开始的时候可以做得简单一些，有了市场和经验资金积累以后，就可以购置设备、扩充场地，形成一个产业。我的经验是：我们的农民专业合作社在满足超市的农产品分级和包装要求的同时，也可以促进自身和当地产业的发展。

七、农产品配送能力

超市走出来向我们的农产品生产者来采购农产品，是超市的一种进步。但超市是做零售的，让它们来做物流配送，确实有些勉为其难。超市在做“农超对接”的时候，都会要求农民专业合作社自己配送，把产品从产地送到他们在各大城市的物流配送中心。

我每年需要访问很多农民专业合作社，有的合作社可以为超市配送，有的还不行。二者的差异仅仅在于经验：属于前者的农民专业合作社的负责人往往做过农产品的经纪人或批发商，他们有送货到外地市场的经验，后者则没有。

其实，目前我国物流产业已经非常发达了，全国各地都有专业的运输公司，只要找到可靠的运输公司，委托他们办理就可以执行了。但在开始的阶段，我还是建议大家最好自己或者派人跟车，做熟以后，委托驾驶员就属于日常的业务。

八、有材料证明农超对接的盈利返还农民

农超对接不仅仅是商业活动，而且也是社会活动。在农超对接活动中间，超市平均以高于市场价格 10% 购买农民专业合作社的农产品，从而使得合作社获得超过市场以上的平均利润。这些利润到哪里去了？这就成了“真实的”农民专业合作社还是“翻牌的”农民专业合作社的分水岭。真正的农民专业合作社是为了社员大众谋取利益的，他们盈利后会按照与农民社员的交易额来返还给他们。农民专业合作社的账簿就是最好的证明。因此，前面提到的，对农民专业合作社进行考核的时候，需要检查合作社的账簿，看是否已经给社员农户返回盈利了。

有人会提出异议，账簿有真有假，有些企业有两本账簿，如何判定真假？没有关系，我们在考察真假的时候，多请几个社员来，公开询问他们

是否分配到了合作社的盈利。即使农民社员当时不好意思对我们说实话，社员知道了同他们切身利益相关的事情，如果没有真正“分红”，他们以后也会找合作社的。

第八节 农超对接有哪些主要的模式

农超对接作为新型的农产品采购模式，正在为越来越多的超市所采纳，但由于各家超市的经营理念、发展历史以及竞争优势存在着差异，不同超市在“农超对接”项目上采用的模式也不同，当前农超对接呈现“百花齐放、百家争鸣”的面貌。这样的状态，使得我们有可能对农超对接进行比较、甄选、研究，从中找出适应中国国情、符合消费者认知，而且具有创新潜力的“中国模式”。

下面我们介绍几种有代表性的农超对接模式。

一、家乐福模式

家乐福超市从2007年初引进了农超对接采购模式，家乐福称之为“农民直采（Farmer Direct Purchase）”。意思是家乐福超市不通过任何的中间环节向农产品生产者采购农产品。家乐福的农超对接的核心是通过农民专业合作社来组织农民的产品。

读者通过本书前面的介绍可以了解到，进入21世纪以后，我国农业部门面临各种各样的挑战，特别是农民组织化程度较低，在价格波动、保证品质和食品安全性等方面有较大的困难。“超市+农民专业合作社+农户”的农超对接模式，为农民专业合作社提供了相当稳定的需求和优惠价格，为合作社可持续发展创造了有利的条件。

然而，我国大部分的合作社和农民还刚刚开始同现代化零售业做买卖，缺乏标准化生产意识和农产品达标率手段。因此，家乐福在直采部门专门配备了“农超对接协调员”，这些协调员活跃在广袤的田间地头，帮助合作社进行农产品质量管理。

为了提高合作社的生产技术与管理水平，从2008年开始，家乐福食品安全基金会每月在一个省举办一次“农超对接”培训班。培训对象包括农民专业合作社负责人、社员代表、负责农民专业合作社的基层干部。家乐福“农超对接”经理讲解农超对接的具体步骤和注意要点。还聘请农业技术专家讲授农产品的种植技术和食品安全技术。会后还有农民专业合作社与超市的互动活动，有举做农超对接合作社与超市采购员洽谈合作意向。到2010年5月为止，家乐福共举办这类培训班19次。

家乐福的“农超对接”在帮助农民专业合作社发展的同时，也为自己开拓了遍布全国的农超对接基地和合作对象。2007年，家乐福超市的“农超对接”项目只有两个合作伙伴——安徽砀山良梨镇鑫泰果业农民专业合作社和湖北省宜昌区晓溪红蜜橘农民专业合作社。经过3年的运行，到2009年年底，家乐福已经同220多家农民专业合作社建立了稳定的供货关系。

家乐福“农超对接”依据采购半径的不同，设计了两个采购系统，即全国农超对接采购部门和地区农超对接采购部门。前者主要采购水果和适合于长距离运输的蔬菜，譬如苹果、梨、橙子、荔枝、干果、马铃薯和反季节蔬菜等。后者则重点采购城市周边的蔬菜和当地名优水果。从采购的品种上看，开始的时候家乐福“农超对接”主要集中在水果等生鲜产品，后来逐渐扩大到蔬菜、干果、大米和杂粮类等农产品，当前正在着手做供应模式更为复杂的畜产品和水产品。

家乐福作为探索“农超对接”的超市，对我国该项目的实施起到了重要的作用：①在我国引进了一种全新的农产品流通模式：“超市＋农民专业合作社＋农户”模式；②通过遍布全国的超市终端以及强大的采购能力，把全国各地，特别是西部欠发达地区的农产品带到了发达的东部地区市场，比如新疆、海南、甘肃和云南的特色农产品；③利用自己对消费者市场的了解和渗透能力，为我国农民专业合作社的产品建立自己的农产品品牌；④为提高产品的标准化和无害化，以及推广“家乐福品质体系”，家乐福把超市的农产品标准带给合作社和农民，为我国加快实现农产品标准化作出贡献（图 3-15）。

图 3-15　家乐福农超对接基地分布

仅 2009 年家乐福通过“农超对接”模式采购的农产品达到 1.5 亿元，采购品种达到近 50 种，采购区域扩大到 17 个省市自治区，包括黑龙江的大米、山东苹果、安徽梨、湖北蜜橘、江西脐橙、新疆的葡萄以及山西和山东的大枣。

二、沃尔玛模式

沃尔玛超市从 2007 年开始做农超对接项目，近两年中间，沃尔玛的农超对接项目进展非常迅速。沃尔玛国际业务总裁兼首席执董明伦（Doug

McMillon）先生曾经在“2009年沃尔玛中国农超对接论坛”的演讲中提出：“农超对接”项目是沃尔玛中国的可持续发展战略最具代表性的可持续发展项目之一，我们将把沃尔玛全球在可持续农产品方面的经验带入中国的供应链，推动科学种植，环境保护，加强食品安全监控，最终给中国的顾客提供质优价廉的商品。可持续发展同沃尔玛对顾客的核心使命，帮助顾客节省开支，使他们生活得更好。”

沃尔玛的农超对接的特点是建立沃尔玛农超对接基地。在基地的合作对象上，沃尔玛采用两种模式，即“沃尔玛＋农业产业化龙头企业＋农民的农超对接基地模式”和“沃尔玛＋合作社＋农民的对接基地模式”。在这两种模式中，沃尔玛都负责提供销售平台和稳定持续的订单，先进的企业管理经验以及可持续发展理念。同时为合作对象提供专业的农产品种植养殖技术或资金。

针对合作社或者农民的水平参差不齐，沃尔玛在农超对接的基地建设过程中，较多地通过农业产业化龙头企业[①]为中介来同农民合作。这种做法可以充分发挥龙头企业自身的农场管理经验技术。沃尔玛的销售渠道、物流渠道等资源资源优势，帮助农民发展和提高，逐渐地改善改变小农意识和生产力水平，从而取得农业现代、农民增收、环境保护以及推动产业发展方面的效果明显。

在具体操作上，沃尔玛首先寻找符合企业发展战略的合适的农业产业化龙头企业（或合作社或农民），与之共同开发建立农超对接基地。沃尔玛对基地设立有资质和规模有如下要求。

——首先是运行时间：2年以上；拥有执照等资格证明，以及土地租赁合同、农民合作协议、食品卫生许可证等。

——其次是财务要求：要求可以提供有增值税发票，还有农产品免税

① 在提法上存在一些差异，沃尔玛把农业公司称为“农产品专业运营方”，而中国习惯上称这些公司为“农业产业化龙头企业”。本书为了让更多的中国读者便于理解，采用了“农业产业化龙头企业”一词。如果作者理解有误，请沃尔玛或相关企业或个人指正。

证明。

——第三是资质要求，要求带动农民数量大于1000人/农场；拥有专业技术人员，具有科学的管理生产体系等。

——第四是规模要求：要求蔬菜水果基地总面积应在1000亩以上，其中最小的连片面积应在200亩以上；猪的年出栏量10000头以上，牛的年出栏5000头以上；羊的年出栏20000头以上，鸡的年出栏50000只以上；鱼类、蟹类，养殖面积在500亩以上；海产类加工能力年产在5000吨以上。

沃尔玛在实施“农超对接”项目过程的核心点是：

（1）提高农民的生产力水平和收入。主要通过组织技术培训和制定程序化的种植作业管理流程来提高农民生产水平；通过控制病虫害、降低次品率、实现增产增收；推动产品质量升级（绿色升有机）增加收入；按订单种植，缓解农民销售压力；执行保护收购价，保证和增加农民收入等方面。

（2）推行可持续种植模式。可持续种植模式是指：严格控制农药化肥的使用；鼓励施用有机肥来改善土壤，活化土壤有益菌、提高土壤有机质含量；推行采用物理、生物、化学、合理轮作等科学的方法进行病虫害的防治；在农场周围建立隔离带和缓冲带，防止外界的各类污染；对空药瓶药袋、肥料袋、地膜等垃圾进行集中回收及处理，减少对周围环境的污染和破坏；建立科学的灌溉系统，节约水资源。如推行微喷灌溉技术可以节约用水60%以上，同时可以减少水土和肥料流失。

（3）食品安全控制。建立食品安全监督体系和农超对接基地自身的食品安全体系。食品安全监督体系主要指，确立“农超对接”基地准入制度、复检制度、抽样测试制度。

准入制度是指在签订合作协议前，需要对该基地的生产管理系统进行必须的质量检查，以验证农超对接基地质量管理体系的有效运作，保证其提供的农产品安全、具备良好的质量。检查需要涉及农场的种子采购、土地质量管理、水源控制、灌溉系统、采收、包装、储运、农药化肥管理、农残检验、产品追溯制度、技术支持，资格认证等所有环节复检制度是指定期对已合作的直接采购基地进行完整细致的复检工作。每次检查都产生一个对应的评级，分别是优秀、合格、有条件合格及不合格。这四个评级对应的复检时间间隔是一年、半年、三个月以及立即停止合作。

抽样测试是指对农超对接直接采购基地供应的农产品抽样检测，检测由第三方独立检测机构执行。如抽取的农产品检测结果异常，将立即对第二份对比样品进行复检 ，如结果仍然不合格，将责令整改，暂停合作。食品安全监督体系能够使农超对接基地质量管理体系的有效运作，有效提高对接基地提供的农产品安全度和质量。

从 2007 年实施“农超对接”以来到截稿为止，沃尔玛先后在 14 个省、直辖市建立了 35 个农超对接基地，面积超过 30 万亩，项目惠及 36.8 万农民。沃尔玛计划到 2011 年底，将有 100 万农民参与并受益于沃尔玛农超对接项目，沃尔玛超市内 1/3 的蔬果类产品将来自定点农场。

沃尔玛青岛平度马家沟芹菜农超对接基地是沃尔玛在山东省的第一个农超对接基地。沃尔玛采购该基地以马家沟芹菜为主系列蔬菜，包括芹菜、黄瓜、韭菜、生菜、油菜、番茄等。沃尔玛建立马家沟芹菜农超对接基地的主要原因是同青岛琴园现代农业有限公司合作来获得优质和安全的蔬菜。青岛琴园创建于 2003 年，建立了 2000 亩的生产基地，并成功地打造了以“马家沟牌”为典型代表的系列蔬菜品牌。这是一家集科研开发、基地生产、加工销售于一体的现代农业开发企业，已通过 ISO9001 国际质量管理体系认证，获得农业部无公害产品、绿色食品和有机食品认证，是青岛市和山东省名牌农产品、国家地理标志保护产品、“岛城十大商标”、山东省著名商标、全国 60 件最具市场竞争力农产品商标和中国驰名商标[①]。

2010 年 5 月 18 日，沃尔玛中国在江西省九江市建立了“黑美人”西

① 资料来源：参考 http://qingdao.dzwww.com/xinwen/jiaoqu/201006/t20100624_5673929.htm。

瓜农超对接基地。这是沃尔玛同永修县赣北"黑美人"西瓜种植专业合作社的农超对接项目。沃尔玛通过与西瓜种植专业合作社合作，从1万多亩西瓜基地中精选1500亩基地作为其农超对接基地，为当地农民提供专业的种植技术指导和销售渠道保障。预计这个项目可以直接或间接带动超过1万多农民受益。由于有了相对稳定的市场需求，西瓜合作社可以在生产过程中大力推广有机肥，实现科学化农业管理和生产，通过可追溯运作模式来生产"放心西瓜"[①]。

2010年4月27日，沃尔玛的北京平谷区夏各庄镇陈太务村鲜桃农超对接基地正式揭牌。沃尔玛通过与北京兴业源运启发果品产销专业合作社合作，精选3000亩桃园为基地。沃尔玛通过为当地农民提供专业的种植技术指导和销售渠道保障，带动周边近万户农民。大桃种植基地将为北京和周边地区的沃尔玛商场提供新鲜、安全的桃子。此外，沃尔玛农超对接项目还将指导当地农民在生产中推进环境保护，在优化产业链的同时建立起农产品可追溯体系，提高食品安全水平[②]。

自2007年起，沃尔玛中国公司与大连兴业源集团合作在金州新区大魏家街道荞麦山村建立了绿色大樱桃基地种植示范园。两公司聘请农业专家对基地农户进行技术培训30多次，带动农民1.5万人种植樱桃。

2009年，荞麦山村大樱桃种植面积扩大到3000余亩。在沃尔玛的指导下，该基地正在建立"从农场到餐桌"的可追溯运作模式。目的是让消费者吃上放心的樱桃，也使当地上万果农受益（表3-8）[③]。

① 资料来源：http://house.focus.cn/news/2010-05-18/936734.html。

② 资料来源：http://business.qianlong.com/39665/2010/04/28/3862@5685141.htm。

③ 资料来源：http://www.dlxww.com/gb/daliandaily/2010-06/11/content_3069734.htm。

表 3-8 沃尔玛农超对接基地

日期	基地名称	地点	合作对象名	性质	产品	基地面积（亩）
20100705	云南红提基地	云南大理白族自治州宾川县金牛镇罗官营村	鑫荣懋实业发展公司	公司	红提	2200
20100623	沃尔玛青岛平度马家沟芹菜农超对接基	山东青岛平度马家沟	青岛琴园现代农业有限公司	公司	芹菜、黄瓜、韭菜、生菜、油菜、番茄	2000
20100623	沃尔玛广东惠州生猪直采基地	广东惠州惠东县	惠州市东进农牧集团	公司	生猪	2600
20100622	大连油桃基地	大连市瓦房店市复州城镇八里村	大连兴业源农产品有限公司	公司	油桃	2000
20100617	江西全南县南迳镇蔬菜基地	江西全南县南迳镇	全南县高山蔬菜发展有限公司	公司	蔬菜	2000
20100613	全南高山蔬菜基地	江西省全南县南迳镇	深圳市合众农业开发有限公司	公司	蔬菜	1000
20100610	大连大樱桃基地	大连市金州区大魏家镇荞麦山村	大连兴业源	公司	大樱桃	3000
20100526	北京平谷区镇罗营镇北四道岭村鲜桃基地	北京平谷区镇罗营镇北四道岭村	深圳鑫荣懋实业发展公司	公司	鲜桃	1000
20100523	沃尔玛鄞州蔬菜直采基地	浙江宁波鄞州区	五龙潭蔬菜食品有限公司	公司	豆芽等蔬菜	31

续表

日期	基地名称	地点	合作对象名	性质	产品	基地面积(亩)
20100518	黑美人西瓜农超对接项目	江西省九江市永修县	赣北“黑美人”西瓜种植专业合作社	合作社	西瓜	1500
20100514	辽宁海城食用菌基地	辽宁海城三家堡村	食用菌合作社	合作社	食用菌	200多栋温室大棚
20100513	沃尔玛—洪家畜牧公司农超对接基地	大连市旅顺口区洪家畜牧有限公司	大连市旅顺口区洪家畜牧有限公司	公司	鸡蛋	
20100427	北京平谷大桃基地	北京平谷区夏各庄镇陈太务村	兴业源运启发果品产销专业合作社合作	合作社	桃子	3000
20091219	重庆市潼南太安赐康蔬菜基地	重庆市潼南太安赐康	重庆市潼南太安赐康蔬菜基地	公司	蔬菜	2000
20091111	沃尔玛宁波九龙湖镇蔬菜基地	浙江宁波镇海区九龙湖镇	宁波飞洪生态农业发展有限公司	公司	蔬菜	1000
20091110	沃尔玛农超对接绿色水稻基地	黑龙江绥化市庆安县	庆安县鑫利达米业有限公司	公司	水稻/大米	10000
20091110	沃尔玛贵州清镇市红枫湖镇直采基地	贵州省清镇市红枫湖镇大冲村	裕东公司	公司	蔬菜	518
20091106	沃尔玛绿色蔬菜直接采购基地	大连市瓦房店市炮台镇	大连绿嘉依农业发展有限公司	公司	黄瓜、番茄、芸豆、甜瓜、苦瓜、香菇等	9000

续表

日期	基地名称	地点	合作对象名	性质	产品	基地面积（亩）
20091105	赣南脐橙基地	江西省安远县	安远县鹤仔镇赣州王品果业有限公司	公司	脐橙	2000
20091022	通州蔬菜直采基地	江苏南通市通州区	通州景瑞蔬菜专业合作社	合作社	有机蔬菜	3060
20091021	江苏通州景瑞蔬菜基地	江苏通州区东社镇	通州景瑞蔬菜专业合作社	合作社	蔬菜	2500
20091014	安亭炬阳葡萄直采基地	上海安亭镇	安亭炬阳葡萄生产合作社	合作社	葡萄	680
20090925	沃尔玛沾化冬枣直接采购基地	山东省滨州市沾化县黄升乡	鑫荣懋实业发展公司	公司	冬枣	1500
20090911	北京密云蔬菜水果基地	北京市密云县	北京密之山水果菜有限公司	公司	蔬菜和水果	13000
20090715	沃尔玛有机杂粮直采基地	辽宁省朝阳市建平县	深圳市瑞利来实业有限公司	公司	杂粮	50000
20090703	绿色葡萄直接采购基地	大连市瓦房店市土城乡	大连兴业源集团	公司	葡萄	2000
20081216	沃尔玛绿色水果转换有机水果直接采购基地	辽宁省瓦房店市许屯镇东马屯村	大连兴业源集团	公司	苹果	5000

资料来源：作者通过资料收集编制。

三、麦德龙模式

麦德龙的农超对接理念是“能让农产品与麦德龙的专业顾客需求直接对接”。顾客需要什么，农民就生产什么，既可避免生产的盲目性，稳定农产品销售渠道和价格，同时还可减少流通环节，降低流通成本。麦德龙农超对接的经验是，通过直接采购可以降低流通成本20%~30%，从而给麦德龙的目标顾客和广大农民带来实惠。

麦德龙农超对接的特点有：

（1）加大鲜活农产品现代流通设施投入。麦德龙针对鲜活农产品冷藏冷冻设施进行投资，对部分鲜活农产品实行强制性冷链流通，降低损耗，保障质量，同时，实现降低各商场的冷藏冷冻设施投入成本。

（2）拥有鲜活农产品区域配送能力。麦德龙已经在上海和广州建立了鲜活农产品配送中心，并且发展第三方农产品物流配送等多种方式，建立与农产品生产规模及零售规模相适应的物流配送体系。

（3）提高鲜活农产品经营信息化水平。麦德龙和有条件的农民专业合作社之间建立鲜活农产品信息系统，应用了数字终端设备、条码技术、时点销售系统和电子订货系统等；建立了品类管理和供应链管理等现代管理技术，提高了市场反应能力；建立麦咨达鲜活农产品质量可追溯体系。

（4）培育农民专业合作社自有品牌。麦德龙广泛宣传和大力支持农民专业合作社打造自有鲜活农产品品牌，向专业顾客提供质量安全可靠可以追溯的农产品及加工制品，增强专业顾客对农民专业合作社鲜活农产品质量安全的信心，促进农民专业合作社鲜活农产品销售规模的扩大。

（5）调整麦德龙的生鲜商品经营结构。围绕扩大农民专业合作社鲜活农产品经营规模，适当调整麦德龙商品结构，增加鲜活农产品的销售种类，扩大鲜活农产品的经营面积，提高鲜活农产品的销售比重。通过扩大农民专业合作社鲜活农产品的经营规模，提高麦德龙中国市场竞争力。

（6）建立“农超对接”渠道。在政府流通主管部门组织下，各地各级政府农业主管部门负责组织本辖区内产业基础牢、产品规模大、质量安全优、品牌效应好、农户成员多的优秀农民专业合作社，通过定期举办专卖场对接洽谈会、产品展示推介会等形式，为麦德龙与农民专业合作社搭建对接平台。麦德龙给予农民专业合作社市场信息分享、加工包装技术咨询、运储以及价格制定等方面的技术支持服务。

麦德龙的“农超对接”主要通过麦咨达农业信息咨询有限公司（以下简称“麦咨达”）来实现的。麦咨达作为麦德龙集团成立的独资子公司，主要是保证农产品从基地、农场、加工、物流到销售符合消费者最安全的要求。对农产品从农田到餐桌的全过程进行全程质量控制，确保在整个价值链中的食品安全、质量和可追溯性。

麦咨达成立的原因是农超对接的“直采基地”建立对于促进农业产业化、保障市场供应以及增加农民收入方面具有积极意义。但是，“直采基地”模式也存在一些漏洞和不足，例如，零售企业（超市）只能在采购前期对供应商的各种生产资质、卫生状况等进行前期审核，很难对农副产品进行全程质量监控，自然无法建立食品安全的可追溯机制。

为了从源头抓好质量，麦德龙经过慎重考虑，决意自己投资成立公司，从“教农民怎么种田，怎么包装蔬菜”这些最基本的问题入手，探索农副产品生产基地的新模式。一开始这种理念和做法受到业内外不少人士的质疑，但是麦德龙却坚持认为这种“源头模式”很有意义，将有助于实现“农田到餐桌”的全过程产品质量控制及可追溯性，带给消费者更多安全可追溯的高质量产品。

2007 年，在国家商务部、安徽省和合肥市政府的大力支持和配合下，麦德龙集团在合肥率先开展了建设农副产品生产基地的探索。麦咨达依照先进的质量体系为当地农业生产组织和农户提供质量和食品安全方面的技术指导、咨询和信息服务，指导建立农产品质量可追溯体系，帮助中国优质农副产品进入海内外市场。

合肥基地的成功建立，为麦德龙探索出了一条创新道路。麦德龙开始直接从合格的农民手中直采产品。由于了解原料的来源及对生产过程进行控制，从而保障产品质量，控制了从田地到餐桌的食品安全。麦德龙还向顾客提供关于所购买产品的信息，使顾客买得放心。截止到 2009 年底，麦咨达已经为国内外近 100 家农业企业提供咨询服务，咨询涉及的行业有果蔬、家禽、牛羊肉、水产、奶制品等。

麦德龙的经营理念是：“关注细节、全局性思维、高效率工作”。麦德龙坚持对农产品从农田到餐桌的全过程进行全程跟踪，并确保在整个价值链中的食品质量、安全和可追溯性。麦德龙计划在 5 年内实现 100% 生鲜产品全部达到三星级质量标准和可追溯，50% 达到国际标准，20% 有机食品。同时，麦德龙将把在中国实践成功的理念应用到印度、越南、巴基斯坦等麦德龙开店的国家。

四、家家悦模式①

山东家家悦于 1998 年刚进入现代化零售业，从一开始就非常重视生鲜农产品的营销。他们认为生鲜品是城乡居民的生活必需品，良好的经营不仅能够更好地服务消费者，而且能够吸引客流、带动人气和其他产品的销售。

最初经营生鲜农产品的时候，家家悦的货源也同多数超市一样，由农产品批发市场购入。可是，随着超市业务的扩大，却发现生鲜产品经营存在很多的问题。首先，农产品从农民手中到批发市场需要经历经纪人、产地批发商、销地批发商等多个环节，经过层层转手、层层加价后，超市采购到的产品价格高、鲜度低、损耗大；其次，由于整个产地采购环节被中间商所把控，价格机制无法发挥有效的调控作用，供货数量和价格极不稳定；再次，超市由于不参与生产与流通环节，无法控制产品的质量和安全性；更为重要的是，由于农民信息闭塞，品种更新换代和新技术引进的速度非常慢，常常无法满足多层次消费者的需求。由于上述种种问题与限制，家家悦开始尝试新的采购模式②。

① 家家悦农超对接模式由沈阳农业大学李莹博士编写和提供。

② 资料来源于对家家悦董事长王培平先生的采访。

家家悦发起于山东省东部的美丽海滨小城威海。山东省是我国的农业大省，无论在农产品的品种、数量还是农产品的品质，都居全国榜首，从而也为家家悦采用农超对接采购模式提供了得天独厚的优越条件。许多城市的大超市需要到几百里甚至上千公里外采购农产品，而很多为家家悦供应蔬菜的农户就住在宋城生鲜物流配送中心的旁边，番茄、黄瓜和叶菜等一采摘下后立即就被送到物流配送中心。

因为在地域上接近农民，因此家家悦更能够了解农民的需求和农业生产的特点。为了促进农民参与到家家悦的“农超对接”项目中来，家家悦采用了多种合作模式。

第一种模式是通过村干部来组织农户。乡村干部在农村具有巨大的影响力和号召力，家家悦联系优势农产品产区或已经实施了“一村一品”村庄的干部，请他们出面来为家家悦组织超市所需要的农产品。第二种模式是与种植大户进行合作。种植大户具有规模大、技术高等特点。因此，家家悦选择具有稳定产量和质量的种植大户，让他们把产品直接送到销售门店或者物流配送中心。第三种模式是同农民专业合作社合作。从2007年以来，山东省农民专业合作社发展的速度非常快，这些由能人或者乡村干部组织的合作社能够对社员农户的生产进行管理和提供技术支持。因此，家家悦非常重视同农民专业合作社的合作。除了已经成立的农民专业合作社外，在一些农产品的主产区，如果农民有意向但还没有成立合作社，家家悦会帮助农民成立专业合作社，并为新成立的合作社提供有利的采购条件，支持新生的合作社发展。下面我们介绍山里红果蔬专业合作社的案例。

为了了解家家悦与合作社合作的模式，我们在2010年6月初专门访问山里红果蔬专业合作社社长姜先生。威海市里口山的扁桃远近闻名，个大、多汁、甘甜。当我们赶到里口山姜家疃村时候，山里红果蔬专业的姜社长正忙着组织质检小组的成员收集和验收社员刚刚从采摘下来的桃子。红艳艳的鲜桃被码放得整整齐齐，每筐上面标有采收农户的姓名。社员有的负责收货盘点，有的负责检验确认，有的负责装车搬运，忙碌而有序的人们脸上带着采收的喜悦。忙碌过后，家家悦的运输车缓缓开动，直驶物流配送中心。稍稍空闲下来的姜社长给我们讲起合作社的发展历程。

2004 年，在村委会的组织下，种桃农户开始与家家悦建立了直接采购关系。以前村民们是各自开着三轮车去批发市场卖桃。一到采收季节，大家在傍晚开始摘桃子，晚上 24 点左右就装车赶往批发市场，一到半夜，三轮车发动机的砰砰声伴随鸡鸣狗吠的声音，使这个山村吵闹非凡。“那时候，一到这个季节，家里的学生都被吵得无法睡觉。这样熬夜蹲上几个小时，还担心卖不出去、卖不上好价钱。同超市合作以后，卖桃子的事在自家村里就能解决，大家只要保证桃子的质量就行。”社长说。2008 年，在家家悦和地方政府的支持下，姜家疃村 117 户桃农共同成立了合作社，时任村书记的姜先生被大家推选为社长。合作社成立后，社员之间开始分工。社员被分成种植组、打药组等多个小组，每个组都有专人负责。合作社为社员提供农产品生产、技术、销售一条龙服务。桃子的整个生产过程必须严格按照家家悦的标准，社员被要求统一购买化肥、有机肥、农药等农资。“过去大家单干，比如说打药，今天你家打药、明天他家打药，天上没有网，树上的虫子你可拦阻不住，今天你家树上有药，就从你家飞到他家，明天他家树上有药，就飞回来。打药效果不好，农药多了还会药残超标。有了合作社，大家统一时间打药，虫子没地方跑了。”

“合作社与家家悦签订采购意向书，凡是社员生产的合格桃子，家家悦全部按市场最高价收购”，姜社长说。

除了收购合作社的农产品，家家悦还通过自己敏锐的市场触觉指导生产者生产适销对路的农产品，一旦家家悦发现市场对某种农产品有需求，但尚未有农民生产的话，他们就会组织有兴趣的合作社来生产。家家悦负责基地的马经理告诉我们一则故事。家家悦超市发现有一种“水果萝卜”有很好的市场潜力，生产者和供应商都很少。马经理就找到了一家合作社，希望他们试种水果萝卜。家家悦同合作社签订合同，保证以优惠的价格收购所有合格的产品。具体的合作方式是家家悦为合作社提供免费种子，专门聘请有一位有种植经验老农对社员进行技术指导，并邀请一家农资公司参加这个项目。农资公司通过赊账的方式向合作社提供农药，社员必须购买这家公司的农药和化肥，公司必须保证出售农药的安全。

当问起家家悦为什么要做“农超对接”，家家悦董事长王培桓在他的办公室中对我们说：①为了降低农产品的采购成本，因为农超对接排除了很多中间环节；②提高农产品的安全性。王先生说：“以前我们从批发市场购买农产品，虽然我们在出售这些农产品，但不知道这些产品是谁生产的，同什么农药和化肥生产的”，农超对接就彻底改变这种局面；③稳定农产品的市场价格，供应链的中间环节扭曲了市场的供需；④增加农民收入。

王培桓董事长告诉我们：农超对接，特别通过农民专业合作采购生鲜农产品未来是家家悦的发展方向。截至 2010 年 6 月，家家悦超市通过合作社采购的农产品已经占到采购总量的 40%，直接连接的合作社达到 60 多家，基地面积超过了 25 万亩，大量的农户从中受益，消费者也获得了优质平价的生鲜产品。

五、物美超市模式

物美超市虽然还没有列入国家商务部公布的第一批“农超对接”项目试点企业，但在董事长吴坚忠的领导下，“农超对接”开展得极其有成效。吴坚忠先生作为公司的董事长，亲自抓农超对接工作，可见物美超市对农超对接的重视。2010 年 1 月 16 日，国务院总理温家宝在北京市委书记刘淇、市长郭金龙等领导的陪同下，视察了物美集团。物美董事长吴坚忠特地向总理汇报物美在山东、福建、内蒙古、河北等多个省市建立了“农超对接”蔬菜采购基地。通过“农超对接”，增加了对首都市场的蔬菜供应，平稳了市场，获得了消费者的好评。以下是一篇关于物美超市农超对接的报道。

2010 年春节刚过，北京新街口的物美大卖场顾客流量仍然很大，特别是在位于地下二层的新鲜果蔬卖场，货架上摆满了各种新鲜果菜，绿油油的青椒、黄澄澄的橘子、红红的苹果堆满了卖场的货架。挂在蔬菜上方的价格标签十分显眼：尖椒 2.18 元，茄子 2.88 元，包菜 1.98 元。前来选购的顾客有的拎着购物筐，有的推着购物车，不时地拿起蔬菜来挑挑拣拣。

卖场生鲜蔬果科长张铭告诉记者，一些家常菜如黄瓜、青椒、西葫芦、番茄等卖得很好，每天的销量都稳中有升。2010 年过年期间，物美卖场的蔬菜价格保持了平稳态势，一些新鲜叶类蔬菜的价格较平时有略微上涨，而一些根茎蔬菜价格稳中有降。

“2010 年春节期间，物美的蔬菜供应能跟得上，菜价能保持在平时的价格水平，主要还得归功于农超对接。”物美集团董事长吴坚忠告诉记者，农超对接不仅是农产品与超市的对接，更是生产与销售的对接；农超对接，也不仅是单个农民与超市的对接，而是果蔬基地与超市的对接。

吴坚忠对物美的农超对接模式是充满信心的。他说，物美争取用 3 年的时间，将物美超市打造成首都居民购买新鲜果蔬的主渠道”[①]。

第九节 超市怎找合格的农超对接合作伙伴

本部分是本书的重点，我们将要介绍超市是通过什么途径来找到合格的农超对接合作对象，怎样审核合作社，如何签订合同，以及合同有哪些内容。诚然各家超市做法各有不同，本书不可能全部介绍到，但是“举一反三”还是可以的。以下部分主要参照家乐福超市的农民直采项目的做法[②]（图 3-16）。

① 资料来源：http://sannong.newssc.org/system/2010/03/16/012628797.shtml。

② 这一节的很多内容参考了家乐福超市生鲜采购总裁赛伯（Sebastien Defois）编写的“农民直采培训材料”，对此表示感谢。赛伯先生原在家乐福西班牙全球采购部工作，具有丰富的生鲜农产品采购经验，家乐福专门派他来中国负责农民直采（农超对接）工作。2007 年年底来中国以来，为家乐福农超对接项目的开展作出很大的贡献。

一、农超对接项目的组织结构

目前，超市的农超对接主要集中在水果、蔬菜和干货上。除了干货以外，水果和蔬菜属于生鲜农产品，生鲜农产品有两个特性，地域性和时效性。所谓的地域性是指大部分的水果和部分蔬菜生长在特定的区域范围内。如前面我们所讲的，苹果主要出产在山东、山西、陕西、甘肃。脐橙主产地的江西、湖北、湖南和四川。冬季的西瓜大部分来自于海南省。为了满足超市消费者的需求，这些农产品需要在全国范围内采购。所谓的时效性，是指大部分的蔬菜，特别是叶菜类蔬菜为了保证超市上架的时候新鲜，从采摘到超市上货架的时间越短越好。

图 3-16　家乐福生鲜采购总裁赛伯在新疆访问合作伙伴

因此，针对生鲜农产品的地域性和时效性两个特点，超市在农超对接项目上做了分工，设立两个既联系又相对独立的采购部门，总部采购部门和城市采购部门。总部采购部门主要负责采购全国范围内的农产品，城市采购部门主要负责时效性农产品，以城市附近农村为主，采购半径限定在3~4个小时的运输时间。

城市采购部门在业务上从属于总部采购部门的领导，特别是技术指导。然后，总部采购农产品订单是需要通过城市采购部门的确认才能够执行，这种体制起到双方制控的功效。

超市总部农超对接项目管理部门可以分成三级。最高一级是生鲜采购总裁，负责农超对接的全盘业务。第二级是处长，负责农超对接运行过程中的具体业务。第三级由两班人马组成，一班人马是谈判部门，负责收集农民专业合作社的报价单，下订单，以及协调和处理交易过程中发生的各种意外事件。另一班人马是协调员。协调员派遣在各个省，他们负责给农民专业合作社技术指导，帮助合作社进行农产品的质量和安全性管理。对合作社的审核，签订合作协议等工作，也是由协调员来承担。

二、信息收集

超市农超对接需要寻找能为他们供货的合作伙伴——农民专业合作社。从理论上来说，非常方便，因为全国已有近20万家的农民专业合作社，这些信息都挂在网上，通过电脑可以找到合作社，打个电话就可以联系上了，实际上是做不到的。信息越多，对于超市来说就是越没有信息，所谓“箩筐里挑花，越看越花”，加上网上公布合作社信息不齐全，超市需要的信息往往没有登上去。因此，到目前为止，大部分寻找合作对象的工作还是通过手工劳动方式，由专家推荐，或者超市“农超对接”的协调员自己寻找。

农民专业合作社的信息主要来源政府主管部门，农业部门有负责农民专业合作社的机构，譬如经管站。因此，如果合作社想要做农超对接，我们首先需要同各级主管的政府部门保持联系，让自己能够被推荐出去。虽然政府非常愿意做伯乐，但在几百上千家合作社中间选出几家来，主要看领导们“印象”的深浅。就如同我们在百度搜索词条的时候，往往只注意排在前面的几十条信息。我经常同这些领导联系，他们往往一口能够叫上几家合作社社长的姓名，为什么这些社长能够被领导熟悉，值得我们思索。最起码他们的营销战略做得比一般合作社好一些。

超市选择农民专业合作社主要从以下的几个方面为重点。首先看农民专业合作社是“真正的”合作社还是“翻牌”的合作社。具体要看合作社社长是否是通过社员大会选举的，合作社是否有会计，账簿，每个社员的账户，以及合作社的盈利是否按照社员的交易量进行分配。第二点，是看合作社的农产品是否是属于超市正在寻找的农产品；第三点，产品的数量能够满足超市的采购量；第四点，合作社是否有能力对农民社员的生产进行技术指导，对农药和化肥的使用加以控制和管理；第五点，合作社是否有农产品的配送能力。我们用表 3–9 对合作社进行评审，看他们是否合格（表 3–9）。

表 3–9　农民专业合作社评审表

编码	项目	评分					备注
		1	2	3	4	5	
1	被调查者是“真正”农民专业合作社（理事长原职业，是否通过社员大会选举）						
2	合作社会计制度是否完善（有会计凭证、账册和农民账户，以及账本公开）						
3	合作社的“二次分配”是否达到当年盈利的 60%						
4	合作社自产农产品是否满足超市最低采购需求						
5	合作社的供货周期是否满足超市需求						
6	合作社是否有能力控制社员的整个农产品过程						
7	合作社是否有分级和加工能力（按照场地和设备判断）						
8	合作社是否有能力给超市配送中心发货						
9	合作社是否有能力控制农产品的质量						
10	合作社对农超对接的认识是否正确						
11	合作社是否得到政府支持						
12	合作社负责人的学习、管理和创新能力						

资料来源：作者设计。

三、审核阶段

超市总部或城市采购部门通过资料分析，遴选出候选的农民专业合作社后，再派遣协调员到现场对候选合作社进行考察和审核。审核的基本条件是：

（1）合作社必须具备一定的规模。参加“农超对接”的农民专业合作社必须是生产型的，而不是营销和加工型的。生产型的合作社应该有自己的生产基地，基地指的是合作社社员所拥有的耕地和大棚的总数。

为什么合作社必须要有一定的生产规模呢？主要从经济效益和节约成本的角度出发。在不影响我们合作社与农民利益的前提下，超市需要盈利。超市亏本的话，“农超对接”不可能长期持续下去的。在采购成本确定的条件下，降低运输成本对于赢利是非常重要的。增加盈利最有效的方法是压缩成本。从物流配送来说，降低运输成本的最好方法是，使运输卡车能够满载。25 吨卡车装运 25 吨货物，30 吨卡车装满 30 吨的货。对于长途运输来说，卡车越大，运输成本越低。这就是说，我们合作社每次的发货量不能够低于卡车载重量，而且卡车越大运输成本越低。第二点是超

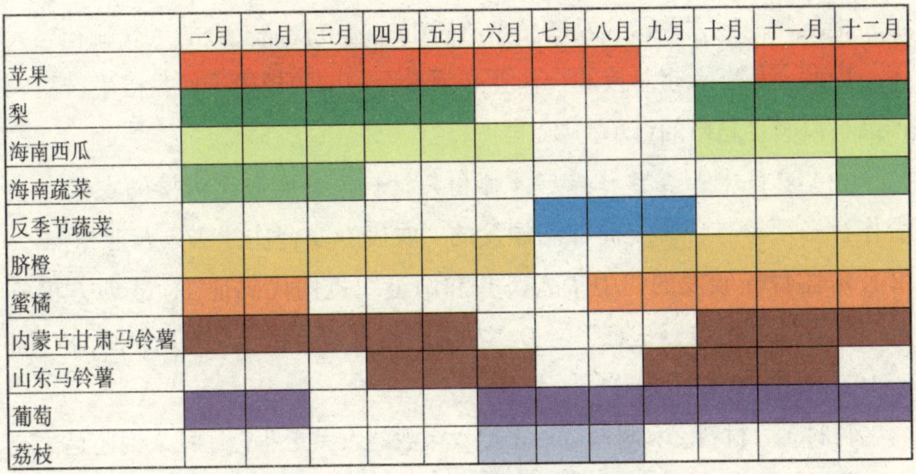

	一月	二月	三月	四月	五月	六月	七月	八月	九月	十月	十一月	十二月
苹果												
梨												
海南西瓜												
海南蔬菜												
反季节蔬菜												
脐橙												
蜜橘												
内蒙古甘肃马铃薯												
山东马铃薯												
葡萄												
荔枝												

图 3-17　部分蔬菜和水果的供货时段

资料来源：根据作者经验。

市需要合作社能够满足他们整个供货周期的稳定供货量。所谓的供货周期是指生鲜农产品上市的时间。譬如，苹果基本上可以达到周年供货，内蒙古与甘肃的马铃薯供货期月在每年的10月到第二年的5月，海南的西瓜从每年的10月到第二年的6月。在这个供货期内，需要合作社能够均衡地给超市供货。一供就是半年的货物，显然这个数量是不小的（图3-17）。

譬如，山东栖霞的一家苹果农民专业合作社，每周需要给超市发4卡车的苹果。以每车25吨计算，一周的发货量达到100吨。假设发货期间从每年11月到第二年的5月为止，合计6个月，24周，给超市送货2400吨。加上苹果有不同规格和品质，不可能全部满足超市发出的订单。因此，这家合作社的苹果总产量和存储量绝对不能低于供货总量的2.5倍，即6000吨。以每亩果园产量2.5吨计算，2400亩果园是必需保证的。以每家农户平均有果园3亩，那么合作社需要有社员800户左右。

农超对接提出的另一个重要的要求是确保食品安全。按照《中华人民共和国食品安全法》，超市需要对“市场发生食品安全事故应当承担连带责任”。为了确保食品安全，超市需要经常到农民专业合作社的基地进行考核和对产品进行农药残留的抽样检查。如果合作社自己没有足够的产品，把从其他地方采购的农产品卖给超市，超市食品安全的风险就相当大了。因此，从事农超对接的合作者必须具有一定的规模，使自己生产的农产品可以满足超市的订单需要。

（2）农民专业合作社持有4种相关材料。参加农超对接的农民专业合作社必须持有：①工商部门颁发的“农民专业合作社法人营业执照”；②技术监督局颁发的“中华人民共和国组织机构代码证”；③地方税务部门颁发的“税务登记证”；④“农副产品自产自销证明”（图3-18、图3-19、图3-20和图3-21）。

材料①、材料②和材料③对于绝大多数的农民专业合作社来说还是比较容易获得的，因为当地的各级政府部门非常支持成立农民专业合作社，为合作社设立的门槛不高。只要我们符合农民专业合作社法要求的条件，都可以

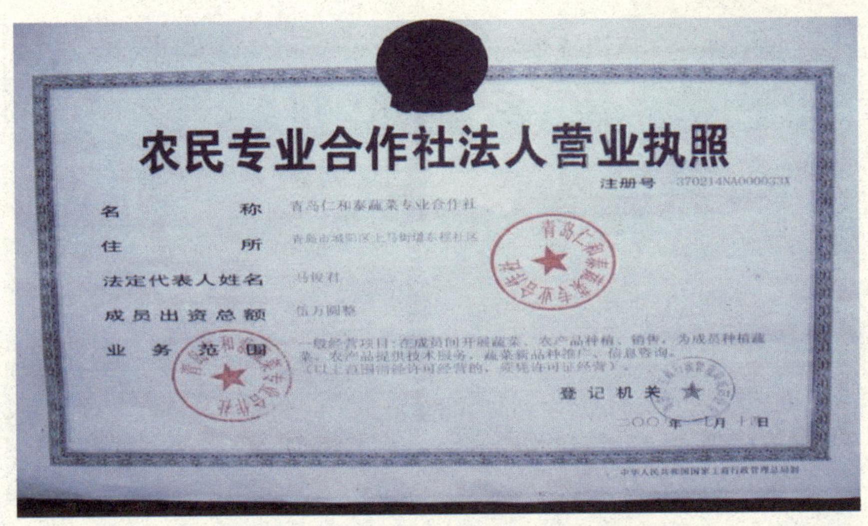

农民专业合作社法人营业执照

注册号 370214NA000033X

名称 青岛仁和泰蔬菜专业合作社

住所 青岛市城阳区上马街道东程社区

法定代表人姓名 马俊君

成员出资总额 伍万圆整

业务范围 一般经营项目：在成员间开展蔬菜、农产品种植、销售，为成员种植蔬菜、农产品提供技术服务，蔬菜新品种推广、信息咨询。（以上范围需经许可经营的，凭许可证经营）。

登记机关

年 月 日

中华人民共和国国家工商行政管理总局制

图 3-18　农民专业合作社法人营业执照

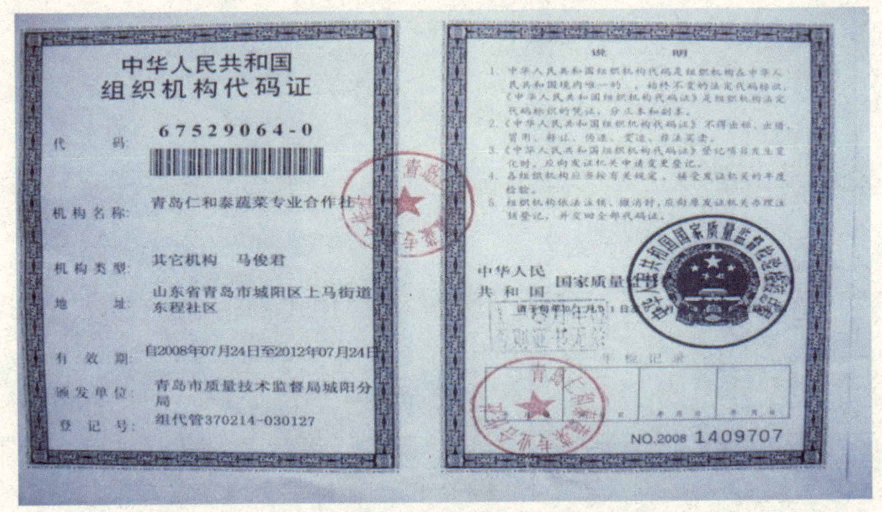

中华人民共和国
组织机构代码证

代码：67529064-0

机构名称：青岛仁和泰蔬菜专业合作社

机构类型：其它机构　马俊君

地址：山东省青岛市城阳区上马街道东程社区

有效期：自2008年07月24日至2012年07月24日

颁发单位：青岛市质量技术监督局城阳分局

登记号：组代管370214-030127

说明

1. 中华人民共和国组织机构代码是组织机构在中华人民共和国境内唯一的、始终不变的法定代码标识。《中华人民共和国组织机构代码证》是组织机构法定代码标识的凭证，分正本和副本。
2. 《中华人民共和国组织机构代码证》不得出租、出借、冒用、转让、伪造、变造、非法买卖。
3. 《中华人民共和国组织机构代码证》登记项目发生变化时，应向发证机关申请变更登记。
4. 各组织机构应当按有关规定，接受发证机关的年度检验。
5. 组织机构依法注销、撤消时，应向原发证机关办理注销登记，并交回全部代码证。

中华人民共和国 国家质量监督检验检疫总局

年检记录

NO.2008 1409707

图 3-19　中华人民共和国组织机构代码证

从所在县的工商管理局、技术监督局、税务局办理手续，申请到这些材料。

不过，特殊情况也不是不存在。在我自己调研过程中，时有发现一些品质和规模都符合“农超对接”要求的农产品产区，可是当地没有农民专业合作社。找了几个农民一问，才知道他们不知道该怎样申办农民专业合

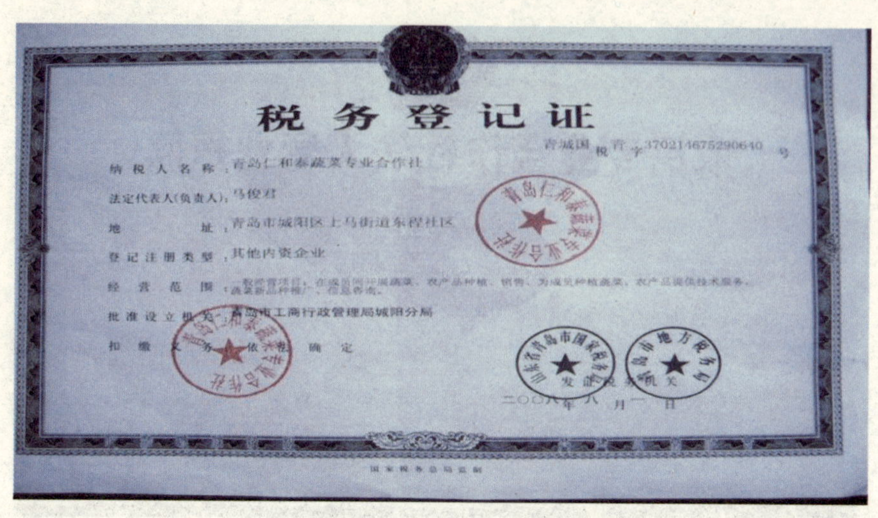

税务登记证

青城国税青字370214675290640号

纳税人名称：青岛仁和泰蔬菜专业合作社

法定代表人(负责人)：马俊君

地址：青岛市城阳区上马街道东程社区

登记注册类型：其他内资企业

经营范围：[illegible]

批准设立机关：青岛市工商行政管理局城阳分局

扣缴义务：依法确定

国家税务总局监制

图 3-20 税务登记证

涉税证明第 2006-01 号：农副产品自产自销证明

适用（　　　　　　　　　　）公司

以下由供应商填写：

姓名	身份证号码
供应商号	住址和电话
经营性质	□承包　□个体经营　□其他
从事农业生产的各类	□种植业　□养殖业　□捕捞　□其他
从事农业生产所在地	（　　）省（　　）市（　　）县 （　　）乡 / 镇（　　）村（　　）大队

图 3-21 农副产品自产自销证明

作社。一些地方政府没有进行合作社辅导、宣传、培训和指导工作，使得这些地区出现了盲点。其实，对于怎样办理农民专业合作社注册，在很多网站上都有详细介绍。我们的读者可以在直接上网搜索，检索关键词是“怎样办理农民专业合作社注册”。

然而，在农民专业合作社开具“农副产品自产自销证明”的时候，有时会遇到困难。因为，这不是政府的文件，而是超市财务部门要求农民专业合作社提供证明文件。“农副产品自产自销证明”的文本由超市采购部门拟定，由超市协调员交付给合作社，让合作社去政府部门盖章。“农副产品自产自销证明”需要村、乡镇政府、县主管部门和税收部门盖章，证明销售给超市的农产品是合作社自己生产的。超市在抵扣增值税的时候，需要为税务部门提供这些文件。

我经常会接到农民专业合作社的电话，询问到什么地方去盖章。一般情况合作社是可以盖到公章的，但也有些地方，政府对“农超对接”不了解，担心合作社把证明用于他用，不让给盖章。也有的情况是当地政府掌握一些“翻牌”合作社的情况，特别是做经纪人的合作社，没有农民社员，也没有耕地，政府当然不给你证明。譬如，2008 年在海南某县遇到一个情况。该县盛产菠萝，合作社想给超市供货，虽然他已经搞到了①、②、③三个材料，但无论怎样努力，政府坚持不在“自产自销证明”上盖章，因为社长自己不种植菠萝，没有耕地，菠萝主要靠向当地农民采购。我曾经为了这件事情向当地政府部门了解情况，发现情况属实，政府部门做法是对的。

（3）能够开具“免征增值税发票”。这是一个老大难问题。按照财政部、国家税务总局财税（2008）81 号文件的规定（图 3-22），对农民专业合作社销售本社成员生产的农业产品，视同农业生产者销售自产农业产品可以免征增值税。增值税一般纳税人从农民专业合作社购进的免税农业产品，可按 13% 的扣除率计算抵扣增值税进项税额。照理说中央有文件，地方必须照文执行。实际情况不是这样，到目前为止，仍然还有一些地方的农民专业合作社开具不出“免征增值税”的发票。

自从我国政府免除农民已经负担了上千年的农业税后，农民负担减轻了，但地方政府，特别是农业大县地方政府财政来源由此减少了，相对地变得紧张起来。“藏富于民”本来是件好事，但地方政府在发展公共事业，迎来送往等很多方面的支出无法落实。税务部门也必须完成一定的指标，因

财政部 国家税务总局
关于农民专业合作社有关税收政策的通知
财税〔2008〕81号

各省、自治区、直辖市、计划单列市财政厅（局）、国家税务局、地方税务局，新疆生产建设兵团财务局：

经国务院批准，现将农民专业合作社有关税收政策通知如下：

一、对农民专业合作社销售本社成员生产的农业产品，视同农业生产者销售自产农业产品免征增值税。

二、增值税一般纳税人从农民专业合作社购进的免税农业产品，可按13%的扣除率计算抵扣增值税进项税额。

三、对农民专业合作社向本社成员销售的农膜、种子、种苗、化肥、农药、农机，免征增值税。

四、对农民专业合作社与本社成员签订的农业产品和农业生产资料购销合同，免征印花税。

本通知所称农民专业合作社，是指依照《中华人民共和国农民专业合作社法》规定设立和登记的农民专业合作社。

本通知自2008年7月1日起执行。

二〇〇八年六月二十四日

图3-22 中央有关税收政策的通知

此，一些地方政府的税务部门采取措施，一律不给合作社开具免增值税发票。你开发票，必须纳税，使得当地的农民专业合作社无法享受免税待遇。

有些时候农民专业合作社把各项条件与超市谈好，甚至有些合作社已经给超市发货了，由于无法提供发票，超市无法给合作社付款，变得双方都很着急。超市有钱无法付账，合作社要钱，但拿不出发票。一些有关系的合作社走路子，搞到发票，有些没有路子可走的合作社只好干着急。甚至个别的农民专业合作社为了做“农超对接”，忍痛自己负担部分税开到发票。这对于这些农民专业合作社是很不公平的。

（4）田间监管能力。确保采购安全和优质农产品是超市来做“农超对接”的主要目的。超市从众多的农民专业合作社中间选择合作对象的依据之一，是看合作社是否有能力对社员农民的生产过程进行监管和技术指导。

超市协调员来合作社进行审核的时候，需要检查：①合作社农药的使用和保管方法是否合理；②农药、化肥和种子的来源是否可靠；③社员农户的整个种植过程是否有指导和监督；④农药是否有专门的保存场地；⑤是否有分级和包装的场地、车间；⑥合作社是否有自己的冷库等。

田间管理能力是考核农民专业合作社的重要指标，因为与他们供货产品的品质与食品安全性紧密相关。

比较起来，这方面的工作在由村干部或者农业技术推广人员发起的合作社做得更好些。我认识陕西省咸阳地区的一家农民专业合作社社长，韩先生。他们村原来以生产小麦为主。20 世纪 90 年代初，为了提高收入，政府鼓励家家户户种植苹果树。开始的时候，农民没有经验，种出的苹果在品质上总是赶不上其他地区。韩先生读过高中，属于村里的“秀才”，喜爱钻研。针对这个问题，他不仅找书看，还经常去山东向有经验的果农请教。常常把村里对苹果感兴趣的果农召集起来讨论种植技术。在他的带动下，村里人的苹果种植技术不断长进，他也成了“土专家”。远近的果农遇到疑难问题都会上门来向他讨教。为了让得更多人掌握苹果种植技术，韩先生在别人的建议下，组织了苹果技术协会，在农闲的时候，办班介绍苹果的种植经验。在政府提倡组织农民专业合作社后，村里人选举他为农民专业合作社的社长。合作社成立以后，韩先生投入在技术指导上的时间更加多，从开春的施肥开始，修剪、打农药、套袋和收获等各个环节都进行指导，使得这个合作社的苹果品质不仅高，而且规格上也相对统一。听了他的经验，我非常感动。有次机会，我介绍他参加在智利举办的国际农民专业合作社培训班。参加会议的有亚洲、南美和非洲等发展中国家的十多个农民合作社。会上韩先生介绍了自己的经验，引起了培训班组织者和各国的学员很大兴趣。

我很想把韩先生的合作社介绍给超市做"农超对接"，关键是韩先生他们是由农民自己组织的合作社，没有建造设备的资金，他们没有冷库，缺乏储藏能力，苹果下树以后，必须立即卖掉。苹果的销售时间最多只有一个月。哪一家超市都无法同苹果供货一个月的合作社合作。这个心愿一直无法实现。这里只能向韩社长表示歉意，鄙人心有余而力不足。

农产品食品安全是农超对接的关键环节。我国由于耕地面积少，农业专业化程度强，难以采用轮作技术，因此农产品的病虫害非常猖獗，抗药性强难以治理。大家都知道生物和矿物农业残留小，安全性高，但收效慢，费用高。一些农民为了省事省钱，偷偷地在使用国家违禁的高残留农药，这是一种情况。另一种情况是，一些农药公司为了吸引他们的顾客，非法地在混合农药中间掺入高残留农药，另外起个名字，使得一些农民在无意中施用高残留农药。针对对这种现象，合作社必须具备监管社员农民使用农药的能力。

2010 年年初，我曾经在上海郊区对一些合作社进行调查。发现上海青浦有一家蔬菜农民专业合作社的食品安全管理工作做得非常细致。这家合作社有 2000 多亩的蔬菜大棚，有专门质保技术员。社员农民一旦发现自己菜地里有害虫，他们无权自己进行处理，需要立即报告技术员。技术人员通过实验，制定出农药配方，给社员农民统一发放农药，规定配制浓度和使用时间。施药的工作完成以后，社员还必须把剩余的农药存放在合作社专设的农药保存室的自家箱子中，上锁，钥匙由技术员保管。第二次使用时，从药箱子中取出后，还有进行登记。可是，全国有像青浦春雨蔬菜合作社一样的合作社真是凤毛麟角，太少了。

（5）样品的送检。为了确保农产品的安全性，超市的协调员还需要通过随机抽样的方式，在农民专业合作社的基地上采取土壤、水源和农作物的样本。这些样本邮寄专业的权威性检测机构对农药残留进行检测。

检测的项目包括：① GB 2762 基本重金属标准；② GB 2763 基本农

药标准；③ NY 1500.13.3-4 1500.31.1-49.2-2008 的更新最高残留限量（MRL）20 种农药的规定。

这种检测，除了审核外，农超对接的农民专业合作社每年需要做一次，就像是单位每年安排体检一样（图 3-23）。

PONY
Pony Testing International Group

检测结果
(Test Result)

报告编号(Report ID)： 0911022-184　　第 1 页，共 10 页 (page 1 of 10)

检测日期 (Test Date)	2009.11.02~2009.11.06	报告日期 (Report Date)	2009.11.06
取样地点 (Sample Location)	上海新里城店	取样日期或样品接收日期 (Sample Date/Received Date)	2009.10.31
产品名称 (Product Name)	NDP POTATO 紫花白土豆	商标/品牌 (Brand)	—
		样品数量 (Sample Number)	1.248 KG
		追溯代码 (Traceability Code)	—
生产商名称 (Producer Name)	内蒙古天兔专业合作社		
样品状态 (Sample State)	固态 (Solid)	检测类别 (Kind of Test)	抽样检测 (Commissioning Test)
		检测环境 (Environment For Test)	符合要求 (To meet the requirements)
检测项目 (Test Item)	农残检测、砷、铅、汞、镉		
检测依据 (Standard)	GC/MS 及 LC/MS/MS 多农残扫描法（SA/SOP/SUM/304） （GC/MS &LC/MS/MS Multi-pesticide screen（SA/SOP/SUM/304）） GB/T 5009.12-2003，GB/T 5009.11-2003，GB/T 5009.17-2003，GB/T 5009.15-2003		
所用主要仪器 (Main Instrument)	气相色谱-质谱仪 GC-MS 液相色谱质谱联用仪 LC/MS/MS 原子吸收光谱仪 AAS 原子荧光光谱仪 AFS		
备注 (Note)	——		
PONY 专用章 (Special Seal of PONY)	编制人 (Edited by)		
	审核人 (Checked by)		
	批准人 (Approved by)		
	签发日期 (Issued Date)	2009.11.06	

Pony Testing International Group

图 3-23　第三方农药残留检测报告（样本）

四、签订采购合同

在上述的审核工作逐项完成，特别是农药残留检测报告合格，以及协调员的审核报告获得总部批准以后，协调员将再次访问农民专业合作社，与负责人签订采购合同。

超市的采购合同内容严谨，主要包括以下的几个方面：①合同双方身份的鉴定；②合同目的；③关于农产品订单的说明；④农产品生产与交付；⑤付款方式；⑥声明与保证；⑦争议解决方式；⑧双方签字。

农超对接的合同中有些关键的地方，我们需要注意：

第一点，超市承诺，不向参加农超对接的农民专业合作社收取进场费，货架费和条码费。

第二点，超市承诺比正常零售合同的付款期限有很大的要缩短，最多只有 15 个工作日。

第三点，超市坚持付款以非现金形式支付，超市向合作社付款需要通过银行转账的方式。但是，如果农民专业合作社缺乏流动资金来准备发货，超市可以根据合作社的具体情况，事先给合作社提供部分的预付款。比例由双方协商决定。

第四点，农民专业合作社提供的农产品必须符合超市提供的农产品质量和安全标准。

第五点，农民专业合作社需要把产品配送到超市指定的各个城市的物流配送中心。

第六点，超市不收购转基因的农产品。

这六条看来简单，实际上是超市为了开展农超对接而在农产品采购方面进行了巨大的变革，或者是让步。我们以超市收费为例。超市向供应商收取各种费用是我国引进超市以来长期未解决的“老大难”问题。曾经有记者在调查了超市收费情况以后，列出了名目繁多的超市收费清单。具体有：

（1）进场费用

①新品上架费 2000 元 / 品种 / 店；②新店赞助费 15000 元 / 店。

（2）节庆费

①周年庆 10000 元；②元旦 5000 元；③春节 5000 元；④劳动节 5000 元；⑤中秋节 5000 元；⑥国庆节 5000 元；⑦月佣 1.80%；⑧年佣 2%；⑨仓佣 1%。

（3）商品宣传推广费

①快讯 40000 元 / 年 2 次；②陈列 40000 元 / 年 2 次；③海报 12000 元。

农超对接取消了收费，排除了障碍，畅通了农民专业合作社进入超市的道路。

第十节　农超对接的采购系统

签订合同以后，农民专业合作社就可以开始向超市供货了。在供货前，我们必须了解超市的农超对接采购系统。

目前，农超对接采用的是竞价系统，即超市与农民专业合作社在平等的基础上，合作社提出自己农产品的价格，超市根据顾客对价格的承受能力、竞争对手的销售价格来判断能否购买，购买多少数量。

参加竞价系统有三方面的人，第一方是农民专业合作社，第二方是超市的全国采购总部，第三方是城市采购部门。采购总部发挥的作用是组织和形成交易。

报价有两种途径。其一是，农民专业合作社在每周的固定时间，为自己的产品报有效期为一周价格的价格，采购总部把所有的专业合作社报价汇总起来，传送给各个城市采购部门，城市采购部门按照对市场的判断制定出愿意购买商品的总订单，报送给采购总部。采购总部进行审核，然后制定成各个合作社的采购单，分发给各个合作社，让合作社备货和送货。

这种采购系统本身就包含竞争的因素在内。竞争者有两类，即供货的合作社与合作社之间，超市的各个城市采购部门之间。如果商品供应的货源充足，同种商品同时有若干个农民专业合作社愿意供货，超市就会选择在性价比上更有竞争力的合作社。在货源不足和短缺的时候，在超市的各个城市采购部门也引起竞争。这时采购总部就会选择把商品提供给出价高的城市采购。由于在大部分情况下是供过于求，因此，主要还是在农民专业合作社之间竞争。但后一种情况也经常会发生（图 3-24）。

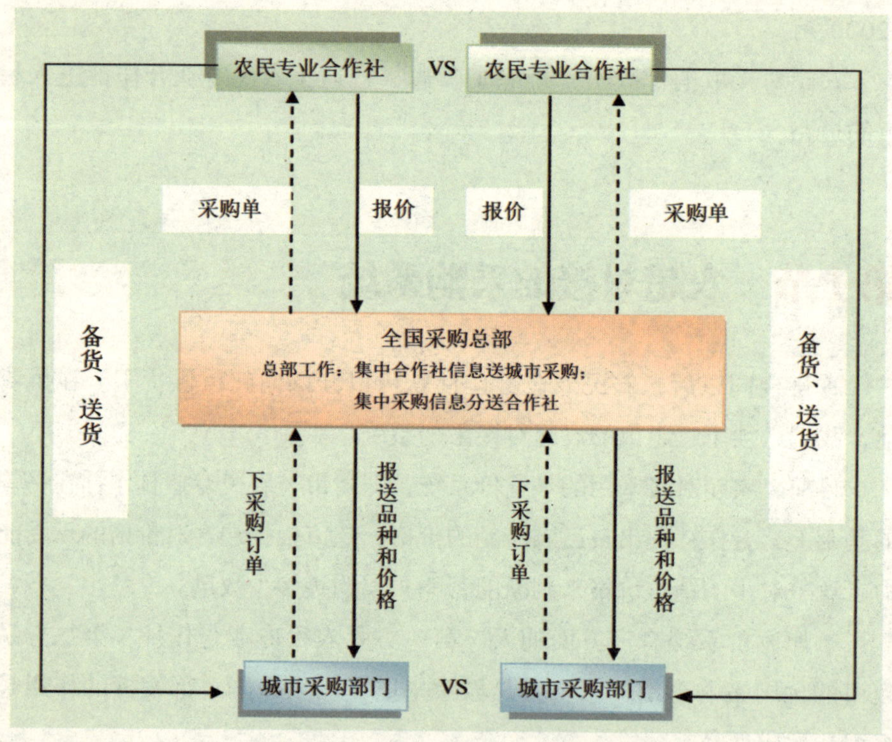

图 3-24 竞价系统模式示意图

有一次开会，遇上甘肃省静宁县的一家苹果合作社社长。他对我说：“胡教授，我同超市签订农超对接合作已经有两年了，我们很少能够把苹果卖给超市。”

我问道："现在超市正需要苹果，你的一级 80#的苹果送到北京多少钱？"

社长计算了一下对我说："每千克 8.2 元。"我随即打电话问超市山东的协调员。这个协调员正在山东的一家合作社收苹果。协调员告诉我，山东合作社送到北京的一级 80#苹果每千克是 7.4 元。

我对甘肃静宁的社长说，"超市没有采购你们合作社的苹果，是因为没有价格竞争优势。从配送费用上来说，甘肃要高于山东，地理位置相对不利。能否在其他方面压缩成本？"

超市的这种竞价采购系统的优点是具有灵活性，随行就市，对于农民专业合作社和超市双方都公平。缺点是，农民专业合作社难以制定供货计划，或有计划地备货。对于超市来说，他们也面临需要的时候却找不到供货的商品。

因此，随着农超对接的发展，合作社与超市相互通过磨合而熟悉对方以后，有可能会逐渐地采用订单模式，订单采购有可能成为与竞价系统相辅相成的第二种采购模式。

第十一节　农超对接采购流程

合作社通过审核，同超市签订合同以后，就可以开始与超市交易来。农超对接的交易流程包括：①报价；②订单确认；③备货与产地质量检查；④装货；⑤运输；⑥收货确认；⑦配送中心质量检查；⑧门店配送；⑨开具发票；⑩超市付款等几项。我们将逐条介绍。

一、报价

报价是农超对接交易的第一个步骤，也是重要的环节之一。在每周一，农民专业合作社需要向超市总部采购发送报价单。发送的工具以电子邮件为主，有些没有电脑设备的合作社，也可以通过手机短信的方式发送报价单。

报价单内容包括：①产品名称；②级别；③规格；④产地；⑤价格；⑥周最大供应数量；⑦产品描述。

“级别”是指农产品的等级，等级的划分是按照超市总部生鲜直采部门制定的“产品标准及质量控制要求”，简称 ID 卡。超市在采购前会对合作社进行培训，使他们熟悉标准。

“规格”是指产品个体的尺寸大小。譬如，苹果分成 65#、70#、75#、80#、85#、90#等规格。这里的 80#表示苹果的直径是 80 毫米以上。

“产地”是指产品生产的地方。同类农产品产地不同，品质、口感和价格均存在差异。

“价格”是指农民专业合作社同意出售给超市的农产品价格。需要明确的是：这里的价格是指“农产品的到货价格”，即农产品送到某个城市超市的物流配送中心价格。价格包括：①农产品产地的价格；②包装材料；③分级、包装和运输人工成本；④运费；⑤其他成本等。

“周最大供应数量”是指一周内合作社能够向超市供应各个产品的最大量。因为，有时超市对农产品需要相当大，超市必须掌握供应量，以免下单以后，合作社无法满足订单。同时，在合作社供货数量不足的情况下，超市总部采购员需要在各个城市之间进行协调，把产品提供给最需要的地区。

“产品描述”也很重要，即使同种类的生鲜农产品，不同地区、品种和季节差异相当大，所以必要时需要对这批产品的特征、特点进行描述。

超市的订单是按照合作社的报价来制定的，因此，要求合作社尽可能把所有的产品，以及不同规格的产品都列入报价单中，不遗漏。由于消费习惯不同，各个地区需要不同规格和等级的农产品。我们以苹果为例。北京人喜欢大苹果，因此 85#以上的苹果适合于北京市场。上海人喜欢中等大小 75#到 80#的苹果。广东人爱好小尺寸的 70#以下的苹果。因此，合作社报价越细，被采纳可能性越大。

订单也不仅仅是单方面由合作社向超市发送。有些情况下，超市门店向总部提出自己需要某种农产品。这种情况下，超市总部的采购人员会主动向合作社询问，是否有这类农产品。

一般情况下，超市订单主要采用合作社的报价。如果遇上一些特殊情况。城市或门店采购部门认为合作社的价格不适合当地市场情况，他们也会通过总部采购人员与合作社沟通，看是否能够对报价进行适当调整。

二、订单确认

超市总部的采购人员把所有农民专业合作社的报价单汇总成一大张报价单后，这张报价单将发送到各个城市的采购部门，由采购部门确认他们所需要的采购数量，希望配送时间。城市采购确认后，编制采购订单发给超市总部。总部把订单分解成为各个农民专业合作社的订单，然后通过邮件或者手机短信发送给各个合作社，让合作社备货。

三、备货与产地质量检查

备货阶段是考验农民专业合作社质量管理能力的关键时刻。因为超市有严格的采购标准，产品的合格率必须达到95%。对于生鲜农产品怎样能够把不合格率控制5%以下。

农产品合格率管理是超市与农民专业合作社互动的工作。首先超市把自己的采购标准提供给合作社，同时，超市还派遣协调员到合作社，对社员进行直接的指导。在农超对接的初期，合作社每发出一批货都要经历至少三次质量控制点管理，每次控制点管理超市协调员都必须在现场。协调员一方面是观察合作社操作情况，另一方面把超市的质量要求及时告诉现场的社员，培训社员更加严格、更加标准地执行筛选工作。

我们以水果采购为例。第一次质量控制点管理社员采摘的阶段。采摘前协调员需要详细地把超市采购产品详细质量标准，诸如成熟度、色泽、规格、瑕疵等要求向合作社社员解释清楚。然后协调合作社的管理人员，在现场对社员农户的采摘过程进行监管。在采摘过程需要不断地提醒社员果农什么样的果可以摘，什么样的果不能摘，提醒采用正确的采摘方式，减少不必要的人为损失。

在很多情况下，因为时间和地理原因超市协调员不能亲自到场监督采摘，所以第二次质量控制点就显得尤为重要了。第二次质量控制点指的是合作社产品的筛选和分级阶段。这项工作一般在合作社指定的收货点进行。收货点一般安排在地头或是某个社员的宽大庭院，在这里合作社组织固定人员负责质量验收。合作社的验收人员包括长期筛选水果经验的验收员，以及从其他村庄临时雇佣来的妇女。验收人员必须对社员果农送来的水果进行"倾筐"检查、逐一过目。对烂果坏果要挑出清理，次果劣果要分选入级。这次筛选是决定整批产品质量情况的关键时刻，超市要求协调员必须在场。协调员会逐一、轮流、多番深入每个验收小组（一般情况组织一批货需要 5~6 个验收小组，每个小组需要 2~3 人验收员），监督、培训验货人员，有时还需要同她们一起工作。

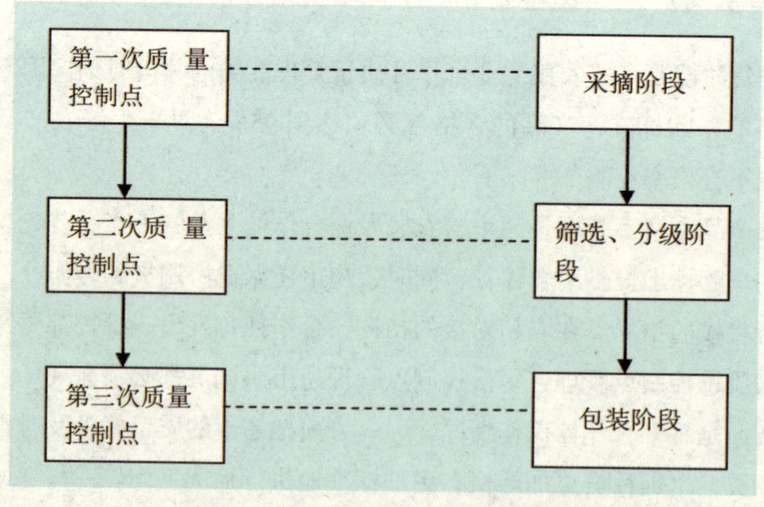

图 3-25 水果采购质量控制点管理

第三次质量控制点在包装筛选过程。包装工在接过验收过的产品后，要对这些产品逐个做包膜、套网、入箱等工作（不是所以的农产品都有包膜套网过程）。包装工是最后一个有机会逐个地接触水果的人，合作社管理人和协调员需要向工人们指出，在规范包装的同时，需要将前两次筛选漏选的次果重新挑选出来。

经过（图 3-25）三次筛选基本可以保证质量。但为保险起见，按照流程协调员还需要做发货前的最后一项质检工作，随机抽查。按照超市要求，协调员货物装车前须对货物进行随机抽样检查，抽检比例为 5%。将结果记录在“产地质量验收单”上，协调员签字，发送总部备案。

为了提高农产品的合格率，超市协调员需要对农民专业合作社社员进行三轮培训。第一轮培训，首先要让验收员坚定一个意识，即坚决清除一切烂、坏、伤、霉果等重大问题果，绝不能漏过一个。第二轮培训，要让验收员明确几项标准，即严格区分锈果、花果、小果、畸果等问题果，保证及时准确分级，尽量减少“混级”比例。第三轮培训，也可称为重点培训。要对不同的验收小组不同的验收员出现的具体操作性问题进行重点针对性指导，强调工人工作的重要性，“晓之以理、动之以情”，指出工人操作的不当处，讲清这些不当会给整批货带来的严重后果。

四、装货

产品包装完毕后便进入物流环节，物流环节包括：产地装车、短途运输、长途运输、目的地短途运输、目的地卸车。其中每个环节都会直接影响产品的质量。农产品的装货方式和方法同产品品质有密切相关。首先是装货过程，必须排除野蛮装货，不然，在发货以前产品就受到损伤。产品的堆放也有技术，尽可能堆放整齐，包装箱与包装箱之间减少空隙，一方面可以增加装载数量，另一方面可以避免在运输过程中的移动。

合作社要想最大限度地降低物流损耗，合作社就需要组建自己固定的装卸队伍，临时雇佣来的装运工往往因为不知情、不熟练等原因造成“野蛮装运”，给整批货会带来毁灭性的打击。对这样的装运工要么避而不用要么监督到底，多数情况下合作社都已经形成了自己固定的工作负责又操作熟练的装运工队伍。

产品装车完成和发车之前，超市协调员需要填写：①订单收货确认表；②产地质量检查表。

五、运输

农超对接对于农民专业合作社一大挑战是合作社必须负责农产品的物流配送业务。农民专业合作社一直到把农产品送到各个订货城市的物流配送中心，验收合格以后，任务才算完成。虽然，目前我国物流业已经相当发达，已经建立起全国的物流网络，哪怕是偏僻的山区也能够找到代运货物的物流配送公司。可是，物流公司在数量上虽很多，服务质量却参差不齐。我们一定要选择可靠公司来运输农产品。曾经有一家做农超对接的农民专业合作社，找了一家不规范的物流公司，产品装车运出后，路途上被卡车司机卖掉，人找不到了。

合作社送货需要科学地安排到货时间。科学地安排到货时间就是需要给货车司机充足的行驶时间，保证行车安全。到货时间确定后，总部需要通知目的地验收人员准备接货，准备工作首先是让验收人员和司机取得联系，等司机到达城市周边时，验收人员要引导司机到达验收地点。其次是让验收人员组织卸货人员和助理验收人员，等货物到达验收地，要及时按照 ID 规定卸货验收。在合作社没有派遣人员跟车的情况下，需要安排司机旁观全过程。这样做既避免了货物的无谓滞留又让整个卸货验收更加公开透明，对可能出现的质量问题也是增加了几分“可溯”性。不管是短途运输还是长途运输，都要求司机文明驾驶，确保货物安全准时送达。货物送达后，合作社还要要求司机旁观目的地的验收过程，对验收时出现的卸车问题、货物质量问题如实告之给合作社，配合合作社解决突发的其他问题。

由于我国公路系统还不够完善，有许多不确定因素会影响到物流时间，从而间接影响产品的质量。比如，南北方向运输需要考虑气候问题、东西方向运输需要考虑地势问题、铁路运输需要考虑中转问题、水路运输需要考虑季风问题、夏冬季运输需要考虑雨雪带问题、节假日运输需要考虑车流量问题、乡村运输需要考虑水文地形问题、城市运输需要考虑限时限段问题等等。这些都需要合作社在不断地解决问题中逐渐积累和丰富经验。

合作社必须把货车驾驶员的身份证、手机等相关信息发送给超市总部，以便于超市对驾驶员的全程跟踪。

农民专业合作社在挑选运输公司的时候，一定要谨慎。曾经有一个广东的荔枝农民专业合作社社长同我讲述过他的苦情。这家荔枝合作社位于广东省的湛江市，合作社有自己的荔枝农场，产品无论品种还是品质都不错。我自己考察后，认为这是个很好的合作社并将其介绍给超市。第一年这家合作社的“农超对接”做得很顺利。可是，第二年的6月，合作社把20吨的荔枝委托一家货运公司运输。荔枝容易腐烂，因此合作社特意要求让冷藏车运输。不料冷藏车的驾驶员在途中为了节省燃油，把冷藏设备关了，到上海的超市物流配送中心前不久，又把冷藏设备打开。路途荔枝受高温不通风的环境下长时间地受闷，到了超市物流配送中心后，车厢门一打开，所有的荔枝都腐烂了。可是，这时运输公司拒不认错。合作社只好哑巴吃黄连，有苦说不出。

六、收货确认

农民专业合作社的产品配送到指定的城市物流配送中心后，就进入超市的收货程序。配送中心有专门的验货员来检验合作社产品是否符合超市要求的质量标准。标准就是按照前面提到过的“产品标准及质量控制要求”（ID卡）。

ID卡是在农产品运抵目的城市之前由总部直接发给目的城市的验收

人员，验收人员凭借此卡进行质量验收。ID 卡明确规定验收人员的验货操作程序，包括：①怎样进行随机抽样；②怎样判定产品的合格与不合格；③如何分类记录。

“随机抽样”指的是每次在合作社送来的产品总数中抽取 5% 货物进行检验。检验员不能随心所欲地抽取样品，抽取的样品必须在运输卡车的前中后、上中下、左中右位置上均匀抽样，只有按照这种方式抽得的样品才具代表性和科学性。

“判定产品合格与不合格”的标准同协调员的产地质量控制标准完全一样，反映了超市从发货到收货都保持标准一致性。质检员把从卡车上抽取的样品箱打开，逐个按照标准挑选产品，把合格与不合格的产品分开。

“分类记录”是指质检员把每箱检验后的合格与不合格产品重量记录下来，再把各项合格与不合格产品数据进行加和，用不合格产品的总量除以合格产品的总量，得到的数据就是该批货的最终质量结果。按照 ID 要求，最终检验结果的不合格率在 3% 的允许范围以内，则整批货按合格接收不予扣重处理。若最终结果的不合格率大于 3% 小于 10%，则整批货必须扣除一定比例的重量，即所谓的“扣重”。扣重的规定是不合格比例扣除 3% 以后的比例。譬如，检验下来一批苹果的不合格率是 7%，从 7% 中扣除 3% 的允许不合格率，得出的 4% 是扣重比率。如果验货发现不合格率大于 10%，超市将有权拒收这批农产品如表 3-9 所示。

表 3-9　产品不合格率计算的处理方法

不合格率（R）	处理结果
$R \leqslant 3\%$	合格，接收不予扣重处理
$3\% < R < 10\%$	接收但给予扣重处理（不合格率 -3%= 扣重率）
$R \geqslant 10\%$	有权拒收

四联单是发货前由合作社填写的装车详单，记载了装车数量、发车时间等内容。该单由合作社填写完成后，经产地超市协调员签字，由货

车司机携带随从货物一并运抵目的城市，城市验收人员验收完毕后即将“各项数据”和最终数据以及扣重与否、拒收与否的验收处理结果详细记录在该四联单上，并签上验收员姓名和验收日期。签字后的四联单的最后一联会让司机带回合作社，由合作社备案，其他三联供家乐福财务、超市采购和总部采购部门分别保留备案。

七、门店配送

在门店数量比较多的城市，超市一般会设立物流配送中心。因此，农民专业合作社把产品配送到物流配送中心就完成任务了。但是，对于那些门店比较少的城市，超市有可能会要求合作社直接把产品配送到门店。

八、开具发票

收货以后，超市会把具体收货数量发布在公司的网站上，农民专业合作社核对信息无误以后，按照超市收货信息的数量开具发票。原则上是一个城市开具一张发票。然而，由于超市采用合资的方式进入我国市场，有些城市同一家内资企业合作，只需要开具一张发票。有些城市分别同两家或者两家以上的内资企业合作，农民专业合作社就需要开具一张以上的发票。有时候，合作社会发现送货的数量与公司网站上发布数量之间存在差异，发生这类事情，可能是门店收货或者登记等环节发生错误，合作社应及时通知收货部门，或者向总部反映情况，及时纠正，以免造成不必要的损失。

农民专业合作社在发票开具后，寄送到超市的大区财务部门。目前以家乐福为例，家乐福超市分为四个大区，分别是：①东区；②南区；③北区；④中西区。东区包括：上海、江苏、浙江、安徽和福建。南区包括：云南、深圳、广州和海南。北区包括：北京、天津、河北、黑龙江、吉林和辽宁。中西区包括：湖南、湖北、四川、重庆、河南及新疆。

九、超市付款

超市原则上在收到发票后的 15 个工作日以内通过银行给农民专业合作社转入货款。关键是，农民专业合作社必须在发票的开具上无误，不然，有可能影响到超市的付款速度。

在农超对接初期的时候，由于超市内部协调机制未完善，有时会出现网上公布的数据与合作社送货数据不符的情况，这就需要通过总部有关负责人员进行核实，协调。随着机制的逐渐完善，这种情况现在正在逐渐地减少。

目前，超市正在优化内部的财务付款机能，将来有可能做到"零"付款日，即收到合作社发票后立即付款。

第十二节　什么是超市农产品质量标准

有次我问家乐福生鲜采购总裁赛伯，"什么是农产品的质量标准"。他的回答是，"用数据来说明问题"。为什么要有采购标准？建立采购标准目的是在为了超市采购和农民专业合作社销售农产品的时候有依有据。我们举个例子，苹果是从树上长出来的，有大有小，有甜有不甜，有外观漂亮无瑕疵，也有存在瑕疵的苹果。为了便于交易，把苹果按照品质进行分类，分成特级是好苹果、一级中等、二级略微差一点；按照大小尺寸分类，可以分成直径 65 毫米、70 毫米到 90 毫米以上的。

就苹果而言，区分质量等级的依据，主要是苹果的着色比例、瑕疵面积数等数据指标，这样做不仅使得分级工作容易开展，而且对于买卖双方也都公平。

超市的农产品采购质量标准对于在做或者有志做农超对接的农民专业合作社来说是极其重要。因为，在同超市合作之前，农民一般是不需要关注农产品质量标准的，我们把农产品生产出来以后，有经纪人、批发商来田间地头收购，或者直接送到附近的农产品批发市场出售。在交易的过程中间，面对面议价，双方谈妥价格，一手交货，一手交钱。诚然，优质优价，低质低价，交易双方用眼睛看，用手摸，根本不需要农产品质量标准来作为买卖的依据。

然而，同超市合作就大不相同了，超市采购需要标准，如果卖给他们的东西没有达到标准，超市可以扣点（付款打折扣），甚至拒收我们的农产品。如果超市在合作社所在地地拒货，我们还可以另找买家，可是当我们把货千里迢迢送到超市所在的城市物流配送中心，这个时候被拒货，我们的合作社可就惨了。

因此，做农超对接的理智方法是，首先了解和掌握超市农产品质量标准，在采摘、理货、包装和运输阶段严格按照超市的质量标准去做，就可以避免不必要的损失。

一、超市标准制定

在掌握超市的农产品质量标准以前，我们需要知道他们的标准通过什么方法制定出来的，这样就更加便利于我们掌握标准。

前面我们提到过，超市的农产品质量标准（产品标准及质量控制要求）被简称为ID卡，它们是由超市总部的专业技术人员制定的。制定ID卡不容易，它必须具备：①有依据，符合中国国情；②可操作性，合作社在备货和超市采购和质量检验人员能够使用；③明确易懂，需要能够让文化程度不高的农民看得懂。

在我国，农产品标准的制定工作有很多部门参与，各做各的，导致我国农产品标准繁多，五花八门。农产品标准包括进出口行业标准、商业标准、农业标准等。然而，不少现有的标准与现实脱节，超市用不上。农超对接的主要对象是农产品生产者，因此，超市在制定农产品采购质量标准的时候，在参照“农业标准”的同时，更加需要结合自己多年来积累的收货和销售经验。农业标准对农产品的生产环境、品种采用、施肥施药与栽培理枝、采收分级到包装运输等都有很细致明确的规定，商业标准更加注重便于收货和收进的农产品必须既有卖相，又具有足够的上架销售时间。

目前，虽然各家成熟的超市都有自己的生鲜农产品采购标准，但各做各的，如果合作社同时和几家超市做生意，有可能会发现同样的产品，在一家超市达标，另一家超市不合格的现象。随着农超对接的推广和普及，行业或者国家来制定我国统一的农产品超市收货的行业标准或者国家标准势在必行。问题是，我国很多制定农产品标准的人不熟悉商业，理论同实践脱节很大，造成辛辛苦苦做成的标准，使用者用不上。

在食品安全方面，超市采用强制性指标——实验室指标、安全指标、卫生指标，通过这些指标来确保采购到的农产品的安全性。

二、农产品外观等级标准

超市是直接面对农产品的最终消费者，我国消费者有很强的审美观，对农产品的外观很挑剔。超市采用开放式售货方式，顾客可以自由挑选。如果在同一批水果或者蔬菜中间品质不均等，顾客会把好的挑走，造成很大的浪费（图 3–26）。因此，对于超市来说，减少损耗的唯一办法是采购均一的产品（大小好坏基本一致），外观标准就成了超市确保产品质量均一性的重要手段。

图 3–26　顾客在逐个挑选荔枝

农产品的外观标准分为：①外形与等级；②参考标准；③理化指标；④运输和包装要求。为了便于说明，我们以富士苹果为例，逐条进行说明。

（1）外形与等级。首先要求苹果必须具有典型的红富士苹果的品种特征，果实完整、健康，外表洁净，无异味，没有由于雨水或冲洗后留下的水分。等级分为特级、一等和二等。外观分级标准如表 3-10 所示。

表 3-10　富士苹果的等级标准（参考用）

<table>
<tr><th colspan="2">项目</th><th>特等</th><th>一等</th><th>二等</th></tr>
<tr><td colspan="2">基本要求</td><td colspan="3">基本要求充分发育，成熟，果实完整良好，新鲜洁净，无异味、不正常外来水分、刺伤、虫果及病害，果梗完整。</td></tr>
<tr><td colspan="2">色泽</td><td colspan="3">具有本品种成熟时应有的色泽</td></tr>
<tr><td colspan="2">单果重</td><td colspan="3">苹果主要品种的单果重等级要求</td></tr>
<tr><td colspan="2">色泽（片红/条红）</td><td>90/80</td><td>80/70</td><td>65/55</td></tr>
<tr><td colspan="2">单果重</td><td>≥ 240</td><td>≥ 220</td><td>≥ 200</td></tr>
<tr><td colspan="2">果形</td><td>端正</td><td>比较端正</td><td>可有缺陷，但不得有畸形果</td></tr>
<tr><td colspan="2">果梗</td><td>完整</td><td>允许轻微擦伤</td><td>允许损伤，但仍有果梗</td></tr>
<tr><td rowspan="3">果锈</td><td>褐色片锈</td><td>不得超出梗洼和萼洼，不粗糙</td><td>可轻微超出梗洼和萼洼，表面不粗糙</td><td>不得超过果肩，表面轻度粗糙</td></tr>
<tr><td>网状薄层</td><td>不得超过果面的 2%</td><td>不得超过果面的 10%</td><td>不得超过果面的 20%</td></tr>
<tr><td>重锈斑</td><td>无</td><td>不得超过果面的 2%</td><td>不得超过果面的 10%</td></tr>
<tr><td rowspan="11">果面缺陷</td><td>刺伤</td><td>无</td><td>无</td><td>允许干枯刺伤，面积不超过 0.03 平方厘米</td></tr>
<tr><td>碰压伤</td><td>无</td><td>无</td><td>允许轻微碰压伤，面积不超过 0.5 平方厘米</td></tr>
<tr><td>磨伤</td><td>允许轻微磨伤，面积不超过 0.5 平方厘米</td><td>允许不变黑磨伤，面积不超过 1.0 平方厘米</td><td>允许不影响外观的磨伤，面积不超过 2.0 平方厘米</td></tr>
<tr><td>水锈</td><td>允许轻微薄层，面积不超过 0.5 平方厘米</td><td>轻微薄层，面积不超过 1.0 平方厘米</td><td>面积不得超过 2.0 平方厘米</td></tr>
<tr><td>日灼</td><td>无</td><td>无</td><td>允许轻微日灼，面积不超过 1.0 平方厘米</td></tr>
<tr><td>药害</td><td>无</td><td>允许轻微，面积不超过 0.5 平方厘米</td><td>允许轻微药害，面积不超过 1.0 平方厘米</td></tr>
<tr><td>雹伤</td><td>无</td><td>无</td><td>允许轻微雹伤，面积不超过 0.8 平方厘米</td></tr>
<tr><td>裂果</td><td>无</td><td>无</td><td>可有 1 处短于 0.5 平方厘米的风干裂口</td></tr>
<tr><td>虫伤</td><td>无</td><td>允许干枯虫伤。面积不超过 0.3 平方厘米</td><td>允许干枯虫伤，面积不超过 0.6 平方厘米</td></tr>
<tr><td>痂</td><td>无</td><td>面积不得超过 0.3 平方厘米</td><td>面积不得超过 0.6 平方厘米</td></tr>
<tr><td>小疵点</td><td>无</td><td>不得超过 5 个</td><td>不得超过 10 个</td></tr>
<tr><td colspan="5">1）只有果锈为其固有特征的品种才能有果锈缺陷 .
2）果面缺陷，特等不超过 I 项，一等不超过 2 项，二等不超过 3 项</td></tr>
</table>

资料来源：作者承担国家商务部项目，其中有制定 50 种农产品标准内容，本表是其中一种。

（2）参考标准。为了减少 ID 卡的份量，超市农产品质量标准尽可能接近我国农产品国家标准。超市制定标准是参照国家标准文件，包括：① NY/T 1075 红富士苹果标准；② SB/T 10064 苹果销售质量标准；③ NY/T 439 苹果外观等级标准；④ GB 8855 新鲜水果和蔬菜的取样方法；⑤ GB 2762 食品中污染物限量；⑥ GB 2763 食品中农药最大残留限量。农民专业合作社需要找到这些标准（在网上可以查到），进行认真研究，在生产和分级的时候按照这些标准来做，这样就可以避免很多的失误。但值得注意的是，超市的采购标准并不尽同国家标准，超市有自己的要求。如果我们农产品生产者有超市标准，必须按照超市标准生产、分级和发货。

（3）理化指标。理化指标指的是农药和重金属残留相关规定。富士苹果有 20 种农药最大残留量的标准，参考表 3-1 所示。必须注意的是下表还不完全，还需要参考国家标准文件：① GB 8855 新鲜水果和蔬菜的取样方法；② GB 2762 食品中污染物限量；③ GB 2763 食品中农药最大残留限量（参考表 3-11 和表 3-12）。

表 3-11　富士苹果中 20 中农药最大残留限量

序号	中文通用名称	英文通用名称	最大残留限量（毫克/千克）	检测方法和标准	标准号
1	甲拌磷	Phorate	0.01	GB/T 19648	NY 1500.13.3 2008
2	甲胺磷	Metharmidophos	0.05	NY/T 761	NY 1500.31.1 2008
3	甲基对硫磷	Prarthion-methyl	0.02	NY/T 761	NY 1500.32.1 2008
				GB/T 19648	
4	久效磷	Monocrotophos	0.03	NY/Y 761	NY 1500.33.1 2008
5	磷铵	Phosphamidon	0.05	NY/T 761	NY 1500.34.1 2008
				GB/T 19648	
6	甲基异硫磷	Isofenphos-methyl	0.01	GB/T 19648	NY 1500.35.1 2008
7	特丁硫磷	Terbufos	0.01	GB/T 19648	NY 1500.36.1 2008

续表

序号	中文通用名称	英文通用名称	最大残留限量（毫克/千克）	检测方法和标准	标准号
8	甲基硫环磷	Phosfolan	0.03	NY/T 761	NY 1500.37.1 2008
9	治螟磷	Sulfotep	0.01	NY/T 761	NY 1500.38.1 2008
				GB/T 19648	
10	内吸磷	Demeton	0.02	GB/T 19648	NY 1500.39.1 2008
11	克百威	Carbofuran	0.02	NY/T 761	NY 1500.40.1 2008
12	涕灭威	Aldicarb	0.02	NY/T 761	NY 1500.41.1 2008
13	灭线磷	Ethoprophos	0.02	NY/T 761	NY 1500.42.1 2008
				GB/T 19648	
14	硫环磷	Phosfolan	0.03	NY/T 761	NY 1500.43.1 2008
15	蝇毒磷	Ciumaphos	0.05	GB/T 19648	NY 1500.44.1 2008
16	地虫硫磷	Fonofos	0.01	GB/T 19648	NY 1500.45.1 2008
17	绿唑磷	Isazofos	0.01	NY/T 761	NY 1500.46.1 2008
				GB/T 19648	
18	苯线磷	Fenamiphos	0.02	GB/T 19648	NY 1500.47.1 2008
19	杀虫脒	Chlordimeform	0.01	GB/T 19648	NY 1500.48.1 2008
20	氧化乐果	Omethoate	0.02	NY/T 761	NY 1500.49.1 2008

资料来源：NY1500. 13. 3–4 1500 31. 1–49.2 2008。

表 3–12　富士苹果中重金属残留规定

有害物名称	单位	浓度限值
pH 值	≤	5.5~8.5
化学需氧量	毫克/升≤	150
总汞	毫克/升≤	0.001
总镉	毫克/升≤	0.005
总砷	毫克/升≤	0.05
总铅	毫克/升≤	0.1
铬（六价）	毫克/升≤	0.1
氟化物	毫克/升≤	2
氰化物	毫克/升≤	0.5
石油类	毫克/升≤	1
粪便大肠杆菌	个/升≤	10000

资料来源：农业行业标准（NY/T391–2000）。

（4）包装要求。有些农业部门的同志在给农民专业合作社做培训的时候，会有些误导。譬如他们鼓励合作社与超市对接，目的是为了让农民自己打品牌，要求合作社做小包装，使用制作精美的纸盒，上面有合作社的名字等。这些同志的用意不错，但对超市的需求缺乏了解。虽然，超市也经营部分的礼品水果或蔬菜，但仅仅占超市销售农产品总量的很小一部分。大部分超市的服务对象是普通的消费群体，对性价比很敏感的消费群体。因此，超市需要尽可能地减少成本来降低价格，满足消费者对价格的需求。

合作社在包装材料的选择上，应尽可能选择成本低，但又牢固的包装纸盒，这样既可以降低成本，又可以避免产品在运输过程中受损，影响产品的质量。不同农产品采用的包装可参考表 3-13 所示。

表 3-13　包装纸箱的规格

序号	商品种类	包装箱类型	箱自身重（千克）	装货重量
1	苹果	纸箱	1.2	20 千克
2	梨	纸箱	0.7~0.8	15 千克
3	蜜橘	纸箱	0.7~0.8	15 千克
4	橙子	纸箱	1.1~1.2	20 千克
5	西瓜	纸箱	0.8~0.9	4 个
6	木瓜	泡沫箱	1	18 个
7	杧果	塑料筐	2	10 千克
8	菠萝	塑料筐	2	15 千克
9	荔枝	泡沫箱	0.5	8 千克
10	胡萝卜	纸箱	1.2	20 千克
11	番茄	纸箱	1.2	20 千克
12	马铃薯	纸箱	1.2~1.5	22.5 千克
13	马铃薯	塑料编织袋		30 千克

资料来源：作者调查和总结。

（5）运输要求。农超对接的运输要求是：①不得有明显物理异物；②不得与有异味的农产品或其他物品混置；③不得与有毒化学品混放。

（6）抽样方法。超市在收货的时候，采用什么样的质量检验抽样方法，对农民专业合作社来说是非常重要的。我们认为，采用的抽样方法越是科学，对于合作社与超市双方就越是公平。

①抽样检验样本数：超市抽样检验样本数量占送货总量的 5%。计算公式如下：

总抽样量（千克或个数）= 总运货量 ×5%

②抽样区域：抽样区域指的是超市从什么地方来抽取检验样本。超市直接从运货的卡车上抽取样本，抽取的方法是：a.1/3 样品（A）采自于货车头部的中间区域；b.1/3 样品（B）采自于货车顶部的中间区域；c.1/3 样品 (C) 采自于货车尾部的中间区域（图 3-27）。

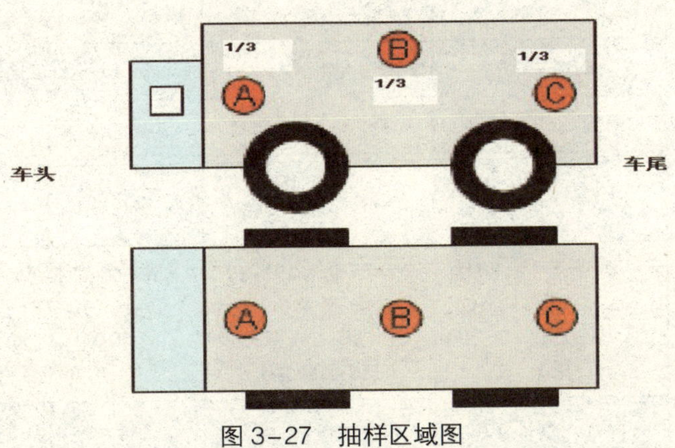

图 3-27 抽样区域图

（7）缺陷的计算方法。前面我们已经介绍了超市苹果的外形与等级标准。按照这个要求，苹果的质量指标有很多条。万一我们送货的苹果中存在质量缺陷，超市是怎样进行计算的？缺陷计算方法是，如果有一只苹果被发现存在缺陷（达不到“红富士苹果外观等级规格指标”表的标准），这只苹果就算是缺陷苹果。检测的时候，检验员把所有的缺陷苹果挑出来，对缺陷苹果进行称重。用这个重量除以抽样苹果的总数，得出的就是缺陷苹果比例。计算公式如下：

缺陷比例 %＝缺陷品数量（千克或个数）÷ 总抽样量（千克或个数）× 100

缺陷农产品的处理方式是：缺陷 3% 以下，警告，不做处理；缺陷在 3% 与 10% 之间采用扣重处理；缺陷在 10% 以上，采取退货处理方法如表 3-14 所示。

表 3-14　红富士苹果缺陷处理方法

稳定性缺陷	特级		一级		二级	
果形	果形端正		果形端正		稍有缺陷但不畸形	
	警告	扣重	警告	扣重	警告	扣重
	≤ 3%	10% ≥ X >3%	≤ 3%	10% ≥ X >3%	≤ 7%	10% ≥ X > 7%
色泽 (红色 %)	>50% 果红		>30% 果红		>20% 果红	
	警告	扣重	警告	扣重	警告	扣重
	≤ 3%	10% ≥ X >3%	≤ 3%	10% ≥ X >3%	≤ 7%	10% ≥ X >7%
果实大小（口径）	75~80 毫米 / ≥ 80 毫米（150~200 克 / ≥ 200 克）		65~75 毫米 / 75~80 毫米（90~150 克 / 150~200 克）		60~65 毫米 /65~70 毫米 / 70~75 毫米（50~90 克 / 90~125 克 / 125~150 克）	
	警告	扣重	警告	扣重	警告	扣重
	≤ 3%	10% ≥ X >3%	≤ 3%	10% ≥ X >3%	≤ 7%	10% ≥ X > 7%

续表

稳定性缺陷	特级		一级		二级	
没有机械损伤的外表缺陷 *1	< 10% 果面面积					
	警告	扣重	警告	扣重	警告	扣重
	≤ 3%	10% ≥ X >3%	≤ 3%	10% ≥ X >3%	≤ 7%	10% ≥ X >7%
非病虫害导致的外表损伤 *2	< 2 平方厘米		2~3 平方厘米		2~3 平方厘米	
	警告	扣重	警告	扣重	警告	扣重
	≤ 3%	10% ≥ X >3%	≤ 3%	10% ≥ X >3%	≤ 7%	10% ≥ X >7%
稳定性及非稳定性缺陷之和 *3	警告	拒收	警告	拒收	警告	拒收
	≤ 3%	>10%	≤ 3%	>10%	≤ 7%	>10

缺陷计算：如在同一产品上发现多于一个的缺陷，按照最严重的一个缺陷计算。不重复计算。

*1 没有机械损伤的外表缺陷：此指没有物理伤，但难看的或者不好看的外观，如果锈、日灼伤、斑点等损害产品的物理外观，但不会造成其他的产品交叉感染的缺陷。

*2 非病虫害导致的外表损伤：此指表面有物理伤，如擦伤、碰压伤、磨伤、雹伤、裂果等，这些物理伤会损害产品的外观并导致产品更易腐烂。

*3 非稳定性缺陷：这种产品缺陷将降低产品可食用性或导致消费者不愿意购买。包括可见虫害，由细菌真菌等引起的腐烂霉变，未愈合的伤口，大面积的变黑，以及任何可能导致产品迅速腐败的病虫害。

（8）苹果的缺陷样本。水果的生长期间，受各种因素影响，外形上往往有缺陷。避免缺陷产生的方法，一种是生产过程中尽可能对水果进行保护，避免缺陷的产生；第二种是在分级的时候，严格把关，避免不合格的产品混入商品果内，增加不合格产品的比例。然而，我们竭力推崇在生产过程中采用更加先进的技术来降低不合格率。为让本书的读者对水果缺陷的感性认识，我们刊登了部分苹果缺陷的照片（图 3-28）。

图 3-28　部分富士苹果的缺陷

资料来源：作者收集。

第四章　农超对接发展篇

前面我们提到过世界上所有的事物都要经历幼年期、成长期和成熟期。新生事物在开始的时候，犹如刚刚破土而出的幼苗，极其娇嫩，一碰就折。如果这颗种子具有巨大的生命力，外部环境又适合其生存，阳光空气和水分充足，这棵小苗就有可能长成撑天巨树。

第一节 农超对接的三个发展阶段

前面我们提到过世界上所有的事物都要经历幼年期、成长期和成熟期。新生事物在开始的时候，犹如刚刚破土而出的幼苗，极其娇嫩，一碰就折。如果这颗种子具有巨大的生命力，外部环境又适合其生存，阳光空气和水分充足，这棵小苗就有可能长成撑天巨树。

“农超对接”整体的发展进程大致上可以分为三个阶段：第一阶段是“搜寻阶段”，即事物发展的幼年阶段；第二阶段为“基地确定阶段”；第三阶段是可持续发展阶段。

一、合作对象搜寻阶段

搜寻阶段是指“农超对接”刚刚起步的阶段。在开始的时候，几乎没有人知道什么叫做“农超对接”。记得2007年4月，自己第一次到中部地区某省做“农超对接”的调研，希望能找到做“农超对接”的农民专业合作社。有位负责人介绍我去调查一家合作社。在我去访问这家合作社的时候，正巧这位干部陪同他的领导也去这家合作社调研，我们碰面了，可是这位干部装着不看见。原因是事先没有向领导汇报，害怕领导不赞同做“农超对接”，引起误解。显然，在那个时候，“农超对接”还不为人所了解，前途未卜。现在看来，我们姑且把它当作“农超对接”一则花絮来同大家讲。

“搜寻”顾名思义就是寻找。超市要做“农超对接”，需要同很多农民专业合作社合作，合作社把农产品卖给他们。但是超市对农民合作社一无所知，怎么办？只好通过政府部门介绍，超市逐个考察农民专业合作社，选出合适的合作对象。在这个阶段，我国农民专业合作社法刚颁布，合作社不仅数量不多，而且在生产规模、管理技能上符合“农超对接”要求的更少，因此只能通过“海选”的方式来寻找合适的农民专业合作社。就在2007年，我自己跑了四五个省，考察上百家农民专业合作社，最后介绍成同超市做“农超对接”的只有安徽砀山良梨镇砀山梨和湖北宜昌晓溪红蜜橘两家农民专业合作社。

在搜寻阶段，超市本身也在摸索。作为农产品采购的战略方向，一些超市做“农超对接”的大方向已经明确，至于如何建立强有力的采购团队，制定什么样的采购标准，如何更新传统的付款方式来适合于农民专业合作社等，是需要逐渐地建立起更完备的流程和规范。

二、基地确定阶段

经历两三年的搜寻阶段以后，“农超对接”项目逐渐显示出旺盛的生命力和美好的前景，它在提高农产品品质和安全性等方面都有良好的表现，为合作社提供稳定的市场销售渠道等已经得到充分地显示。“农超对接”不仅得到各级政府支持和媒体的关注，也受到超市和农户的欢迎。

在第四章第一节中提到的地方负责人打电话过来，要求超市派人参加他们召开的“农超对接”会议，该单位的领导要参加，因此希望超市能够派出头面人物参会。这也从一个侧面看到“农超对接”已经被人们所接受，不要担心领导有异议。

在这个阶段中，超市已经不需要通过前面的海选方式去寻找合作社，而是合作社主动联系超市，希望建立“农超对接”关系。在同成百上千家农民专业合作社的合作过程中，超市逐渐与一些规模大、供货稳定和产品质量有保证的农民专业合作社建立更加紧密的关系。对于每一种类的农产品，超市一般可以选择三到四家农民专业合作社作为重点合作伙伴。

被选为合作伙伴的合作社可以获得比其他合作社更多的发展机会。超市需求庞大而稳定，配合较好的采购价格，不仅让合作社获得持续经营的基础，而且提升了农民专业合作社的知名度和凝聚力。这势必会带动越来越多的周边农民加入合作社，进一步扩大合作社的规模。更为重要的是，农超对接也引起政府的重视，农民专业合作社有更多的机会争取到国家和地方的项目资助，对农产品加工设施设备增加投入，从而达到超市要求的标准。譬如，砀山县良梨镇的砀山梨农民专业合作社在2007年到2009年之间，社员人数就从100多户增加到6000多户，合作社果园的面积增加到8000多亩。

在采购基地相对稳定以后，超市对合作社农产品的安全性提出新的要求。超市逐渐开始在这些合作社中间建立农产品可追溯体系。

三、可持续发展阶段

可持续发展阶段可以说是“农超对接”和谐发展阶段。超市与农民专业合作社之间已经确定相对稳定的供货关系。对于农民专业合作社，由于有了稳定巨大的供货市场，可以放心地扩大生产规模。这时面临的问题是如何满足超市周年供应的需求。因此，在市场需求的推动下，不同地区生产同一类农产品的农民专业合作社开始需要联合，组建更大规模的农民专业联社，地域合作联社打破了农产品供应时间上的局限性，使得农产品周年供应成为可能。以胡萝卜为例，如果建立从海南到河北的胡萝卜合作联社，每年的12月到翌年2月海南合作社为超市供应胡萝卜，3~4月由福建省合作社负责供应，5~6月浙江合作社负责供应，7~8月山东合作社接续供货，9~10月再由河北张家口坝上的合作社提供产品，11月后供应方又转到山东。胡萝卜合作联社的建立，不仅解决了合作社产品的销售，也方便超市的周年供应。

农民专业合作社联社的建立，除了从时间上解决超市的周年供给需求外，在供货量上也有极大的突破，合作社大量供给能力已经不再是一家大超市能够消化的了，因此，合作联社需要采用多角化市场战略，把合作对象从原来的一家大型超市扩展到多家大型超市。农民专业合作联社也由此需要提升自己的加工、储藏和物流配送能力，从而开始建立自己的物流配送中心，并以配送中心为平台，把他们的产品辐射到全国各大中城市的超市终端。

在这个阶段，超市的“农超对接”开始从原来的数量型对接，价格型对接逐渐地发展到信息对接和食品安全管理对接。“信息对接”指的是，超市开发出适应农超对接的购销软件，通过网络与所有的“农超对接”合作对象下订单，确定价格。在食品安全对接方面，超市因为与合作社的联系进一步紧密，不仅控制产销量，而且开始关注质量，按照不同情况分批在合作社中建立起农产品可追溯体系。

在可持续发展阶段，农超对接的采购范围将有可能突破国界，发展成为全球范围内的农超对接。东盟自由贸易区的建立，消除14个国家之间农产品贸易障碍，从而使得东南亚国家和地区的热带水果、反季节蔬菜通过“农超对接”直接进入国内超市，丰富我国超市供应品种和数量。同时，那些拥有自己全球采购系统的跨国公司，也可以把我国“农超对接”中优质的合作社产品直接供应到超市分布在全球的门店。有丰富全球采购经验的家乐福赛伯亲口对我说，他非常有兴趣开发“农超对接”的出口市场如表4-1和图4-1所示。

表4-1 “农超对接”三发展阶段特征比较

	第一阶段：搜寻阶段	第二阶段：基地确定阶段	第三阶段：可持续发展阶段
合作社数	较少	中等	多
合作社规模	较小	中等	大
合作社生产技术	较低	中等	高
合作社管理能力	较低	中等	高
同超市的关系	松散	中等	紧密
超市与合作社交易方式	现金现场交易	现金与汇兑相结合	电子汇兑
信息联系	来人	电话或来人	电话或者网络
产品进出口	无	少量	增加

资料来源：作者根据调查结果整理。

图 4-1 赛伯考察家乐福农产品可追溯基地

第二节 农产品可追溯体系

目前，农产品可追溯正越来越受到政府部门和消费者的重视。尤其近几年出现各种食品安全事件以后，大家都希望找到一种能够比较彻底的提高农产品食品安全的途径。建立农产品可追溯体系被公认为有效地监督手段。

什么叫做“农产品可追溯”？我们先来看看人家怎么说。

国际标准化组织（ISO）和欧共体管理法规（178 / 2002）的将食品可追溯体系[①]定义为“在生产、加工及销售各个环节中对食品、饲料、食用性动物及有可能成为食品或饲料组成成分的所有物质追溯或追踪能力。”[②]

① 食品可追溯涉及范围比农产品可追溯范围更加广。

② Regattieri A，Gamberi M，Manzini R. Traceability of food products：General framework and experimental evidence, Journal of Food Engineering，2007，81：347~356.

简而言之，如果一种食品是可追溯的话，那么我们在农产品供应链上的任何一个阶段都可以知道这种食品是谁生产的，在什么地方（地块或大棚），生产过程中使用了哪些投入品，这些投入品又是什么？这种可追溯体系把生产者的责任和消费者的担心联系起来，使得消费者可以充分了解这些农产品是否按照符合安全的方法生产的，从而买得放心，吃得放心。

一些发达国家早已开始通过立法的方式推广农产品可追溯体系，目的是提高这些国家农产品和食品的安全性。2002 年，美国国会通过“生物反恐法案”，提出“实行从农场到餐桌风险管理”。这些国家对食品安全实行强制性管理，要求企业必须建立产品可追溯制度。美国的做法是：①规定明确标签基本要求；②规定种植和生产企业必须建立食品可追溯体制；③规定生产环节违法行为；④规定产品生产和食品进口要求；⑤规定企业建立食品安全可追溯制度实施期限。2005 年 1 月，欧共体制定新的法规，要求在欧盟内销售的牛肉制品，生鲜水果以及蔬菜都必须具备食品可追溯功能，以保证饮食安全。同时要求出口到欧盟肉类产品从 2005 年 1 月起必须具备可追溯功能，否则不允许上市销售。此外还禁止不具备可追溯性食品进口。挪威对食品实行产品跟踪标签制。自 2003 年起，市场所有零售食品均将实行产品跟踪标签制，除规定农药残留等可测量技术性指标，在食品生产环境等方面提出最广泛要求。日本建立强制性可追溯体系，要求本国所有牛肉制品从农场到餐桌全程跟踪[①]。

2003 年，我曾经赴日本京都大学农学部进行合作研究。当时，日本政府就同京都大学合作，建立了牛肉的可追溯体系。

农产品可追溯具有非常重要的意义，一方面可以提高农产品生产、加工和流通者的责任心；另一方面，一旦发生食品安全事件，就可以“按图索骥”，找到真正的责任人，避免扩大责任范围，影响其他的安全农产品生产者的工作和积极性。因为任何时候，真正投机者只是少数人。

① 周莉，刘明春．“食品可追溯体系研究现状”，《粮食与油脂》，2008 年第 7 期第 45~47 页。

食品安全事件发生以后，往往“城门失火，殃及池鱼”，生产者、消费者和政府部门的损失都很大。典型例子有“海南豇豆”事件。海南豇豆种植面积约20万亩，主要集中在海口、三亚、陵水、东方、乐东、澄迈等6市县，是我国冬季反季节豇豆的主要供应地区，为丰富消费者餐桌作出了贡献。从2009年12月到2010年1月，全省已累计销售豇豆20万吨，还有20万吨豇豆待上市销售。其中80%~90%的海南豇豆销往外地市场。

可是好事多磨，2010年1月份，海南豇豆在武汉白沙洲农副产品市场连续三次被检测出含有禁用农药水胺硫磷。随后上海、郑州、合肥、杭州、广州等地也均检测出海南豇豆农药残留超标。农药残留超标事发后，全国很多地区开始严控海南豇豆进入市场，对豇豆价格和销量影响极大，从价格最高时的每斤3元多降至每斤0.4元，价格跌至谷底。有一位山东的批发商，向上海发出的500箱豇豆全部被拒收，这位商人说：“现在我不仅赔本，而且也不再继续收购豇豆了，收了也没人要。”豇豆必须及时收获，卖不掉的话受损失最大的还是种植豇豆的上万户农民。不公平的是那些从未使用过水胺硫磷的农民，也不得不受到影响，我想他们的人数占绝大多数。无辜的豇豆种植农户怎么办？怎样可以不扩大打击面？最好的办法是仅仅惩处使用水胺硫磷的人，通过什么方法可以把这些人“揪出来”？法治社会需要证据说话，有效方法之一是建立农产品可追溯体系。因为可追溯体系具备“在生产、加工及销售各个环节中对食品、饲料、食用性动物及有可能成为食品或饲料组成成分的所有物质追溯或追踪能力。”建立可靠的可追溯体系以后，在豇豆的种植过程中使用过的所有的农药、化肥、激素等都可以找出来，而且精确到每个生产者及每个地块或大棚。

2003年以来，我国也开始了农产品和食品可追溯体系的建设工作，而且取得不少成果。同农产品可追溯性有关的信息已经相当丰富。“百度一下”竟找到相关网页约1260000篇。特别感兴趣的是一篇题为“端州区健全农产品质量安全可追溯制度”的同农产品可追溯有关的报道。我们摘录如下：

“今年肇庆市端州区将全面开展食用农产品标识管理工作，力争在全区的农产品批发市场、超市、农产品销售店、建制镇以上农产品集贸市场等实现食用农产品100%附加标识。

农产品标识是农产品的身份证和市场准入证。根据《广东省食用农产品标识管理规定》要求，生产和经营的农产品都必须配上包括产品名称、产地、生产日期以及生产者或销售者详细资料的标识才可以销售。市民通过农产品标识，可以对植物产品的收获日期、鲜活畜禽的出栏日期等信息一目了然。一旦产品出现安全质量问题，监管部门就能根据标识追踪溯源，作出相应的处理，使农产品质量安全落实到生产区域，落实到生产者。

目前，城区人民中市场、石咀市场的农产品销售摊已悬挂农产品标识牌。端州区农业局已在这两个市场发放了400多个食用农产品标识牌。西江路水果批发市场、大润发和昌大昌超市的食用农产品标识管理工作也正在进一步推进中。在试点工作取得经验的基础上，端州区分类分步推进食用农产品标识工作，2010年底前在全区批发市场、超市、农产品销售店、镇级以上农贸市场，对蔬菜、生猪、家禽、水产品、水果五大类农产品实行标识管理。2011年将推广到所有食用农产品，标识覆盖率达100%。”

这篇报道的日期是2010年4月8日，信息来源是广东省信息网[①]。

大家都知道，我国农产品供应链的特点是：①农产品生产者的规模特别小；②农产品从生产者到消费者之间需要经过多个中间环节。因此，为我们实现农产品的可追溯性增添很多技术上的困难。譬如，一家农户一天可以收割100千克的蔬菜，他把这些蔬菜卖给来田头收购的经纪人。经纪人收购一次最低需要5000千克的蔬菜，所以经纪人必须从50家农户手中收到这些蔬菜。经纪人把5000千克的蔬菜运输到批发市场卖给批发商，由于价格的原因，经纪人有可能把5000千克的蔬菜分别卖给5个批发商，每个批发商从一个经纪人手中买到1000千克的蔬菜。批发商采购

① 原文见：http://202.127.45.50/dfxxlb/gdxxlb/t20100408_1463154.htm。

量大，一卡车需要 30000 千克的蔬菜，他必须从 30 个经纪人手中购足这些蔬菜。然后，批发商把这卡车蔬菜运输到山东寿光蔬菜批发市场，分别转卖给 10 个二手批发商，每个二手批发商为了装满卡车，又需要从 10 个一手批发商手中买进蔬菜。然而，有幸其中的一个二手批发商来到肇庆市端州区农产品批发市场，出售已经上下翻腾、装车和卸车 5~6 次的蔬菜。除了这些蔬菜每棵或者最起码每小捆（半斤一捆）上有非常牢固标签外，很难做到保留我们前面提到的生产者所有信息，从而实现“一旦产品出现安全质量问题，监管部门就能根据标识追踪溯源，作出相应的处理，使农产品质量安全落实到生产区域，落实到生产者”。

请读者在看了图 4-2 后思考一下，通过传统的农产品供应链来建立农产品可追溯性是否可能？

图 4-2　蔬菜在批发市场不同车辆间来回倒运

古代有个国家的国王非常擅长于走象棋，全国无敌手。他觉得这样下去非常没有意思。为了找到能够决一胜负的高手，他贴出布告，国王要求天下棋手来宫殿同国王下棋。如果谁赢了国王，国王愿意满足这个棋手的任何的一个要求；但如果输了，棋手将要被斩首。有一天，从国外来了位棋手，一番厮杀后竟胜了国王。国王很守信用，问棋手有什么要求，棋手说他只要求把棋盘每个格子摆满大米。他提出摆米方法很特别，第一个格子放一粒，第二个放两粒，第三个放四粒，第四个放八粒。国王想自己拥有这么大的国家，给他这么些大米有何难处。然而，他让人算了一算，才知道这是一个天文数：全国所有的大米都放进棋盘也不够。我们的读者可以算一下，一个棋盘有 81 个格子，2 的 80 次方粒大米有多少吨。

同样的道理，农产品可追溯体系是能够做，但需要采用科学的方法，切忌浮夸，脚踏实地从试验到推广，从小范围到大范围，从少数产品到更多产品，从没有经验到总结、积累和推广经验。如果我们不顾及我国农民的现状，想在一夜之间在全国范围内普及农产品可追溯体系，何其难也，最终只会发现，一些在想象中非常容易的事情，实际上非常复杂，难以做到，就像前面提到的国王怎样也拿不出装满一只棋盘的大米一样。

第三节　家乐福质量体系介绍[①]

建立农产品可追溯体系是提高我国农产品安全性的重要手段，针对近年来我国频繁出现农产品食品安全问题，现阶段引进农产品可追溯是非常必要的。然而，农产品可追溯体系本身就是一项极其复杂的工作，特别是我国农民人数多，农业生产组织化程度不高，更提高了其难度。

然而“农超对接”为我们创造了新的契机，超市走出门来直接与农产品的生产者对接，从而解决了中间环节过多，信息难以有效传递和保存的

① 这是 2006 年胡定寰做的一项题为“Case Study on Carrefour Quality Line in China”研究成果，这个报告之所以能够写出，是由于得到家乐福，特别是家乐福原中国区总裁施荣乐（Jean Luc CHEREAU）先生和原质量管理经理叶玮玲女士的支持，在此谨谢。

难点。在我们与读者讨论怎样做农超对接中的农产品可追溯之前，我们还是有必要借鉴一些成功的经验。家乐福的质量体系在农产品可追溯上有很多成功的经验可以借鉴。以下我将把 2006 年所做的有关家乐福质量体系的研究成果介绍给读者参考。

一、一则动人的故事

质量体系（Quality Line）属于家乐福自有品牌的绿色农产品，从 20 世纪 90 年代初就开始做了，比欧共体制定新食品可追溯性功能法规整整提前 15 年。家乐福为什么要做具有可追溯性功能的质量体系呢？在我调查的时候，曾经向家乐福当时的负责农产质量体系的质量管理经理叶玮玲提出了这个问题。叶经理给我讲了一段同家乐福创立质量体系有关的动人的故事。

在 20 世纪 80 年代末，法国家乐福总部的一位董事陪伴妻子去非洲旅游。由于妻子体质比较弱，在旅游时吃了不净食物以后了生病，回到法国后不治辞世。这位家乐福总部高管十分痛苦，深感食品安全的重要性。他认为建立有效的食品安全体系，不仅可以增加企业的利润，更重要的是可以产生巨大的社会效益。为此，他努力说服其他的董事，在家乐福内部建立了质量体系。

家乐福质量体系于 1990 年率先在法国开始做起。1992 年家乐福同 Boule Bio 公司合作建立了生产有机面包的质量体系。1993 年同 Normande & Montbeliande 合作建立牛肉的质量体系。1994 年和 Norway 合作建立三文鱼质量体系。1995 年建立 Poitou Charente 的羊肉质量体系。1996 年家乐福建成了 12 个质量体系。1997 年增加 60 个。1998 年家乐福在法国以外国家建立质量体系。到 2003 年，家乐福在全球共建立了 456 个质量体系。

1999 年，家乐福在我国引进了第一个质量体系，荔枝质量体系。2002 年完成了蜜柚和芦柑质量体系，2003 年建立三文鱼质量体系，2004 年完成香蕉和苹果的质量体系，2005 年建立猪肉的质量体系。

二、什么叫做家乐福质量体系

家乐福质量体系是一种先进的具有农产品可追溯功能的安全食品生产体系。家乐福通过对农产品的从田头到门店的整个供应链的全程控制与监管，确保产品品质和安全性，主要的监控方法就是在农产品供应链上建立可追溯体系。家乐福质量体系的产品属于家乐福自有品牌的绿色生鲜食品。质量体系农产品的生产不仅需要确保食品安全，还要重视整个生产过程中对环境的保护作用。

家乐福质量体系农产品定位是：①从田头到餐桌的整个农产品供应链保持可追溯；②农产品没有农药残留；③产品质量稳定；④在生产和加工过程对环境保持友善，不造成环境污染；⑤产品价格定位在为较多的消费者有能力接受。

家乐福质量体系产品具备五方面特点：

（1）产品的味道。向顾客提供比普通农产品更加好的味道。这里的味道指的是鲜美度和口感。质量体系根据不同的农产品提出一些硬性的指标，如含糖量，含酸量，成熟度和新鲜度。这些指标按照不同产品在质量体系手册上有明确的规定。

（2）产品的价格。质量体系产品除了有优良和稳定的品质外，还需要有为较多消费者可以接受的适中价格。同时，为了使得生产者能够按照质量体系的要求生产和加工农产品，家乐福承诺，以比市场更优惠的价格收购合作者的产品，把超市的部分利润反馈给农民。

（3）食品安全。质量体系的口号是为人类和顾客的健康作贡献。为此，质量体系规定，质量体系生鲜农产品必需是可追溯的，整个运输过程必需采用冷链系统。质量体系要求种植农产品的土壤、水源和空气必须符合绿色食品的标准。同时，对种植和养殖过程中农药和化肥的使用，也有标准和严格的限制。

（4）可持续性。保护社会、经济以及生态环境，严格控制农药的使用。对废弃物和包装材料进行管理，不使用转基因的品种和原料，不使用激素，以及在饲料中不使用动物蛋白。

（5）可追溯性。质量体系农产品可以对整个生产、加工、运输和销售过程进行追溯。

三、质量体系的开发与管理

家乐福质量体系的特点或者说是关键点在于对农产品的质量控制。在发展中国家，特别是以小规模农户生产为主的国家内建立家乐福自有品牌的绿色农产品是需要付出更多的努力。为了能够做起农产品的可追溯性，按照当时的质量经理叶玮玲的说法，家乐福在中国选择具有食品安全意识和管理能力的大农场作为他们的合作对象。

为了做好质量体系的开发和建设工作，家乐福在开发质量体系的时候非常谨慎，速度也很慢，他们是逐个地对产品进行开发。首先是家乐福内部经过周密的论证，决定开发哪一项产品，这个过程需要做大量调研工作，包括市场调查和超市内部调研。在确定产品之后，他们开始寻找合作伙伴，质量体系产品的供应商。他们一般通过家乐福内部采购部门推荐，或者经由农业大学和农业科学研究院的专家介绍。家乐福一般会挑选相当多的候选供应商，然后由质量体系负责人逐一地对候选人进行访问和考核。考核供应商的第一步是采集供应商农场的土壤、水源和空气样本，送至具有权威性的第三方检测机构进行分析。检测报告证明农场的土壤、水源和空气符合质量体系规定的生产条件，然后再确定合作对象。此后，质量体系负责人多次访问供应商，考察农场的种植过程、环境、管理是否符合要求。必要时，家乐福还会聘请大专院校的专家对供应商进行指导。

虽然，家乐福事先已经准备了质量体系的产品标准手册，但他们还会针对实际情况，同供应商合作，共同多次修改负标准手册，使得手册不仅能够符合家乐福质量体系标准要求，而且对于供应商亦有操作性。最后，家乐福和供应商双方在产品标准上签字，以表示双方认同。关于家乐福质量体系的开发程序如见图 4-3 所示。

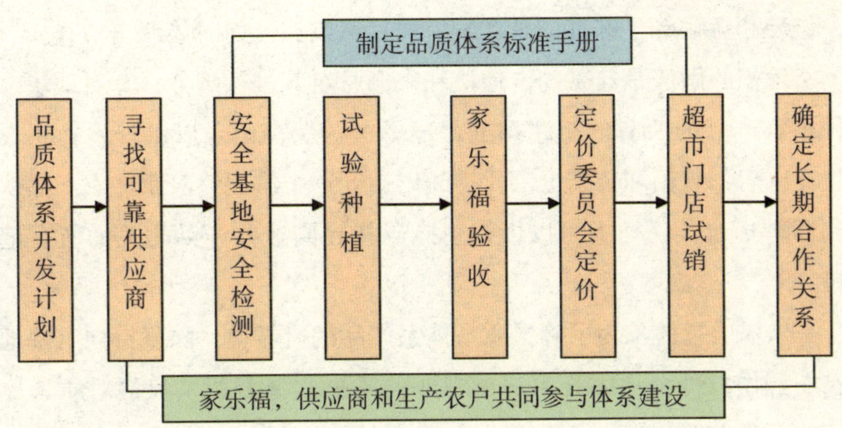

图 4-3 家乐福品质体系的建设过程

质量体系处的管理人员同供应商有非常密切的联系，质量体系建立过程中，家乐福管理人员平均每 2 个月就需要下去检查一次供应商的工作。在质量体系建立之后，每年必须回访 2~3 次。原则是，质量体系处管理人员必须熟悉供应商的整个操作过程。质量体系处处长叶玮琳说："我们必须熟悉农场的所有农民的面孔"。

做好农产品质量监控工作仅仅依靠超市自身来做是不能够达到要求的，更需要得到供应商的支持。为了提高供应商对农产品品质和安全性的监管能力，家乐福在培养供应商方面也做了很多的工作。具体包括：①对质量体系供应商的培训，凡是家乐福组织相关的培训活动都邀请供应商参加，组织供应商到法国学习；②产品收购价格优惠，家乐福提高质量体系产品的收购价格，让合作者可以获得更多的经济利益；③缩短付款期。家乐福对普通供应商的付款期是 60 天，对质量体系供应商是 30 天。

四、质量体系的农产品可追溯

农产品可追溯性是家乐福质量体系的一大特点。所谓的农产品可追溯性，是指农产品在整个生产过程中涉及的所有的生产资料和种植程序、加工、包装和运输等全部都记录在案，而且可以在任何时候调出检查。

家乐福的做法是：①确定地块和大棚，对其进行编号；②对地块、大棚种植农产品的所有的工序都进行记录；③保存记录以供查索；④农产品收货以后，装箱和装袋上都保持编码；⑤这个编码终身跟随农产品从田头到零售柜台，任何人可以根据追溯码找到同这些产品相关的所有记录资料。

家乐福质量体系为了确保质量体系产品的可靠性，除坚持同有基地的大农场合作以外，还委托第三方专业的质量监督公司来负责对质量体系产品的全程监管。

有兴趣的读者可以参考图 4-4 和图 4-5 所示。

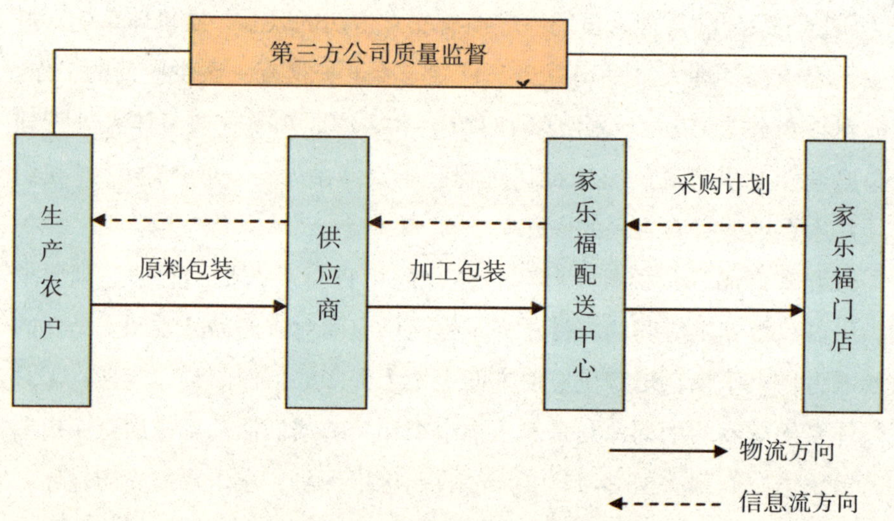

图 4-4　家乐福品质体系质量管理模式

第四节　家乐福质量体系案例介绍

前面的一般性介绍，我们的读者可能会感觉到枯燥，下面我们介绍几

图 4-5　家乐福质量体系水果

个家乐福质量体系的案例。这些案例不仅告诉我们家乐福的质量体系产品怎样被开发出来，更重要的是让我们了解农产品可追溯体系具体是怎样做的。

一、家乐福法国的质量体系[①]

如前所述法国家乐福质量体系从 20 世纪 90 年代初开始。通过两年的摸索，到 1992 年完成法式有机面包质量体系的开发工作。家乐福做质量体系的初衷是为顾客提供安全优质、口感好的农产品，而且这些农产品的生产过程必须友好地对待生态环境，使产品环境是可持续发展，顾客吃得放心。要实现这个目标，生产方法完全不同于传统的生产方式，在生产过

① 这部分材料是法国家乐福品质体系负责人 Gilles Desbrosse 向胡定寰博士介绍，采访日期 2006 年 9 月 18 日。

程中投入成本要高得多。然而，由于这些产品的性价比很高，所以能够为较多的消费者所接受。

法国家乐福开发成功的第二个质量体系产品是牛肉。这是大型超市首次在法国直接与农民联手合作。除了牛肉生产农民外，家乐福还邀请有能力对农民生产过程和品质进行管理的公司共同来参与牛肉质量体系的开发工作。家乐福、公司和农民三方一起签订合同，农户负责肉牛的养殖和育肥，公司负责屠宰、分割、物流配送，以及特别重要的食品安全管理，家乐福负责牛肉的销售。

家乐福质量体系开发属于系统工程，有相当大的难度，因为不仅要建立一整套食品安全的控制技术，而且还要对农民和其他相关人员进行培训，改变他们的观念。为了建立农产品可追溯性，达到良好操作规范的要求，家乐福每开发一种新的品质体系产品，就需要对农民进行平均为期18个月的培训。

家乐福质量体系的特点在于实现农产品从田头到餐桌的全程追溯，不仅是农产品的生产过程，还需要追溯到农产品的生产投入品，水果和蔬菜需要追溯到农药、化肥、激素；畜禽产品需要追朔到饲料、添加剂和兽药。家乐福的质量体系为法国培养了一大批有能力控制农产品质量的农民，创建了新的农业生产理念，从而让法国农业在食品安全方面提升一个档次。

譬如，质量体系规定不允许给牛和猪喂激素，从而避免激素对食用者身体的影响。在法国有一种乳肉两用的奶牛，干奶期之后，按照常规农户会立即把母牛送到屠宰厂杀掉用其肉，但家乐福品质体系从动物福利和顾客安全出发，规定这类奶牛停奶后必须经过6个月的休养期才能够屠宰。质量体系对农产品生产有严格标准和规定。喂养质量体系生猪饲料中谷物饲料的比例必须在60%以上，以保证猪肉的口感。从2005年3月开始，法国家乐福规定质量体系畜产品生产禁止使用转基因大豆和豆粕。

法国家乐福质量体系还负有社会责任。有一位法国家乐福质量体系的负责人给我讲了他自己的故事。有一家为家乐福质量体系供应奶酪的公司由于其他情况准备歇业，一旦这家奶酪公司停业，将会造成 26 家小规模的奶酪生产农户也不得不倒闭，因为农户的唯一的市场就是这家家乐福的奶酪供应商。质量体系的负责人想到这些后，亲自到现场进行调查，结果发现这些小农户生产的奶酪质量非常好。于是质量体系负责人向总部提出申请，要求保留奶酪品质体系，并用 26 家奶酪农户生产的奶酪替代停业的公司。从此这 26 家奶酪生产农户因祸得福，成为家乐福品质体系的直接奶酪供应商。家乐福除了同 26 家农户签订质量体系供应合同外，为了让农户增添为家乐福供货所需要的设备，还预付了农户一部分购买奶酪的钱。此后，这 26 家奶酪生产农户一直是家乐福奶酪质量体系的合作伙伴。

二、家乐福法国苹果质量体系供应商①

2006 年 9 月 22 日，在法国家乐福质量经理的陪同下，我访问家乐福质量体系的苹果供应商。查理・高逖尔先生（Charlie Gautier）是这家公司的所有者，当年 43 岁，从 1985 年起继承父母的苹果园，面积 110 公顷。

查理家原来是当地苹果合作社的社员，1990 年为了发展高端苹果市场，他脱离苹果合作社，选择自己开拓苹果销售渠道。查理曾经同几家超市谈过，都没有做成生意。一次查理去家乐福 LE MANS 店购物，发现这家超市出售的苹果不是当地货。查理他们所在地区是法国著名的苹果产区。查理觉得没有理由不让当地苹果进法国最大的家乐福超市。他就主动上门找家乐福负责人洽谈。他的理由是，“本地区属于法国苹果的主产区，为什么家乐福舍近求远，采用外地的苹果呢？”那位负责人觉得查理说的有理，让他第二天把苹果样品送过去。那人看了查理的苹果后非常满意，随即就同他签订供货合同。从此，查理就成了家乐福苹果供应商。随着合

① 胡定寰博士 2006 年 9 月 22 日采访了家乐福质量体系的苹果供应商 Charlie Gautier 先生，本文是根据采访笔记整理而成。

作时间的增加，查理同家乐福关系越发紧密，供货的门店从最初的1家增加5家，苹果销售量也快速增加。

由于查理苹果的质量稳定，1992年家乐福选定查理公司为家乐福质量体系的候选人。家乐福开始对查理的苹果农场进行全面审核。达标后，家乐福要求查理进一步提高苹果质量，他们建议农场加大苹果的修枝力度，对每棵苹果树产量进行控制。虽然查理他们已经是非常重视生产苹果的安全性，但进入家乐福质量体系以后，他们必须按照家乐福质量体系标准进行生产，果园农药使用量和次数减少了，相反有机肥使用量却大大增加。2005年起，家乐福在质量体系标准中增添水果的口感指标，为口感好的水果提供更好的采购价格，促使查理朝苹果口感方向进行努力。

查理是法国家乐福唯一的苹果供应商，苹果质量体系的标准由家乐福和查理公司两家共同来制定。但是农场监管工作还必须由同家乐福签约的第三方专业公司负责。第三方公司每年派遣审核员对查理农场进行两次审核。审核人员需要检查生产规范、人员、产品处理、风险防范，以及农产品跟踪等各项记录，还需要检查农场果树种植、采摘、运输和包装等现场工作。质量审核是一项复杂的工作，只有具备丰富经验的人才有资格担任。

家乐福质量体系安全控制的关键点是建立可追溯体系。查理公司根据要求按照苹果供应链的不同阶段设立追溯岗位，各个岗位分别做记录文件。譬如，果园负责人需要记录使用拖拉机、灌溉、施肥和使用农药情况。农药记录相当详细，必须把使用什么农药，农药的浓度，喷洒时间，用药面积等记录下来。公司检验员做的土壤分析结果也必须记录存档。查理他们需要把同苹果生产有关的所有细节都记录在案，妥善保管，以备查阅。尽管外人看来这已经到了繁琐的程度，但做这项工作的人都认为非常必要，既可以提高产品的品质和安全性，也可以提高公司的管理水平，因为经常查阅这些记录有助于发现问题和薄弱环节。

果园的可追溯记录以地块为单位，为此，他们把所有地块做了编号。在收获苹果时候，不同地块的苹果不允许混放在同一个货筐内，所有货筐都贴上苹果种植地块编码。在加工车间对苹果进行分级包装作业的时候，也必须按照不同编号地块分别处理。由于可追溯记录数量多、复杂性高，因此，所有记录信息必须一周内全部收齐报送办公室，归专人保管，同时由秘书把信息输入电脑。苹果出厂前最后一道工序是贴标签，一只只苹果经过流水线的时候，电脑会自动生成带有检索码的标签，并自动地将标签贴在苹果上面。顾客如果想知道购买的苹果有关信息，可以通过标签在家乐福网站上查到这些。质量体系苹果的纸箱上也贴有检索码，查理公司和家乐福根据这些条码可以轻松找到苹果的批次，追溯到上游各个环节的相关信息（图 4-6）。

图 4-6　给苹果贴可追溯码标签

查理公司与家乐福的合作稳健增长。2000 年，公司销售给家乐福的苹果量是 2000 吨，金额 200 万欧元。2006 年销售量增加到 3000 吨，销售金额达 330 万欧元。查理公司还发展了两家苹果合作农场，家乐福质量体系同样也对这两个农场进行审核。两个农场不直接为家乐福供货，而是需要通过查理他们的公司进入家乐福超市，查理公司负责对这两个农场的质量监管工作。

法国人相当勤劳，在采访过程中，查理在苹果园把他的 77 岁老父亲介绍给我。老人身体非常健康，每天还能够在农场帮助做些零活。据说在法国人工费相当昂贵，苹果采摘工人的人均月工资是 1000 欧元，折合人民币 1 万元。

对于普通的供应商，家乐福需要收取各种费用，如进场费、货架费等，但家乐福不收取质量体系供应商家任何费用。不过，在促销期间，家乐福会要求查理公司一起合作搞促销。

三、法国家乐福牡蛎质量体系①

2006年9月20日，在家乐福质量体系的安排下，我在法国的西海岸采访了家乐福质量牡蛎体系供应商Les Huitres Cadoret公司董事长贾卡勒先生（Jean-Tacaues Cadoret）。贾卡勒35岁，是一位典型的法国帅哥，黄头发，深蓝眼睛，留着小胡子。听说我是从中国来专门考察家乐福的质量体系，他非常高兴，并热情接待。采访结束后，还特地邀请我去他家共进午餐，餐桌正中摆一大盘他们公司生产的生牡蛎。当牡蛎肉从壳中取出来，蘸上特制的法国调料，放进嘴里，软软的牡蛎肉带有微微的海鲜腥，鲜味从舌尖逐渐地向全口扩展，有种从任何其他的食品中难以得到的味觉感官刺激。这让我体会到什么才是真正的美食，也使我悟解为什么古代人愿意冒着生命危险去尝河豚鱼的美味。共进午餐的还有贾卡勒的父亲，公司退休的董事长。从他铜盘色的脸膛中可以看出这位先生还在干一些体力活。我感兴趣的是，在我们用餐的时候，贾卡勒的母亲和妻子没有上桌，忙于端菜、上酒。我招呼她们，只是笑笑不上来，是否法国也有我国北方女子不上桌的习惯？由于客气，不好寻问（图4-7）。

图4-7　贾卡勒先生的牡蛎家宴

贾卡勒先生的牡蛎公司属于家族制企业，1885年成立以来到贾卡勒为止已经传了5代人。公司主业是牡蛎的养殖和加工。在20世纪初，冷藏技术尚不发达，

① 本案例内容由法国Les Huitres Cadoret的董事长Jean-Tacaues Cadoret先生提供，2006年9月20日Jean-Tacaues Cadoret接受胡定寰博士的采访。

他们的所有业务都只能够在冬季进行。客户主要是法国的高档餐厅和酒楼。20 世纪 60 年代后，随着超市迅速发展，超市成了公司的主要顾客。1985 年，公司开始同家乐福合作。开始的时候，他们的业务进展很慢，因为家乐福的采购人员老是压他们产品的价格，公司获利的空间不大，发展速度也受到限制。进入 20 世纪 90 年代以后，家乐福经营策略发生了变化，开始追求商品的质量和口感，转而采用优质优价政策，公司的盈利也开始多起来，公司进入快速发展期。

经过多年的合作，贾卡勒公司牡蛎产品的质量得到家乐福肯定，1994 年家乐福把贾卡勒公司列为质量体系供应商的名单。这是家乐福质量体系首次引进鲜食牡蛎。鲜食牡蛎的安全性要求非常高，因此，在签订品质体系合作之前，两家公司整整花了两年时间做准备工作。家乐福对他们提出很多要求，贾卡勒公司按照要求逐项进行整改。双方用很多时间进行讨论、研究，甚至争论。“我们用了整整 2 年的时间才做完标准材料——质量体系工作手册”，贾卡勒说。他说话的口气是既无奈又自豪。

虽然成为家乐福质量体系供应商绝非一件容易的事，但认识到对自己公司有好处，贾卡勒全力投入这项工作。贾卡勒先生对我说：“我们同家乐福合作做品质体系，要求我们公司提高产品质量，也符合我自己的意愿。做到牡蛎生产的全程可追溯性，使得我们产品的质量和安全性有了保障，家乐福帮助我们来完成这项公司，减少了我们很多负担。如果全部工作让我们自己做，不知道哪年哪月才能完成。你知道人是有惰性的，没有压力做不成事情。”

1996 年，贾卡勒先生的公司正式成为家乐福品质体系的供应商，产品品牌的知名度更高，市场也更宽广，特别是在产品出口上有了很大的提升。家乐福帮助他们的产品出口，2006 年公司牡蛎出口量已经占营业额的 50%。贾卡勒公司的产品出口意大利、瑞士和西班牙。“我们向中国出口牡蛎，但数量不多，一年的销售量约 50 千克。”出口中国的牡蛎是通过空运。

贾卡勒公司的牡蛎生意之所以能够延续五代人，秘密就在于公司旁边有条名叫 LE BELON 的河流，河里的水质很特别，用这条河里的水来浸泡和加工的牡蛎，可以使牡蛎上产生区一种别于其他任何地方牡蛎的特别味道，深受法国和其他国家美食家的偏爱。正是由于贾卡勒公司的牡蛎是 LE BELON 河生产的，所以牡蛎的品牌也用这条河来命名——LE BELON 牡蛎。

贾卡勒公司在法国的西海岸有自己的牡蛎养殖场，海水完全达到法国国家级标准。工人们把牡蛎打捞上来后，带水运输到加工厂池子里养殖和清洗，池内有小气管喷气，把牡蛎内的杂质洗掉。池水必须每天更换一次，他们乘涨潮河水上涨的时候，把水抽到池子里。牡蛎在池内养殖和清洗的时间从 8 小时到 1 周，主要看牡蛎的清洁程度。从池子里捞出来的牡蛎放进加工流水线。工厂有一条自动清洗流水线，牡蛎清洗后，进入分拣流水线。分拣由人工操作，工人们手工分检，对牡蛎进行分级，同时，把死的和不合格的牡蛎挑拣出来。随后牡蛎进入包装车间。整个流程由电脑控制，包装完成后，电脑自动生成发货单。

贾卡勒公司有长期工人 30 多人，在牡蛎生产旺季，要招收 300 个临时工人。牡蛎年产量 2400 吨，其中大牡蛎 2000 吨，小牡蛎 400 多吨。2005 年公司牡蛎销售金额 900 多万欧元，占法国第一位。家乐福是贾卡勒公司的第一大客户，法国和其他国家家乐福采购量占公司总产量的 15%。

牡蛎的可追溯性是从养殖开始。公司把牡蛎养殖场分成不同的区域。在捕捞的时候，各个区域分开捕捞，并把不同区域捕捞的牡蛎放在不同颜色的框子里。养殖情况与捕捞时间全部记录在案。加工过程也是分批进行，并由电脑控制。最后的包装箱上，贴有电脑自动生成的可追溯条码。运送到任何地方的牡蛎，都可以根据可追溯条码查到牡蛎从养殖开始的所有信息。

起初，贾卡勒只是为家乐福提供品质体系牡蛎。现在，他们同样也为其他的客户提供同样品质和可追溯的牡蛎，这种生产方式得到其他顾客的认可。

质量体系中牡蛎的监管工作通过第三方审核机构执行，审核机构每年来厂抽查3次，使得贾卡勒公司每时每刻必须提高警惕。

家乐福牡蛎质量体系采用订单采购的形成方式是，贾卡勒公司每年年初把自己的生产计划告诉家乐福，然后家乐福制定采购计划。在落实的过程中，家乐福每天通过电话给公司下订单，贾卡勒公司按照订单准备牡蛎，并按时给家乐福发货。为了让家乐福更好地掌握生产情况，贾卡勒还把他们当年购买幼牡蛎的数量和预计未来3年的产量等信息都告诉家乐福，让家乐福有所准备。

贾卡勒先生对中国市场非常有兴趣，临别时还特意叮嘱如果有中国企业需要他们的优质牡蛎，一定让我帮忙介绍。牡蛎从法国运往中国的技术问题已经解决。我也希望这家公司的牡蛎能够引进到中国市场，让我国的美食家也有机会品尝到正宗法国牡蛎——世界顶级美食。

四、中国蜜柚质量体系案例

我研究家乐福质量体系的初衷是为了找到解决中国农产品安全问题的途径。这项研究工作从一开始就得到当时负责家乐福质量部门的安东文先生的支持。为获得第一手资料，我逐一访问了家乐福质量体系供应商。2006年7月20日，在家乐福品质体系负责人叶玮琳的介绍下，我专程去厦门采访了福建平和县庄毅果品公司董事长庄展中先生。上午10点30分抵达厦门机场，庄先生就带着他的小侄女在候机厅里迎接我，我们坐车来到农场，采访工作从下午一直持续到当天晚上的11点钟。

庄先生是福建漳州市平和县人，1973年出生，个子不高，长得很清秀，诚实的外表没能够掩盖住他内在的机灵。庄先生的父亲是教师，母亲是农民。从小他不爱读书，初中毕业后就开始做水果买卖。后来承包了50亩山地，自己种植蜜柚。开始的时候，遇到不懂的事情就主动地向当地老农请教学习。柚子收获以后，或者自己拉到农贸市场零售，或者卖给当地的水果贩子。种柚子的最大难处是市场销售。一方面这里产品品质不稳定，另一方面当时的平和蜜柚还没有像现在这样享誉国内外，很少有人来这里收柚子，因此当时柚子价格很低。

庄先生认为解决市场问题的方法是扩大产量。他联合了几个志同道合的朋友合伙，把柚子的种植面积扩大到 350 亩。这年他们收获了 700 到 800 吨的柚子，仍然没有人上门收货，无奈之中，只好自己跑市场，把柚子拉到上海和北京批发市场出售，略微挣了点钱。之后他们继续扩大种植面积，把柚子的种植面积从 1995 年的 350 亩增加到 1997 年的 1300 亩。为了提高柚子树的管理技术，他们找到县农业部门，让县技术人员帮助他们提高种植技术。技术问题解决后，销售问题仍然一直没有得到彻底解决。

1999 年，庄先生开始为家乐福供货，当时是作为普通水果供应商。事情是这样的：一个偶然的机会从报纸上看到家乐福在招商，庄先生就在他二哥的陪同下到上海家乐福总部，同生鲜部门负责人谈判。1999 年 11 月，他们给家乐福发了 10 吨柚子。由于产品品质好，很受门店欢迎，订单不断增加。当年共向家乐福销售了 500 多吨柚子。

庄毅公司的稳定品质引起家乐福的重视，这时刚好家乐福需要在水果供应商中间挑选质量体系合作伙伴，于是门店把庄毅公司推荐给质量体系负责部门。2001 年法籍质量体系负责人塞维琳带翻译来考察庄毅公司，觉得蜜柚是很好的单品，研究后就同庄毅公司签订了合作协议。

成为家乐福质量体系供应商需要做很多准备工作。首先要求对土壤、空气和灌溉水进行检测。检测费用不菲，因为检测项目很多，而且是按照地块取样。每次要做几十个甚至上百个样本。检测的结果达到质量体系要求之后，就开始按照家乐福的技术标准生产柚子。家乐福这套标准很严格，有机肥比率，农药的选择和品种选择等各项都有具体要求和规定。

家乐福品质体系人员每年来基地检查 4 次，他们到基地检查，看用什么农药，看农田记录。除了这 4 次例行检查外，还要庄先生提供产品的检测报告。同时，家乐福委托了第三方 SGS 公司（欧洲的一家第三方检测公司）检测他们的产品。庄毅公司每批产品上市之前，都必须向家乐福提供农药残留，柚子的含糖量和含酸量，以及果汁含量等报告。

2001 年质量体系柚子刚起步，家乐福采购量不多，但这套体系实施起来却非常麻烦，这给很多关联人员增添不少烦恼。然而，庄先生还是发现，接受这套程序之后，生产过程有了规范化的管理，产品质量和安全性也在迅速提高（图 4–8）。

图 4–8 家乐福品质体系负责人叶玮玲考察柚子农场

柚子质量稳定以后，销售数量逐年增长。2001 年向家乐福供货 300 吨，2002 年 800 吨，2005 年增加到 4000 吨，其中包括 1000 吨出口。为了满足家乐福的需求，庄毅公司不断扩大自有产品的种植规模，到了 2006 年，庄毅柚子农场的种植面积扩大到 5700 亩，年产量达到 1 万多吨。

自从进入家乐福品质体系后，原来收取的进场费和条码费都不用收取了。质量体系产品的价格比普通同类水果高出很多，当然，农场的管理成本也明显增加。农场的所有农事活动，包括农药和肥料的使用都必须记录，这些工作是按照地块做的。家乐福品质体系对农药使用有严格限制，尽可能不要或者少用农药。如果发现了害虫，不是直接打农药，而是首先采用物理方法进行防治，采用杀虫灯、黏虫板和修剪枝条等措施。为了提高柚子的品质，按照质量体系规定，柚子农场有机肥使用量达到总施肥量的 70% 以上。灌溉方面也由原来的“天然水”，即依靠雨水改进成采用泉水灌溉。

2005 年，庄毅公司被评为福建省农业产业化龙头企业，庄毅中先生也被遴选为漳州市蜜柚协会的会长。2005年还申报了科技局的蜜柚加工保鲜项目，获得8万元的贴息贷款。

家乐福的柚子质量体系还引出平和县柚子出口的一段佳话。2002年，家乐福法国总部品质体系负责人叶查斯到庄毅农场访问。叶查斯仔细察看柚子后，认为这个产品很好，可以尝试出口法国。在他和家乐福的支持下，庄毅公司当年发送了一个冷藏集装箱的柚子去法国，由法国家乐福门店代理销售。柚子在巴黎引起了轰动，很多顾客都欲品尝中国的“大橘子”。一周不到，18吨中国柚子一抢而空。这可能是中国最早向欧洲出口的新鲜水果之一。柚子出口数量不断增加，2004年庄毅公司对法国柚子的出口量增加到600多吨。巴黎家乐福的几十家门店同时销售中国蜜柚。2005年庄毅公司向法国出口的柚子达1000多吨。

在庄毅公司的带动下，平和县的其他企业也纷纷开始向欧洲出口柚子。2005年，全漳州出口欧洲1万吨蜜柚，2006年出口5万吨。整个漳州蜜柚总产量是50万吨，在蜜柚出口的带动下，蜜柚的价格也开始提高，2006年的价格比2005年提高30%左右。

庄毅公司柚子的可追溯体系在开始的时候比较容易实现，他们的柚子种植在连片的山上，所有的生产程序都由公司统一管理，由技术人员负责做农事记录，公司把这些记录存档。然而，由于家乐福质量体系对庄毅公司蜜柚的订单迅速增加，庄毅他们自己生产的蜜柚已经满足不了家乐福的需求。2003年，庄毅公司就开始同农场周边的精通生产技术，产品品质过关的蜜柚种植大户合作。他们找来7家合作伙伴，这些柚子农场都在100千米的半径范围内，最近的农场就在庄毅公司的旁边。为了延长蜜柚的供货期，庄毅公司选择的这些合作农场位于不同海拔的山上。庄毅公司成立7家合作农场的质量监管人。公司有2个技术员和4个基地管理人员。他们按照家乐福质量管理手册，派遣技术人员去管理这些农场的整个生产过程。技术人员对这些农场提供技术帮助，定时检查他们的工作，看是否按照家乐福质量体系管理手册在做。

每年4月初，庄毅公司的技术人员编写当年的农事计划安排，分发给这些合作农场。发现虫情，由庄毅公司的技术人员制定方案统一治理。这些合作农场也必须记录所有的农事活动。不同地块收获的蜜柚都必须打上地块编码，然后送到庄毅公司的加工车间分级、包装，进冷库。这样使得合作伙伴的蜜柚也同庄毅公司一样可追溯。

庄毅先生对帮助他们做质量体系的法国经理赛维琳非常感谢。这是一位 20 多岁漂亮的法国女孩。赛维琳和她的助手来农场好多次，每次都住在简陋的平和县政府招待所。为了查看基地，赛维琳不辞辛苦爬山多次。赛维琳最关心的是水源、农药和化肥的使用情况，以及周边的生活设施是否影响产品的安全性。在庄毅公司签订 7 家合作伙伴以后，赛维琳又亲自对这些合作社进行逐一的考察，提出很多好的建议。

庄毅公司与家乐福合作建立柚子质量体系的事情也受到政府部门的重视，2002 年他们去上海签订质量体系合作意向书的时候，平和县的县委书记和副书记也一同参加（图 4–9）。

图 4–9　庄毅公司蜜柚在法国家乐福超市销售

五、北京市小汤山蔬菜质量体系案例①

对家乐福来说，建立蔬菜质量体系特别重要。同水果相比，中国消费者蔬菜需求量更大，消费者有每日购买新鲜蔬菜的习惯。但是，蔬菜特别

① 这个案例是胡定寰博士 2006 年开发的，得到北京小汤山特菜基地负责人林源先生和家乐福质量体负责人叶玮琳女士的支持和协助。

是叶菜更容易受到害虫的侵害，叶菜的生长期短，农药残留控制难度大。家乐福一直到2005年才开始做蔬菜质量体系建设的准备工作。家乐福选定的第一家蔬菜质量体系合作者就是北京市小汤山特菜基地（以下简称“小汤山”）。

小汤山特菜基地1984年成立，当时是北京市农业局的直属国营农场。北京市农业局在北京的昌平区小汤山镇租赁20多公顷的耕地，投资100多万元建立起这个农场。建立特菜基地是由邓小平亲自提出的。邓小平召见北京市农业局局长，提出中国改革开放后将会吸引很多外国人来北京工作，需要让外国专家吃到他们自己国家的蔬菜。小汤山建立后，在专家的帮助下，从国外引进大量的蔬菜品种。生产出来的蔬菜主要供给友谊商店以及一些五星级饭店。1995年，小汤山被确认为北京市委和市政府蔬菜特供基地，2001年成为国务院蔬菜特供基地。“特供基地”指得就是为政府高层领导供应蔬菜的特定农场。为了确保领导的安全，只有非常可靠的农场才有可能被指定为特供基地。

20世纪90年代中期以后，北京市的超市开始快速发展。小汤山抓住契机，利用特长来开拓新的市场——超市。1999年，小汤山开始为第一家超市——西单万方超市供应蔬菜。2000年，小汤山蔬菜又进入日资超市伊藤洋华堂。2006年小汤山已经在70多家超市设立蔬菜销售专柜。

小汤山蔬菜市场打开后，20多公顷蔬菜种植面积已经很难满足不同层次的市场需求。1998年小汤山在顺义县大孙各庄建立起第一家外联蔬菜种植基地，随后又在北京密云县发展多家蔬菜外联基地。进入21世纪以后，小汤山开始在京外建立基地。第一家在河北省的张家口，随后又开发了海南、广西、河北、内蒙古、山东、云南等基地。蔬菜供应品种达到上百个。基地建设除了蔬菜的质量得到保证以外，还可以满足超市的周年供应需求。

2005年年初，家乐福开始同小汤山洽谈质量体合作事情。家乐福质量体系负责人频繁到小汤山进行考察，最频繁的时候达到一个月内考察三次。家乐福主要来调研蔬菜基地的种植环境，水源、土壤及空气是否能够符合家乐福质量体系的技术要求，小汤山的技术力量、经营方式以及农药和化肥使用能否确保蔬菜食品安全。法国人重证据，上述的东西不是口头报告就能解决的，需要小汤山提供各种详细的文字材料。为了帮助小汤山建立蔬菜质量体系，家乐福把公司自己编写的蔬菜质量体系生产技术手册和包装手册提供给小汤山。这些操作手册详细介绍家乐福质量体系蔬菜从田间生产到加工、包装、运输等供应链各个环节的所有细节。家乐福提出小汤山蔬菜的生产与管理必须达到手册上的要求。然而，一旦农场发现达标存在困难，双方可以共同商讨，在确保食品安全的基础上对文件进行修正，目的，是最终能够形成双方认可的质量标准。

2005 年 9 月 10 日，小汤山质量体系蔬菜在北京家乐福双井店正式上市，首批先进入质量体系的蔬菜有黄瓜、小番茄、大番茄、圆白菜、甜椒、胡萝卜、马铃薯等 7 个品种。试运行成功之后，2005 年 9 月 25 日小汤山质量体系蔬菜开始同北京市的 6 家家乐福门店上市。

建立可追溯性是蔬菜质量体系的关键。小汤山可追溯体系的运行方式是，每个蔬菜种植大棚都建立编号，并建立详细的农事记录档案。可追溯体系农事记录内容包括所有田间操作的细节内容：施肥、打药、浇水、采收量、育苗等。田间档案的右上角编号必须符合温室编号。小汤山追溯的精度非常高，可以追溯到每个温室的个批次。小汤山蔬菜追溯码共有 9 位，1~2 位代表基地，3~5 位代表温室编码，6~9 位代表生产日期的月和日。

蔬菜基地开棚之前需要进行农药残留检测，在检测达标之后才能采收。采收后的蔬菜还要进行抽查。公司电脑数据库内保存着 3 年的检测记录。蔬菜采收后，按品种分类装筐，筐子上贴有上述的 9 位编码。蔬菜进入包装车间后，小包装蔬菜上有 9 位编码的标签，编码与装菜框子相同。因此，超市销售质量体系的所有蔬菜都可以追溯到它们的源头。

家乐福蔬菜质量体系的特点是：①所有蔬菜种植地块都有独立编号；②所有地块都有田间档案记录；③所有采收装菜框子上都有编号；④每个蔬菜包装上都有追溯码。通过蔬菜包装编码，顾客可以查出产品的生产地点，生产时间，生产过程中使用的材料等信息。可追溯系统优点是：第一，可以真正反映出产品的生产状况；第二，产品一旦出现问题，可以及时找到问题的源头，准确找到出现问题的环节。

我曾经访问过小汤山合作基地。小汤山质量体系的蔬菜中有一部分是通过合作基地种植的。其中一家合作基地在北京平谷县，基地的经营者叫佟亮。佟先生在 2002 年向村委会租赁了 5 公顷的耕地，投资 86 万元，建设 17 个大棚。他雇佣附近 10 个农民承包和管理大棚，种植蔬菜。2006 年，小汤山成为家乐福质量体系蔬菜供应商之后，佟先生的农场也成为小汤山的合作基地。佟先生蔬菜农场顺利通过家乐福质量体系的认证之后，小汤山派技术员负责技术指导。佟先生的农场每天向小汤山供应番茄 300 千克、黄瓜 200 千克、秋瓜 200 千克和荷兰豆 50 千克。佟先生农场之所以能够成为小汤山的质量体系合作基地，是因为这个农场在家乐福和小汤山帮助下，建立起蔬菜可追溯性体系（图 4-10）。

第五节　农超对接的农产品可追溯体系

我们之所以采用很大的篇幅来介绍家乐福质量体系，目的就是为了让我们的读者能够“真正”理解什么是农产品可追溯性，以及建立农产品可追溯体系的意义。

建立农产品可追溯体系是“农超对接”更高层次的目标。提高农产品安全性已经成为我国农业发展中与农产品产量并列的重要发展方向。我国消费者不仅要吃饱，更加要吃好，吃得健康。我们都还记得在 18 世纪中国人曾经被称之为“东亚病夫”，现在我国经济发展了，国民收入提高了，物质丰富了，但还不能保证中国人是世界上最健康，最长寿的人。

首先，我们必须确保农产品的安全性，其中比较妥善的方法是建立农产品可追溯体系。因为，农产品可追溯体系有助于了解农产品产供销各个环节的责任人，快速处理和召回不合格的农产品。建立农产品可追溯体系

图 4-10 小汤山蔬菜质量体系的可追溯全程

将极大地提高我国农产品安全性。建立农产品可追溯体系可以采用各种模式，譬如，前面提到的家乐福质量体系模式。这些模式虽然可以保证农产品安全性，但缺点在于管理成本高，产品价格高，生产被局限在很小的范围内，产品也只能为中高收入阶层的消费者服务，无法满足我国大部分消费者的需求。"农超对接"为农产品可追溯创造了新的条件，超市与农民专业合作社来共同建立农产品可追溯体系，不仅可以降低成本，而且比较容易普及和推广，可以生产出大量价廉物美的大众型安全农产品。为了使更多的农民专业合作社掌握怎样做"农超对接可追溯体系"，以下各节将尽可能详细地加以介绍。

第六节　建立农产品可追溯体系的基本条件

前面我们曾介绍过农产品可追溯体系。农产品可追溯体系的关键点是通过标识和记录，对农产品产品种植、采收、运输、加工、发货等各个环节的历史经过、应用情况和所处场所进行跟踪的能力。

很多东西写在文字上是一回事，具体操作又是另一回事。我们知道很多农民专业合作社都有建立农产品可追溯体系的意愿。但是，根据笔者的经验，并不是农民专业合作社想做就可以做成农产品可追溯体系。因为，建立起"严格的"农产品可追溯体系需要具备一定的外部条件和内部条件。

农民专业合作社具备什么样的条件才可能建立农产品可追溯体系？以下是我们在实践过程中总结出的一些经验。

一、农民专业合作社具备超前意识

改革开放30多年农民的商品化意识已经被炼到"炉火纯青"的地步。这是好的一方面，另一方面是他们也变得越来越实惠和越来越过于现实。凡是投入都想有"立竿见影"的产出。对于新生事物，在没有看到收益之前，往往不愿意着手去干，同超市合作建立农产品可追溯体系就是其中的例子。

为了建立农产品可追溯体系，我曾经访问过不少农民专业合作社。我发现对建立农产品可追溯体系不那么热情的农民专业合作社不占少数。譬如，我们找到了一家种植苹果的农民专业合作社，这家合作社已经有2年的“农超对接”经验。同社长商量是否有兴趣建立农产品可追溯体系的时候，社长却吞吞吐吐的看上去很不热情。因为经常打交道，同社长个人已经相当熟悉，社长就直截了当地把自己的感受告诉我。

他说：“胡教授，我们的苹果质量好，市场渠道多，不愁卖。有什么必要花很多时间去‘做’农产品可追溯体系？即使建成可追溯体系，也不见得苹果可以卖好的价钱。”

如果合作社社长没有意愿，缺乏主动性积极性的话，那么在这个合作社内建立农产品可追溯性的条件就不可能成熟，事情也很不容易做好。

二、合作社具备凝聚力与治理能力

当前，我国的很多农民专业合作社还处于松散状态。所谓松散状态是指农民与合作社双方有需要的时候，大家合作一把，在通常情况下大家各干各的。农民种自己的地，合作社销自己的产品。处于这种状态的合作社负责人对社员很少有约束力，更谈不上对合作社的产品生产与加工过程进行有效治理。这类农民专业合作社也不适合建立农产品可追溯体系。

譬如，我们找到另一家苹果农民专业合作社，社长是村干部。社长本人有意与超市合建农产品可追溯体系。我们也对全体社员做了培训。然而，在建立农产品可追溯体系的过程中，却发现有相当部分的社员不热心。他们的理由也是自己的产品不愁卖，做农事记录过于麻烦。社长与社员联系的纽带仅仅是苹果的买卖，联系不紧密，当然难以做通全体社员的思想工作。我认为这类农民专业合作社也不一定适合建立农产品可追溯体系。因为，参加这个体系的所有农户必须按照标准使用农药化肥，每天农事完成以后需要做农事记录。如果合作社负责人缺乏凝聚力和治理能力，农户管不起来，谁会认真按照可追溯体系的要求去做这些工作？

三、产品品种相对集中

所谓产品品种相对集中，是指整个农民专业合作社社员中的大部分集中生产某一种产品。这就是我们前面提到的“一村一品”。因为，农产品可追溯体系要求从田头到餐桌的整个农产品供应链上的每个产品都能够追溯。如果产品品种过多，我们在运输、加工、包装等各个环节需要增加很多工作，成本增加了，监管的难度也提高了。因此，在刚开始建立农产品可追溯体系的时候，还是选择“一村一品”的合作社相对容易一些。

四、社员农民具有一定的文化水平

建立农产品可追溯体系需要所有的参加者能够读写，具有一定的文化水平。虽然我国在推行九年义务教育制度，40岁以下的农民绝大部分受过教育。可是，我国很多40岁以下的农民几乎都进城打工，留守在农村的是老人、妇女和儿童。同时，根据我的经验，不同地区间农民文化水平的差异很大。因此，在选择建立农产品可追溯体系的时候，需要把这个因素考虑进去。

五、产品具有特色

我们知道，建立农产品可追溯体系需要比生产普通农产品更多的投入。在市场经济下，我们的产品只有卖出去，也就是马克思在资本论中提出的实现“W-G”，及把自己的商品卖成钱之后，才能够实现我们的报酬。建立农产品可追溯体系的产品的价格应该略高于普通农产品。但是，从消费者的角度考虑，尽管产品安全，如果这个农产品在品质、外观或者口味上同普通农产品没有区别，甚至更差一些，愿意购买的顾客也不会多。按照目前的消费水平和消费意识，安全农产品必须要结合品质，具备感观优势和口感优势，不然是不容易实现生产过程中安全成分投入的报酬。因此，我们的建议是在选择建立农产品可追溯体系合作对象的时候，需要充分考虑产品的特色和品质优势。

第七节　农民专业合作社培训

农产品可追溯体系主要是通过人建立起来的，最需要的不是设备和设施投入而是人力资源投入，这是一方面。另一方面农产品可追溯体系是科学体系，每一步骤需要认真、负责去做。因此，要建立可靠的农产品可追溯体系，首先需要做好人的工作。在开始建立农产品可追溯体系的时候，我们需要对农民专业合作社进行培训。培训由两部分组成，其一针对农产品的直接生产者，主要是农民社员，其二针对农产品加工和包装车间的工作人员。

社员农户培训首先需要说明建立农产品可追溯的意义。然后，说明生产安全农产品的方法和规定，特别需要强调必须按照制定的标准生产农产品，绝对不准私自使用合作社规定以外提供的农药。第三部分讲明做农产品可追溯体系的各个步骤。第四部分要强调的是“农事记录”，即社员农民每日必须把当天同农产品生产有关的工作记录在事先准备好的“农事记录本”上。第五部分讲明农产品采摘要求，不同大棚或者地块收获的农产品必须存放在不同的筐或者包装袋，每个筐或者袋都必须贴上编码。第六部分是送货规定。

农产品加工人员培训，首先是说明农产品可追溯体系的意义，以及建立可追溯体系的流程。这需要按照农产品的特点描绘从田头到出厂的流程图。第二部分说明采用什么方法使得农产品从收货到库房，到分级，到包装，到发货的整个过程中不同农户的不同地块或者大棚的产品不会混淆。

第三说明可追溯标识码的特点和使用。第四点说明如何建立农产品可追溯档案。

在对合作社社员与加工人员的培训前，需要按照农民专业合作社的实际情况和农产品特征，编写培训教材。

第八节　蔬果类农产品可追溯体系全过程

一、大棚和地块编号

农产品可追溯的关键在于认真记录同农产品生产有关信息，需要把播种、灌溉、施肥、打农药、收获等相关信息不漏地记录下来，建立每种农产品的档案，从而保证随时可以查到农产品供应链上的任何环节的存档记录。

诚然，我们并不需要对每个农产品，譬如每只苹果进行记录。我们可以对处于相同生产环境中的农产品集中建立一份档案。我们这里说的相同生产环境不仅是指同一家农户生产的农产品，因为，不同的地块和不同大棚农作物生产环节存在差异，可能会采用不同的处理方式。譬如，一家农户有两块地，一块在村东，一块在村西。村东地块的蔬菜出现蚜虫需要打农药，村西可能没有出现蚜虫，不需要打农药。如果两个地块共同使用一份农事记录就反映不了实际情况。即使是同一家农户，只要是参加农产品可追溯体系，凡属于可追溯体系范围内的地块或者大棚，都必须分别建立记录档案。

为了使农事记录同地块或者大棚能够联系，我们需要对社员农户的地块或大棚进行编号。编号码的意义同给人取名一样，使地块与地块、大棚与大棚之间能够区别开来。

同地块相比，大棚的编号较容易，因为大棚与大棚之间的界限非常明确，只需要逐个编上号，不重复即可。但对地块编号的时候，我们面临的问题是以什么为界限？如果农民专业合作社的地块上连片，并分属于若干家不同的合作社员，是编成一个编号，还是需要按照社员家编号？我们认为即使耕地连片，也需要为不同农户的地块进行分别进行编号，以地界为界。

编号以后，大棚可以用比较牢固的材料挂在大棚入口处，也可以用油漆直接写在塑料大棚的外墙上。地块的编号是需要制作牢固的标识牌，然而插在地块的前面。

农田可追溯体系编号方法必须统一，采用两组代码。第一组是合作社代码，第二组是地块或大棚代码。农民专业合作社代码在最前面，我们建议用拼音字母的第一个字。譬如山东锦绣果树农民专业合作社，可以写成SDJX（为了避免重复，在正式使用前，需要同超市核实，查看是否有其他合作社已经在用这个代码了）。地块或大棚编码写在后面，建议用4位阿拉伯数。譬如，编号1的大棚或者地块可以使用0001，编号第101号就可以写成0101。完整的农田可追溯体系编号可参照（图4-11）。

SDJX	**0101**
合作社代码	**地块代码**

图4-11 农田可追溯体系编号

编号完成以后，农民专业合作社需要编制农产品可追溯地图。在村地图的基础上，标出所有的编号地块或者大棚在地图上的位置。编制地图的目的是便利登记，掌握每个编号地块的准确位置，以及责任人是谁，如果出现什么问题，也可以通过地图来找出部分原因（图4-12）。

上述工作完成以后，农民专业合作社可以开始对编号进行登记，登记内容包括：①大棚或者地块的所有者或者使用人姓名；②种植农产品的品种；③其他信息，譬如该土地从哪一家流转过来的，或者以前种植过什么农产品等等（表4-2）。

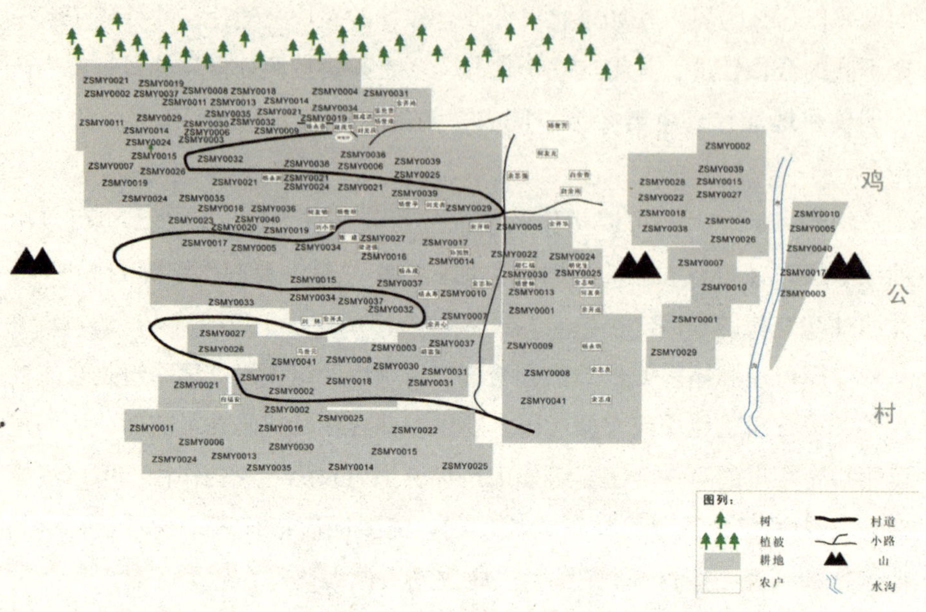

图 4-12　可追溯地图范例

表 4-2　合作社农产品可追溯登记表

编号	地块 / 大棚编号	责任者姓名	联系方式	种植品种	备注
1	SDJX1001	张长胜	13610173251	红富士苹果	
2	SDJX1002	张慧杰	13120166219	红富士苹果	
3	SDJX1003	李天明	13921362843	红富士苹果	地块从李为民处流转
4	SDJX1004	李天明	13523430569	红富士苹果	
5	SDJX1005	陈德强	1.34289E+11	红富士苹果	
6	SDJX1006	陈春明	1.33632E+11	嘎拉苹果	
7	SDJX1007	陈　军	1.36917E+11	红富士苹果	

资料来源：作者设计。

从事农产品可追溯性工作必须注意：不允许把可追溯性体系以外的农产品混入可追溯农产品当中来。我们知道目前有不少合作社社长以前是农村经纪人和批发商，有长期做农产品的买卖的经历。成立合作社以后，除了社员产品以外，合作社也经销他人的农产品。但在建立农产品可追溯体系中，这是“大忌”。一旦这样做了，我们前面所做的大量工作就会前功尽弃。千万不要耍小聪明，发现超市采购可追溯农产品的价格高于普通农产品，就从外面收购部分来充数，是绝对不行的。

二、农事记录

农事记录就是把同大棚内或者地块中的同农产品生产的所有的相关信息记录下来。虽然听上去做这项工作非常繁琐，实际操作起来却不难，就是所谓的记流水账。其实，我们生产农产品的时候，并不是每日都在施肥打药，仅仅把主要农事记录下来，每月没有几行，关键是需要事先设计出简单实用的记录表格。

种植业农事记录表包括：①工作编码；②日期；③使用农药；④使用化肥；⑤使用除草剂；⑥其他农田活动；⑦备注。

（1）工作编码。工作编码是指对每项农事活动进行编号。为了方便使用者，建议在制表的过程中，就直接编码。

（2）日期。日期指的是农事活动的日期，如果同一天从事多件农事，可以记录在同一行内。

（3）使用农药。每次使用农药必须记录。记录内容包括使用农药的品名，剂量，以及对水的浓度。由于不同厂家的农药配方存在差异，需要在备注中写明农药生产厂家、批号等内容。

（4）使用化肥。每次使用化肥都需要记录。记录内容包括肥料的名称、用量，以及施用方式。

（5）使用除草剂。每次使用除草剂也都需要记录。记录内容包括肥料的名称、用量，以及施用方式。

（6）其他农事记录。农业生产是相当复杂的，我们不可能把所有的农事都列在表格上，因此使用专门的“其他农事”，凡是使用农药、化肥、除草剂以外的农事都可以记录在“其他农事”的列内。这些农事包括：灌溉、套袋、收获、使用激素等。农民专业合作社在培训的过程中需要根据实际情况做出规定。

（7）备注。备注用来记录预先没有想到，但同农产品的可追溯有关的事情。

不同农户之间存在意识差异。为了确保记录工作做好，农民专业合作社必须指定专人来负责这项工作，也可以请在校的大学生或者研究生来承担这项工作。负责人需要经常对农户进行访问，检查他们的农事记录，发现问题及时纠正。监管人员在检查农事记录后，登记检查日期，以备核查。

为方便读者，我们设计了种植业农事记录表。需要说明的是，不同农作物之间的差异很大，因此，农民专业合作社需要根据自己的实际情况，对这个表格进行加减（表 4-3）。

表 4-3　种植业农事记录表

<table>
<tr><td colspan="3">大棚地块编码：</td><td colspan="2">所属农户姓名：</td><td colspan="2">监管人姓名：</td><td colspan="4">检查日期：　/　/　/</td></tr>
<tr><td rowspan="2">工作编码</td><td colspan="2">日期</td><td colspan="2">使用农药</td><td colspan="2">使用化肥</td><td colspan="2">使用除草剂</td><td rowspan="2">其他农事（包括灌溉、套袋、收获等</td><td rowspan="2">备注</td></tr>
<tr><td>月</td><td>日</td><td>品名</td><td>用量</td><td>品名</td><td>用量</td><td>品名</td><td>用量</td></tr>
<tr><td>1</td><td></td><td></td><td></td><td></td><td></td><td></td><td></td><td></td><td></td><td></td></tr>
<tr><td>2</td><td></td><td></td><td></td><td></td><td></td><td></td><td></td><td></td><td></td><td></td></tr>
<tr><td>3</td><td></td><td></td><td></td><td></td><td></td><td></td><td></td><td></td><td></td><td></td></tr>
<tr><td>4</td><td></td><td></td><td></td><td></td><td></td><td></td><td></td><td></td><td></td><td></td></tr>
</table>

资料来源：作者根据实践经验编写。

农民专业合作社的管理人员需要每个月到农户大棚或者家中收集农事记录一次，间隔时间长记录易缺失。在收取上月记录的同时，给农户发放新的记录表格。如果有条件把记录表格做出双页复写纸的话，管理人员取走上面一份，下面一份由农户留底。农民专业合作社必须保存农事记录三年，以备核查使用。

有条件的农民专业合作社可以把农事记录输入电脑，除了自己保存外，还发送给合作的超市。

三、农产品收获

虽然我们完成一件工作需要经历很多步骤，然而，不同步骤对结果成功与否的影响力度是不相同的。有些步骤属于关键步骤，所谓“纲举目张”，一旦关键环节出现问题，“一着不慎，满盘皆输”；然而有些不重要的小步骤，即使出现些小问题，也可以纠正，或者后来补过。我们把这些关键的步骤点称为控制点。在农产品种植过程中间，社员农户按时记录是农产品可追溯体系在生产阶段的控制点。农产品收获的过程中，在采摘筐上贴标签，不混淆从不同田块收获的农产品也是控制点。

我们知道，如果社员农民在采摘的时候，把不同地块或者大棚的农产品混淆在一起，那么，前面所做的农事记录就不能够反映真实情况，导致可追溯失败。可以说是“为山九仞，功亏一篑”。

如果我们拍着胸脯保证说：“那很容易，只要叮嘱农民，不让他们把不同地块或者大棚的农产品混淆起来就是了”。这是个

图 4-13　安徽砀山农民正在采摘梨

非常大的判断错误认识，因为，我们不了解实情。应该承认农民在本质上是好的，主观上是愿意积极配合。但是，在实践过程中，建立可追溯体系会带来很多意想不到的麻烦。我们以砀山梨采摘为例。农民需要站在梯子上采摘梨，他们腰间挂一个布口袋，梨子剪下后，放在袋子里，袋子装满以后，从梯子上下来，堆在地上，然后用车运出去（图 4-13）。可追溯体系要求梨子采摘下来后，立即装筐，并且在筐子上写上可追溯码，这不可避免会增加农民采摘的时间。遇上刮风下雨的时候，农民需要抢收，收获季节遇到温度高的时候，农民体力会下降，这些都是不得不考虑到的影响。在开始建立农产品可追溯体系的时候，农民意识不强，不可避免会抱怨，甚至不按照要求办事。因此，合作社需要像打仗一样，做“战前动员”，在采收的时候，负责人需要巡视员一样，查看各家是否按照要求在做。

农民专业合作社需要准备有农产品可追溯码的吊牌。让农户事先写好。在农产品装满筐后，立即把吊牌挂在筐子上。吊牌必须牢固，不会在运输过程中发生吊牌丢失的情况。

吊牌设计需要有农户姓名和可追溯收获代码组成。代码由三组拼音和阿拉伯数字组成。第一组位是合作社代码，第二组是地块或大棚代码，第三组是收获日期代码。譬如，2010 年 11 月 1 日山东锦绣果树农民专业合作社第 101 地块收获了苹果。吊牌编码可以写成“SDJX 0101 10 11 01”。SDJX 表示山东锦绣果树农民专业合作社。0101 表示第 101 块地或大棚，10 11 01 表示 2010 年 11 月 1 日（图 4-14）。

图 4-14　可追溯挂牌

四、短途运输

从农户田头到农民专业合作社的加工车间之间有一定的距离，采摘的农产品需要运输到车间加工。短途运输的关键是不让水果或蔬菜框子上的吊牌掉落。一旦发现吊牌遗失的情况，需要问清农户，及时补上。有条件的合作社从田头到加工车间需要采用专车。现在大部分合作社没有这个条件，我想这一条不久就会到来。

五、加工车间收货

加工车间接收农户送来农产品时需要填写收货单。收货单必须分地块或者大棚填写。内容包括：①编码；②农户姓名；③收货日期；④品名；⑤是否有吊牌；⑥送货编码；⑦总重；⑧其他；⑨收货者签名。

①编码是按照总的收货批次来决定。②农户姓名不是写送货者姓名，而是这批农产品的生产者姓名。③收获日期是指收货当天日期；④品名是指产品名，譬如红富士苹果、砀山梨等。⑤是否有吊牌。填写这一格的时候收货员必须认真检查送来的所有的筐袋上是否有挂牌，同时还需要检查挂牌填写的方法是否正确。⑥送货编码指的是农户收获筐上的编码。然后填上收货的总筐数，总重量。如果有特殊情况可以记录在其他项目下。最后是收货者签字（表 4–4）。

表 4–4　农产品可追溯体系加工车间收获表

编码	农户姓名	收货日期	品名	是否有吊牌	送货编码	筐袋数	总重（千克）	其他	收货者签名
1									
2									
3									
4									

资料来源：作者根据实践经验编写。

很多农产品收获后需要储藏，以备长年供货。因此，这类农产品收货以后，必须存放在大的储存箱中，放入冷库，等到发货的时间才拿出来分级包装。遇上这种情况需要做两件事情。第一，每一只储存箱只能够存放同一农户在同一地块或大棚中收获的农产品。即使上述情况收货只有半箱，也不允许把同一家农户的不同地块（大棚）或者同其他农户的产品放进来。第二，需要在箱子的固定地方写上农户姓名和收货可追溯码。

六、分级与包装

一般情况下，农民专业合作社给超市送货是需要对农产品进行分级和包装。对已经建立农产品可追溯体系的产品，分级的过程会遇到两种情况。第一种是直接对农户送来的货筐中的农产品进行分级，第二种情况是对存储在冷库内储存箱中的农产品进行分级。无论哪一种分级，都必须对不同地块或大棚的农产品分别进行分级，以免混淆。特别对于采用自动分级机械的合作社，会增添一定的麻烦。一批分级完成以后，再做下一批。

分级包装完成后，农产品的可追溯码后面就增加了有关加工信息的代码，即加工代码。加工代码由三段组成：①代码名称，这里用 JG，即"加工"拼音的第一个字母；②批次，即当日加工的批次，建议用 4 位阿拉伯数字；③加工日期。如果是 2010 年 10 月 30 日加工的第 10 批次的农产品，可以写成：JG 0010 10 10 30。生产代码加上加工代码，就成为完整的农产品可追溯代码。

加工代码可以用粘贴纸贴在装货的纸箱外（筐上挂标签），完成后需要立即登记。如果超市提出要求，还可以在每个农产品上分别贴上记录农产品可追溯码的小标签。小标签需要的数量很大，一般需要通过电脑打印制作。据说国外有一种可以食用的墨水，采用专门的机器直接打印在水果上。

七、发货

农民专业合作社接到超市订单后，需要准备发货。与农产品可追溯体系有关的发货工作有两部分：一是在包装箱或者装货筐上面贴上农产品可追溯条码，二是把农产品可追溯相关的信息传送给超市。

为了确保可追溯的可靠性，所有的存放农产品的包装箱（筐）上都必须贴上有农产品可追溯代码的标签，标签必须粘贴（挂在）在规定的、容易辨认的位置。标签内容包括：①产品品名；②规格；③农民专业合作社名称；④农产品可追溯码；⑤发货地点和⑥发货日期。我们以山东锦绣果树农民专业合作社给家乐福超市上海物流配送中心发苹果为例，如图4–15所示。

产品品名：红富士苹果；

等级：1级 ；规格：80#

发货单位：山东锦绣农民专业合作社

可追溯码：SDJX 0101 10 11 01 JG 0010 10 10 30

发货地点：上海市XXXXX

发货日期：2010年11月1日

图4–15　可追溯农产品发货标签

在准备发货的同时，农民专业合作社需要把登记的发货信息发送给超市的物流配送中心。相关的信息填在表格内，以传真或其他方式发送给超市。表格的设计可以参考表4–5所示。

表4–5　农民专业合作社可追溯信息表

批次	品名	等级	规格	可追溯编码	箱筐数（只）	总重（千克）	备注
1							
2							
3							
4							
合计							

资料来源：作者根据实践经验编写。

八、配送

农民专业合作社的加工车间到超市的物流配送中心之间的距离，需要通过长途货运来解决，最好的方案是合作社有自己的货运卡车，可在起步阶段，一般的合作社不太可能有足够的经济实力来购置货运卡车，主要还得依靠专业的物流公司。

需要注意的是，同普通的农产品相比较，建立可追溯体系的农产品在生产过程中投入的人力和物流大、成本高，为了避免运输过程中无谓损耗和意外状况影响产品的质量，农民专业合作社应该尽可能寻找注册资本大、信用度高，运输经验丰富的物流公司。

在农产品装车的时候，需要把同一个可追溯编号的产品集中在一起，以便于在卸货的时候也可以集中，减少超市挑选货物的时间，因为超市需要给农产品做小包装，并在包装上打上可追溯编码，以便顾客查询。

农民专业合作社需要准备货物清单两份，一份由货运卡车驾驶员转交给超市物流配送中心的收货员，另一份贴在开门即可见到的货物纸箱上。这份清单将跟随货物，直接张贴在库房货堆上，提供给开箱分装人员使用。货物清单的格式与上表基本相同。

九、货物交付

装货卡车到达超市的物流配送中心后，由司机把“订单确认表”，“装货确认表”，以及在第四章第八节中有关发货中提到的货物清单货物交给物流配送中心的收货员，然后收货人员验收货物。收货员在收货单上签字以后，整个从田头到超市物流配送中的农产品可追溯体系程序宣告完成。

十、农产品可追溯体系的整个流程

农超对接农产品可追溯体系的整个流程可以参考图 4-16 所示。

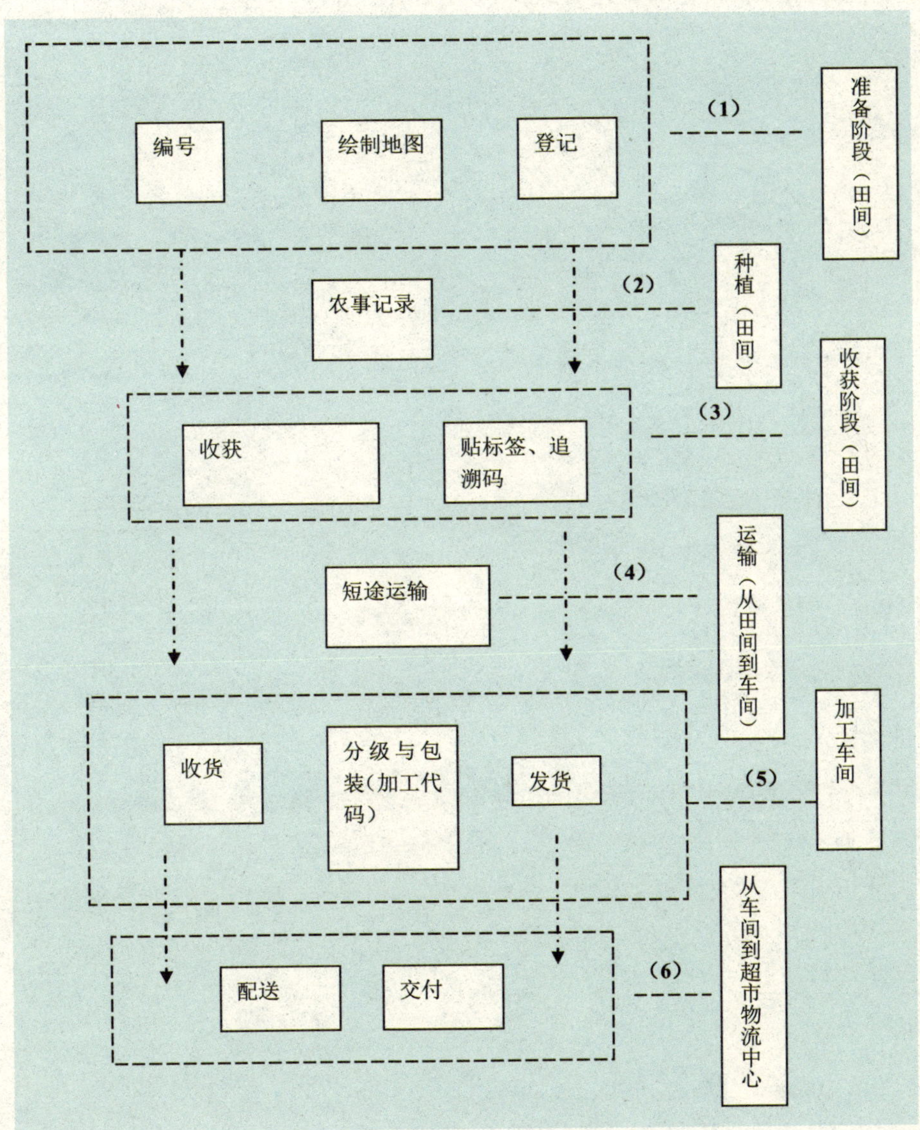

图 4-16 蔬果类农产品可追溯体系全过程图

第五章 农超对接的挑战

人们都说『机遇和挑战并存』，一点都没有错。但在农超对接的实践中，就现阶段而言，我们发现挑战远远大于机遇。但有志于挑战农超对接的合作社和农民朋友，请你们不要看到这里就丧失信心，因为新生事物总有巨大的生命力。我们不可能把所有的农超对接的挑战，遇到的问题都涵盖在一小本书中，但希望本书的读者能够举一反三，灵活利用。

第一节 传统小农生产模式对接现代化零售企业的挑战

有次会后同一家超市高管坐在一起吃饭，这位外国副总裁在中国已经有10多年做超市的经验。在谈起农超对接的时候，这位高管认为在中国做农超对接的最大的挑战是：“传统小农生产模式VS现代化零售企业”。我也认同他的观点。我不想在这本书中说深奥的大道理，就给读者讲一个真实的故事。

2009年5月，我参加了广东省湛江市的海峡两岸研讨会。坐在我旁边的是广西壮族自治区某市的主管农业的赵副市长。会议的两天时间同市长也熟悉了。我告诉赵市长说会后打算去湛江看荔枝生产基地，准备把他们的合作社介绍给一家超市。赵市长对我说：“胡教授，您不用去看湛江荔枝，我们地区荔枝特别好，湛江人都到我们那里收荔枝，打湛江的牌子出去买。湛江荔枝每斤5元，我们那里只有3元。”赵市长的热情，加上他有车，我把考察湛江荔枝工作推迟一下，随市长考察广西的荔枝。到了基地，发现连片的山头种满荔枝树，已经进入盛果期。从树的修剪来看，当地人的技术不差。回到农科院以后，就把广西的荔枝合作社介绍给超市。超市也相当重视我的意见，特点派遣协调员前往考察，结果符合条件，与合作社签订合同。

我原以为事情了结了，可是到了6月底的一个晚上，超市协调员小林突然给我电话，电话中小林说：“胡教授，当地农民不愿意把不符合标准的荔枝挑选出来，不合格产品太多，我们不能收。”我问道：“为什么他们不愿意挑选？”“当地合作社农民认为如果把好的荔枝挑走了，坏的卖给谁？虽然告诉他们我们超市优质优价，他们不吃亏，但农民就是不干。”

解铃还须系铃人。我想既是赵副市长介绍的，他就不会不管，随即就给赵副市长挂电话，赵副市长一口答应搞定这件事情，他让我放心。第二天下午15点左右赵副市长电话告诉我，他亲自带领该地区的农业局、商务局、质监局等第一把手去合作社，督促农民挑拣荔枝子。我听了实在感动。

不料到了晚上 10 点多钟，协调员小林又给我打电话，说农民还是没有完成荔枝的挑选工作。我顿起疑议，明明赵副市长亲自督战，为什么连挑选荔枝这些小事情都完不成？小林说："赵副市长他们一行领导开了五六辆轿车来到村里，村里农民从来没有见到过这么多的大领导，在领导的号召下，男女老少都出来挑荔枝。赵副市长是下午 14 点到，15 点左右就走了。到了 17 点钟，妇女全部走了，说是回家做饭；18 点钟男人和小孩走了，说是吃晚饭。现在是 22 点钟，没有一个农民回来挑荔枝。"

这个真实的故事告诉我们一个道理，如果我们不去认真地做思想工作，通过培训来把农民传统商品理念转变成标准化商品理念，那么做好农超对接就非常不容易，因为事实上传统小农生产观同现代化零售企业管理需之间存在很大的差距。

第二节 传统生产技术与超市采购标准的挑战

在本书的第三部分，我们介绍了超市的采购标准。我们现在面临的问题是很多部门都在制定标准，甚至是很高的标准，却很少有人考虑，通过什么方式可以提高农产品的达标比例。这里一方面有意识问题，另一方面有技术问题。下面我们各举一个例子说明。

一、案例一

2006 年，山东的一家著名的果汁生产企业打算也涉足鲜果销售，招聘了刘经理来负责这项工作。刘经理知道我同超市联系多，找我介绍客户。正好北京一家日本超市的生鲜采购总裁让我介绍苹果供应商，我就把这两家牵起线来。我们约定好洽谈的时间。当天刘经理拿了一小盒苹果，说让我尝尝他家的苹果。到了超市办公室，日本经理要看苹果样品。由于事先没有打招呼，刘经理没有准备。怎么办？就随手从送给我的苹果中间拿出几个放在桌子上。日本经理看了直摇头，他用日语说，外形不好看的苹果，味道不好。我们也无奈，只好怏怏地走了。但我在自己的脑海里留下一个疑问，为什么刘经理公司苹果的外形不好（图 5–1）？

图 5–1　外形不好的苹果

随后，在我去山东的栖霞、陕西的洛川、甘肃的静宁等苹果主产区的时候，开始注意苹果的果形。遗憾的是，在堆成小山一样的苹果中间，很难挑选到外形端正的苹果。问了不少人，特别是种植苹果的农民，几乎没有人能够说出其中的道道来。直到 2007 年的一天，我采访陕西洛川的林业局孙局长，孙局长带我参观他们的示范基地，我向他提起苹果果形的问题。

孙局长说：“胡教授，您是否知道牛顿是怎样发明万有引力的？不是看见苹果掉在地上吗？其实苹果的果形同地球引力有直接关系。一条苹果枝头上可以开四五朵花，有朝上，朝左右，也有朝下的。如果花不是垂直朝下的，长成苹果的时候，由于各部位接受地球引力不同，形成的干物质分布不均匀，造成苹果外形有偏差，其实不影响吃的。但要生产外形均匀的苹果，必须严格修剪，每个枝条上只留一个垂直向下的苹果。现在的农民只求数量，不讲究质量，生产苹果多多益善。因此，大部分生产出来的苹果外形都不佳。”

孙局长的一段话使我顿开茅塞，领会了没有质量意识的农民是难以生产出标准化的农产品。

二、案例二

内蒙古武川县的马铃薯可以说是我国北方地区品质最好的马铃薯之一。如果上北京新发地批发市场，武川的马铃薯每斤可以比其他地区同等级的马铃薯高卖 0.1 元。原因是武川地处阴山之北，沙质土壤，马铃薯表皮光滑。加上当地昼夜温差很大，马铃薯的淀粉含量很高，吃起来非常爽口。2006 年为加拿大小农户项目做课题，曾经多次来武川考察。因此，2007 年农超对接开始的时候，我就把武川地区介绍给超市。2008 年武川农超对接的马铃薯就进入超市。

2009 年年底，我再次访问那家马铃薯农民专业合作社，向王社长问起两年来做农超对接赚了多少钱。王社长摇摇头说基本上没有赚钱。“为什么？”我感到很惊奇，“超市不是高于市场 15% 的价格收你的马铃薯，为什么不赚钱？”王社长说：“胡教授，虽然超市高于市场价格收购我的马铃薯，可是，我们合作社马铃薯的合格率只有 60%，其余的 40% 只能很低价格到批发市场出售，或者卖给马铃薯加工厂。”我问他是否还有挑选下来的马铃薯。王社长把我带到存放马铃薯的地方，旁边堆放着不合格的马铃薯（图 5-2）。我发现其中绝大部分是收获时候的铲伤。王社长告诉我，当地农民耕地多，平均一家有 100 亩。马铃薯收获的时候，家庭劳动力不够，只好故意临时工。临时工只赶数量，不讲究质量，大量的马铃薯被损伤。我问是否有马铃薯收获机械？王社长听说有一种荷兰的马铃薯收获机械合格率可以达到 99%，但每台的价格 200 万元。王社长苦笑地说，如果我家有 200 万人民币，还种什么地，早就在家休息了。

图 5-2　不合格的马铃薯产品

马铃薯卖给批发商和批发市场，人家不会计较马铃薯的损失比例，最多降一点价格收货。超市不一样，按照质量标准收货。因此，做好农超对接，我们就必须提升农业生产的技术、设施和设备。

第三节　传统的设施设备与长途运输的挑战

农超对接减少了很多农产品生产者与零售业者之间的中间环节，但并没有缩短农产品从产地到消费地的距离，很多中间环节原来承担的物流功能被转移到农民专业合作社身上，怎样做好物流就成了合作社面临的重要的挑战。在我国虽然已经形成了农产品全国的大流通格局，可是同公路建设相比，农产品流通设施和设备，特别是冷链技术还没跟上，造成了生鲜农产品在流通过程中的巨大损耗。对于条件更加差，经验和意识更加不足的农民专业合作社来说，面临的挑战就更加严峻。

2009 年 10 月下旬，我陪同家乐福全国生鲜采购总裁赛伯先生考察湖南的一家蜜橘农民专业合作社。正逢收获季节，社员农民把采摘下来的蜜橘用手推车送到合作社的加工车间，蜜橘被打蜡和分级之后，装进塑料筐内等待装车。蜜橘的品质相当不错，色泽鲜艳、皮薄、肉甜无渣。这时，赛伯把自己的手伸进一个装满橘子的塑料筐内，然后对我说：“胡教授，这些橘子有问题。”我甚感惊讶，明明是不错的蜜橘。“为什么？”我问道。赛伯说：“您把手伸进筐内感觉一下。”我照他做了。感觉到框子下面的橘子有点烫手。赛伯说：“橘子需要呼吸，呼吸活动提升了温度。框子里面的温度已经升到 30℃。这批橘子从湖南运输到上海，需要 3 天到 5 天时间。橘子在这样的高温下，腐烂是难以避免的。”赛伯先生原来在家乐福西班牙的全球采购中心负责橘类水果的采购，是这方面的行家，所以能够看出问题来（图 5-3）。

赛伯告诉我，在欧洲，水果从树上采摘下来后，需要在第一时间搬运到冷库进行降温，把水果内部的温度降低到零上 4 度左右。这种方法可以

图 5–3 湖南合作社的蜜橘装箱

减少了水果的生命活动量，从而降低了水果中储存和运输过程中的质量与数量损失。合作社没有这样做的原因有两个：其一，合作社没有这方面的经验；其二，合作社没有资金做冷库投入。

我们曾经做过一项研究，发现我国农产品在供应链上的浪费是惊人的。以苹果为例，苹果在生产阶段有 15% 的浪费，存储阶段损耗 6%，运输过程中浪费达 3%，在批发市场上平均被浪费 3%，即苹果进入消费家庭之前已经有 27% 的浪费。2008 年全国苹果总产量为 2980 万吨，按照 27% 计算，浪费数量达 804.6 万吨。蔬菜在生产阶段被浪费 15%，运输过程 7%，超市中 10%，这三个环节共被浪费 32%。2008 年全国蔬菜产量 5.9 亿吨，按照 32% 计算则蔬菜共被浪费了 1.89 亿吨。

第四节 新型采购模式对超市原有体系的挑战

对于超市本身来说，他们也面临重大的挑战，归纳起来就是原有的体系面对新型的采购模式。大型的连锁超市有几万个员工，几百亿元的年销售收入。这样庞大的机构已经不能用人，而是需要用体系，及“人 + 制度”来实现有效的管理。管理制度是个好的东西，但是一旦制度被确立之后，你去对它们进行改动，就不是一朝一夕能够实现。“农超对接”情况也正如此，超市内部创新会面对众多的阻力，没有强有力的领导和巨大的魄力是难以提出和无力推动的这样的革命。即使这样，也需要时间，“治大国，若烹小鲜”，大公司情况也是如此。

农超对接对超市内部的挑战之一是制度创新。超市对于供应商一直采用60个工作日的付款期，现在农超对接的合作社的付款期缩短到15个工作日，不可避免地会增加财务部门的压力，而且在财务部门付款之前，还有配送中心接货，各门店收货，数量和金额确认，报表，责任人签字和银行转账等一整套手续需要完成。

挑战之二，采购部门的创新。超市的原有生鲜采购部门是坐在家中，等供应商来送货。农超对接面对的是缺乏经验的农民专业合作社，为了让合作社送到货物能够达到标准，减少损失，超市就需要把采购人员派遣出去，直接地对合作社进行辅导。外派采购团队的建立、费用的支出和管理，都是原来超市编制中不存在的新的事物。

挑战第三，相关人员观念的转变。由于经验不足，合作社送到超市的农产品在质量上缺乏稳定性，时而会发生这种或者那种问题。质量稳定性的问题可以解决，然而需要时间。但对于已经习惯供应商供货的超市相关人员来说，农超对接的农产品增加麻烦，有可能会产生抵触情绪。怎样扭转这些人员的观念，明义农超对接除了企业效益外，还兼有社会责任，需要做很多的工作。

挑战之四，“关系”在我国具有特殊的意义，越来越受到重视。部分超市的采购人员在长期的业务中同他们的供应商建立了良好的关系，在困难的时候，这些关系可以出来提供帮助，对于他们业务开展是至关重要。对于个别采购人员来说有些关系甚至是他们“桌子下面收入”的提供者。因此，农超对接产品的引进，面临他们与关系或灰色收入忍痛“割爱”的挑战。

挑战之五，农超对接通过向农产品生产者直接采购削减了超市的采购成本，但同时也增加了其他方面的支出。怎样有效地降低农超对接的经营成本，将是农超对接可持续发展所面临的巨大挑战。

第五节 体制分割与农产品供应链整合之间的挑战

我国政府部门在管理职能上条块分割，有时也会影响到扶持效率。农超对接跨越多个政府的主管部门。大家都承认农超对接是件“好事情”，可是在农超对接政策制定、管理、特别是资金扶持上，由于受到职能分工的限制，面临众多的挑战。

第六节 中央政策与地方执行之间的挑战

2008 年财政部和国税总局就已经正式发文，农民专业合作社可以开具免增值税发票。这是一件扶持农民专业合作社发展的“利民政策”。可是在这项政策的执行过程中，有些地方政府就不给办理，造成这些地区合作社无法开展农超对接的“火焰山”。超市在同合作社谈农超对接时的第一句话不是问“你们生产什么农产品”，而是问“你们是否能够开到免增值税发票”。

譬如，福建省有一个非常出名的蜜柚主产县，从 2008 年开始，为了开发这里的农超对接合作伙伴，我自己曾经去过好多次。蜜柚质量很好，合作社也非常愿意与超市对接，唯一的障碍就是税务部门不让合作社开具免增值税发票。为了找到解决途径，曾经两次直接找主管农业的张副县长反映情况。这位副县长原来就同我熟悉，他也给我谈了他们的苦衷。政府财政中有很大一部分来自于蜜柚的加工与销售税收。自从有了财政部和国税总局的税收通知以后，这个县成立了很多合作社[①]。如果免增值税口子

① 这里我们使用“翻牌”一词，是因为这些公司仅仅办理注册手续，照旧做自己的老板，没有选举、自封为理事长，也没有按照《农民专业合作社法》实行盈利分配。

一开，已经有了些起色的经济又怕受影响。所以这位副县长只好硬顶着，实在是没有办法。

第七节 小结——不到黄河心不死的精神

读了前面的挑战部分，我想我们的读者都可以理解，农超对接对于所有的农民专业合作社来说，都不会一蹴而就，而是如唐三藏取经，久经磨难最终取得正果。下面用一个海南木瓜合作社故事来鼓舞有志做成农超对接的合作社朋友，同时，也作为本书的一个小结。

2008 年，海南省负责农民专业合作社的领导向我推荐三亚的一家木瓜农民专业合作社。我考察以后，认为他们符合做农超对接的条件，推荐给一家大超市。超市派专人对这就合作社进行审核，食品安全检测结果合格后，双方签订合同，开始供货。

不料在 5 月的一天，我突然接到木瓜农民专业合作社孙社长的电话，他着急地告诉我，第一车木瓜从海南送到超市北京的物流配送中心后，被接货人员拒收了。说实话，我也着急起来。一车木瓜 20 吨至少有十多万元，农民专业合作社的损失可大了。我随即同上海超市总部生鲜采购总裁赛伯先生联系，希望得到他的帮助。赛伯非常重视，随即坐飞机到北京物流配送中心，亲自来处理这个问题。

已经是晚上 21 点钟了，赛伯先生给我打电话，他告诉我，农民专业合作社的木瓜太熟了，有 60% 的木瓜出现腐烂现象，实在无法在超市销售。虽然，他做了很大的努力，做了不少说服工作，超市门店也需要考虑经营效益，实在没有办法，只能让合作社自己处理。

我随即把结果告诉了孙社长，他虽然遭受很大的损失，也表示能够理解。孙社长找到的原因是，在海南发货的时候木瓜已经有九成熟，加上路途 4 天的高气温下运输，使得木瓜变得过熟甚至腐烂。但孙社长坚持说，他还会继续尝试。

一周后，我又接到孙社长的电话，说他第二次木瓜送到这家超市，又被拒收，原因是这批木瓜太生。原来孙社长害怕出现第一次的情况，把7成熟的木瓜摘下来装车运输到北京。即使过了4天，木瓜仍然是青颜色，肉质坚硬，超市又不敢收下。这次我直接联系北京地区负责人，商量超市借一块场地让合作社堆放木瓜，等候几天，等木瓜变熟后，再收货。超市同意了。5天后，北京超市给我来电话，说存货的木瓜没有转熟，还是青色的。这家合作社只好再次运到批发市场处理。

然而，孙社长仍然不死心，他认为能够进超市的机会难得。因此，他请华中农业大学食品系的教授为他研究木瓜长途运输的方案。通过大量的实验，他们发现长途运输的最好的木瓜采摘时间是“两头黄”，即木瓜的头部和尾部出现黄色斑点的时候采摘下来，运输到北京最适合。按照这个道理，第三车木瓜运输到北京，完全符合超市的采购标准，至今，这家合作社一直为这家超市的北京和上海超市门店供应木瓜。2009年年底我在海南对农民专业合作社培训的时候，孙社长也参加了。会后，我问他，“损失挣回来了没有？”他的回答是，“谢谢胡教授的支持，我们合作社早已经在挣钱了。”

孙社长这种目标坚定、坚持不懈、“不到黄河心不死”的精神折服了我，同时，我也希望所有的有志尝试农超对接的农民专业合作社也有这样锲而不舍的精神。图5-4是孙社长的领导的农民专业合作社采收木瓜待上市的情景。

图5-4　孙社长他们的木瓜

附录

农民专业合作社示范章程①

本示范章程中的楷体文字部分为解释性规定，其他字体部分为示范性规定。农民专业合作社根据自身实际情况，参照本示范章程制订和修正本社章程。

__________专业合作社章程

【____年___月___日召开设立大会，由全体设立人一致通过。】

第一章　总　则

第一条　为保护成员的合法权益，增加成员收入，促进本社发展，依照《中华人民共和国农民专业合作社法》和有关法律、法规、政策，制定本章程。

第二条　本社由__________【注：全部发起人姓名或名称】等____人发起，于____年___月___日召开设立大会。

本社名称：__________合作社，成员出资总额_____元。

本社法定代表人：__________【注：理事长姓名】。

本社住所：______________________，邮政编码：________。

第三条　本社以服务成员、谋求全体成员的共同利益为宗旨。成员入社自愿，退社自由，地位平等，民主管理，实行自主经营，自负盈亏，利益共享，风险共担，盈余主要按照成员与本社的交易量（额）比例返还。

第四条　本社以成员为主要服务对象，依法为成员提供农业生产资料的购买，农产品的销售、加工、运输、贮藏以及与农业生产经营有关的技

① 《农民专业合作社示范章程》的电子版本见 http://www.gov.cn/ziliao/flfg/2007-07/16/content_685870.htm。

术、信息等服务。主要业务范围如下:【注：根据实际情况填写】。如：

（一）组织采购、供应成员所需的生产资料；

（二）组织收购、销售成员生产的产品；

（三）开展成员所需的运输、贮藏、加工、包装等服务；

（四）引进新技术、新品种，开展技术培训、技术交流和咨询服务；……等。

【上述内容应与工商行政管理部门颁发的《农民专业合作社法人营业执照》中规定的主要业务内容相符】。

第五条 本社对由成员出资、公积金、国家财政直接补助、他人捐赠以及合法取得的其他资产所形成的财产，享有占有、使用和处分的权利，并以上述财产对债务承担责任。

第六条 本社每年提取的公积金，按照成员与本社业务交易量（额）【注：或者出资额，也可以二者相结合】依比例量化为每个成员所有的份额。由国家财政直接补助和他人捐赠形成的财产平均量化为每个成员的份额，作为可分配盈余分配的依据之一。

本社为每个成员设立个人账户，主要记载该成员的出资额、量化为该成员的公积金份额以及该成员与本社的业务交易量（额）。

本社成员以其个人账户内记载的出资额和公积金份额为限对本社承担责任。

第七条 经成员大会讨论通过，本社投资兴办与本社业务内容相关的经济实体；接受与本社业务有关的单位委托，办理代购代销等中介服务；向政府有关部门申请或者接受政府有关部门委托，组织实施国家支持发展农业和农村经济的建设项目；按决定的数额和方式参加社会公益捐赠【注：上述业务农民专业合作社可选择进行】。

第八条 本社及全体成员遵守社会公德和商业道德，依法开展生产经营活动。

第二章 成 员

第九条 具有民事行为能力的公民，从事 ________【注：业务范围内的主业农副产品名称】生产经营，能够利用并接受本社提供的服务，承认并遵守本章程，履行本章程规定的入社手续的，可申请成为本社成员。本社吸收从事与本社业务直接有关的生产经营活动的企业、事业单位或者社会团体为团体成员【注：农民专业合作社可以根据自身发展的实际情况决定是否吸收团体成员】。具有管理公共事务职能的单位不得加入本社。本社成员中，农民成员至少占成员总数的百分之八十。

【注：农民专业合作社章程还可以规定入社成员的其他条件，如：具有一定的生产经营规模或经营服务能力等。具体可表述为：养殖规模达到 ____ 以上或者种植规模达到 ____ 以上，……等】。

第十条 凡符合前条规定，向本社理事会【注：或者理事长】提交书面入社申请，经成员大会【注：或者理事会】审核并讨论通过者，即成为本社成员。

第十一条 本社成员的权利：

（一）参加成员大会，并享有表决权、选举权和被选举权；

（二）利用本社提供的服务和生产经营设施；

（三）按照本章程规定或者成员大会决议分享本社盈余；

（四）查阅本社章程、成员名册、成员大会记录、理事会会议决议、监事会会议决议、财务会计报告和会计账簿；

（五）对本社的工作提出质询、批评和建议；

（六）提议召开临时成员大会；

（七）自由提出退社声明，依照本章程规定退出本社；

（八）成员共同议决的其他权利【注：如不作具体规定此项可删除】。

第十二条 本社成员大会选举和表决，实行一人一票制，成员各享有一票基本表决权。

出资额占本社成员出资总额百分之____以上或者与本社业务交易量（额）占本社总交易量（额）百分之____以上的成员，在本社____________等事项【注：如，重大财产处置、投资兴办经济实体、对外担保和生产经营活动中的其他事项】决策方面，最多享有____票的附加表决权【注：附加表决权总票数，依法不得超过本社成员基本表决权总票数的20%】。享有附加表决权的成员及其享有的附加表决权数，在每次成员大会召开时告知出席会议的成员。

第十三条 本社成员的义务：

（一）遵守本社章程和各项规章制度，执行成员大会和理事会的决议；

（二）按照章程规定向本社出资；

（三）积极参加本社各项业务活动，接受本社提供的技术指导，按照本社规定的质量标准和生产技术规程从事生产，履行与本社签订的业务合同，发扬互助协作精神，谋求共同发展；

（四）维护本社利益，爱护生产经营设施，保护本社成员共有财产；

（五）不从事损害本社成员共同利益的活动；

（六）不得以其对本社或者本社其他成员所拥有的债权，抵销已认购或已认购但尚未缴清的出资额；不得以已缴纳的出资额，抵销其对本社或者本社其他成员的债务；

（七）承担本社的亏损；

（八）成员共同议决的其他义务【注：如不作具体规定此项可删除】。

第十四条 成员有下列情形之一的，终止其成员资格：

（一）主动要求退社的；

（二）丧失民事行为能力的；

（三）死亡的；

（四）团体成员所属企业或组织破产、解散的；

（五）被本社除名的。

第十五条 成员要求退社的，须在会计年度终了的三个月前向理事会提出书面声明，方可办理退社手续；其中，团体成员退社的，须在会计年度终了的六个月前提出。退社成员的成员资格于该会计年度结束时终止。资格终止的成员须分摊资格终止前本社的亏损及债务。

成员资格终止的，在该会计年度决算后____个月内【注：不应超过三个月】，退还记载在该成员账户内的出资额和公积金份额。如本社经营盈余，按照本章程规定返还其相应的盈余所得；如经营亏损，扣除其应分摊的亏损金额。

成员在其资格终止前与本社已订立的业务合同应当继续履行【注：也可以依照退社时与本社的约定确定】。

第十六条 成员死亡的，其法定继承人符合法律及本章程规定的条件的，在____个月内提出入社申请，经成员大会【注：或者理事会】讨论通过后办理入社手续，并承继被继承人与本社的债权债务。否则，按照第十五条的规定办理退社手续。

第十七条 成员有下列情形之一的，经成员大会【注：或者理事会】讨论通过予以除名：

（一）不履行成员义务，经教育无效的；

（二）给本社名誉或者利益带来严重损害的；

（三）成员共同议决的其他情形【注：如不作具体规定此项可删除】。

本社对被除名成员，退还记载在该成员账户内的出资额和公积金份额，结清其应承担的债务，返还其相应的盈余所得。因前款第二项被除名的，须对本社作出相应赔偿。

第三章　组织机构

第十八条 成员大会是本社的最高权力机构，由全体成员组成。

成员大会行使下列职权：

（一）审议、修改本社章程和各项规章制度；

（二）选举和罢免理事长、理事、执行监事或者监事会成员；

（三）决定成员入社、退社、继承、除名、奖励、处分等事项【注：

如设立理事会此项可删除】;

（四）决定成员出资标准及增加或者减少出资;

（五）审议本社的发展规划和年度业务经营计划;

（六）审议批准年度财务预算和决算方案;

（七）审议批准年度盈余分配方案和亏损处理方案;

（八）审议批准理事会、执行监事或者监事会提交的年度业务报告;

（九）决定重大财产处置、对外投资、对外担保和生产经营活动中的其他重大事项;

（十）对合并、分立、解散、清算和对外联合等作出决议;

（十一）决定聘用经营管理人员和专业技术人员的数量、资格、报酬和任期;

（十二）听取理事长或者理事会关于成员变动情况的报告;

（十三）决定其他重大事项【注：如不作具体规定此项可删除】。

第十九条 本社成员超过 150 人时，每 ____ 名成员选举产生一名成员代表，组成成员代表大会。成员代表大会履行成员大会的 ________、________ 等【注：部分或者全部】职权。成员代表任期 ____ 年，可以连选连任。

【注：成员总数达到 150 人的农民专业合作社可以根据自身发展的实际情况决定是否设立成员代表大会。如不设立，此条可删除】

第二十条 本社每年召开 ____ 次成员大会【注：至少于会计年度末召开一次成员大会】。成员大会由 ________【注：理事长或者理事会】负责召集，并提前 15 日向全体成员通报会议内容。

第二十一条 有下列情形之一的，本社在 20 日内召开临时成员大会：

（一）30% 以上的成员提议;

（二）执行监事或者监事会提议【注：如不设立执行监事或监事会，此项可删除】;

（三）理事会提议;

（四）成员共同议决的其他情形【注：如不作具体规定此项可删除】。

理事长【注：或者理事会】不能履行或者在规定期限内没有正当理由不履行职责召集临时成员大会的，执行监事或者监事会在____日内召集并主持临时成员大会【注：如不设立执行监事或监事会，此款可删除】。

第二十二条 成员大会须有本社成员总数的2/3以上出席方可召开。成员因故不能参加成员大会，可以书面委托其他成员代理。一名成员最多只能代理____名成员表决。

成员大会选举或者做出决议，须经本社成员表决权总数过半数通过；对修改本社章程，改变成员出资标准，增加或者减少成员出资，合并、分立、解散、清算和对外联合等重大事项做出决议的，须经成员表决权总数2/3以上的票数通过。成员代表大会的代表以其受成员书面委托的意见及表决权数，在成员代表大会上行使表决权。

第二十三条 本社设理事长一名，为本社的法定代表人。理事长任期____年，可连选连任。

理事长行使下列职权：

（一）主持成员大会，召集并主持理事会会议；

（二）签署本社成员出资证明；

（三）签署聘任或者解聘本社经理、财务会计人员和其他专业技术人员聘书；

（四）组织实施成员大会和理事会决议，检查决议实施情况；

（五）代表本社签订合同等。

（六）履行成员大会授予的其他职权【注：如不作具体规定此项可删除】。

第二十四条 本社设理事会，对成员大会负责，由____名成员组成，设副理事长____人。理事会成员任期____年，可连选连任。

理事会【注：或者理事长】行使下列职权：

（一）组织召开成员大会并报告工作，执行成员大会决议；

（二）制订本社发展规划、年度业务经营计划、内部管理规章制度等，提交成员大会审议；

（三）制定年度财务预决算、盈余分配和亏损弥补等方案，提交成员大会审议；

（四）组织开展成员培训和各种协作活动；

（五）管理本社的资产和财务，保障本社的财产安全；

（六）接受、答复、处理执行监事或者监事会提出的有关质询和建议；

（七）决定成员入社、退社、继承、除名、奖励、处分等事项【注：如不设立理事会此项可删除】；

（八）决定聘任或者解聘本社经理、财务会计人员和其他专业技术人员；

（九）履行成员大会授予的其他职权【注：如不作具体规定此项可删除】。

第二十五条 理事会会议的表决，实行一人一票。重大事项集体讨论，并经 2/3 以上理事同意方可形成决定。理事个人对某项决议有不同意见时，其意见记入会议记录并签名。理事会会议邀请执行监事或者监事长、经理和 ____ 名成员代表列席，列席者无表决权。

【注：农民专业合作社可以根据自身发展的实际情况决定是否设立理事会。如不设立理事会，第二十四条第一款、第二十五条中的相关内容可删除】。

第二十六条 本社设执行监事一名，代表全体成员监督检查理事会和工作人员的工作。执行监事列席理事会会议。

第二十七条 本社设监事会，由 ____ 名监事组成，设监事长一人，监事长和监事会成员任期 ____ 年，可连选连任。监事长列席理事会会议。

监事会【注：或者执行监事】行使下列职权：

（一）监督理事会对成员大会决议和本社章程的执行情况；

（二）监督检查本社的生产经营业务情况，负责本社财务审核监察工作；

（三）监督理事长或者理事会成员和经理履行职责情况；

（四）向成员大会提出年度监察报告；

（五）向理事长或者理事会提出工作质询和改进工作的建议；

（六）提议召开临时成员大会；

（七）代表本社负责记录理事与本社发生业务交易时的业务交易量（额）情况；

（八）履行成员大会授予的其他职责【注：如不作具体规定此项可删除】。

卸任理事须待卸任 ____ 年后【注：填写本章程第二十三条规定的理事长任期】方能当选监事。

第二十八条 监事会会议由监事长召集，会议决议以书面形式通知理事会。理事会在接到通知后 ____ 日内就有关质询作出答复。

第二十九条 监事会会议的表决实行一人一票。监事会会议须有 2/3 以上的监事出席方能召开。重大事项的决议须经 2/3 以上监事同意方能生效。监事个人对某项决议有不同意见时，其意见记入会议记录并签名。

【注：农民专业合作社可以根据自身发展的实际情况决定是否设执行监事和监事会。如不设立，第二十七条、第二十八条、第二十九条相关内容可删除】。

第三十条 本社经理由理事会【注：或者理事长】聘任或者解聘，对理事会【注：或者理事长】负责，行使下列职权：

（一）主持本社的生产经营工作，组织实施理事会决议；

（二）组织实施年度生产经营计划和投资方案；

（三）拟订经营管理制度；

（四）提请聘任或者解聘财务会计人员和其他经营管理人员；

（五）聘任或者解聘除应由理事会聘任或者解聘之外的经营管理人员和其他工作人员；

（六）理事会授予的其他职权【注：如不作具体规定此项可删除】。

本社理事长或者理事可以兼任经理。

第三十一条 本社现任理事长、理事、经理和财务会计人员不得兼任监事。

第三十二条 本社理事长、理事和管理人员不得有下列行为：

（一）侵占、挪用或者私分本社资产；

（二）违反章程规定或者未经成员大会同意，将本社资金借贷给他人或者以本社资产为他人提供担保；

（三）接受他人与本社交易的佣金归为己有；

（四）从事损害本社经济利益的其他活动；

（五）兼任业务性质相同的其他农民专业合作社的理事长、理事、监事、经理。

理事长、理事和管理人员违反前款第（一）项至第（四）项规定所得的收入，归本社所有；给本社造成损失的，须承担赔偿责任。

第四章 财务管理

第三十三条 本社实行独立的财务管理和会计核算，严格按照国务院财政部门制定的农民专业合作社财务制度和会计制度核定生产经营和管理服务过程中的成本与费用。

第三十四条 本社依照有关法律、行政法规和政府有关主管部门的规定，建立健全财务和会计制度，实行每月 ____ 日【注：或者每季度第 ____ 月 ____ 日】财务定期公开制度。

本社财会人员应持有会计从业资格证书，会计和出纳互不兼任。理事会、监事会成员及其直系亲属不得担任本社的财会人员。

第三十五条 成员与本社的所有业务交易，实名记载于各该成员的个人账户中，作为按交易量（额）进行可分配盈余返还分配的依据。利用本社提供服务的非成员与本社的所有业务交易，实行单独记账，分别核算。

第三十六条 会计年度终了时，由理事长【注：或者理事会】按照本章程规定，组织编制本社年度业务报告、盈余分配方案、亏损处理方案以及财务会计报告，经执行监事或者监事会审核后，于成员大会召开十五日前，置备于办公地点，供成员查阅并接受成员的质询。

第三十七条 本社资金来源包括以下几项：

（一）成员出资；

（二）每个会计年度从盈余中提取的公积金、公益金；

（三）未分配收益；

（四）国家扶持补助资金；

（五）他人捐赠款；

（六）其他资金。

第三十八条 本社成员可以用货币出资，也可以用库房、加工设备、运输设备、农机具、农产品等实物、技术、知识产权或者其他财产权利作价出资，但不得以劳务、信用、自然人姓名、商誉、特许经营权或者设定担保的财产等作价出资。成员以非货币方式出资的，由全体成员评估作价。

第三十九条 本社成员认缴的出资额，须在 ____ 个月内缴清。

第四十条 以非货币方式作价出资的成员与以货币方式出资的成员享受同等权利，承担相同义务。

经理事长【注：或者理事会】审核，成员大会讨论通过，成员出资可以转让给本社其他成员。

第四十一条 为实现本社及全体成员的发展目标需要调整成员出资时，经成员大会讨论通过，形成决议，每个成员须按照成员大会决议的方式和金额调整成员出资。

第四十二条 本社向成员颁发成员证书，并载明成员的出资额。成员证书同时加盖本社财务印章和理事长印鉴。

第四十三条 本社从当年盈余中提取百分之 ____ 的公积金，用于扩大生产经营、弥补亏损或者转为成员出资。

【注：农民专业合作社可以根据自身发展的实际情况决定是否提取公积金】。

第四十四条 本社从当年盈余中提取百分之 ____ 的公益金，用于成员的技术培训、合作社知识教育以及文化、福利事业和生活上的互助互济。其中，用于成员技术培训与合作社知识教育的比例不少于公益金数额的百分之____。

【注：农民专业合作社可以根据自身发展的实际情况决定是否提取公益金】。

第四十五条 本社接受的国家财政直接补助和他人捐赠，均按本章程规定的方法确定的金额入账，作为本社的资金（产），按照规定用途和捐赠者意愿用于本社的发展。在解散、破产清算时，由国家财政直接补助形成的财产，不得作为可分配剩余资产分配给成员，处置办法按照国家有关规定执行；接受他人的捐赠，与捐赠者另有约定的，按约定办法处置。

第四十六条 当年扣除生产经营和管理服务成本，弥补亏损、提取公积金和公益金后的可分配盈余，经成员大会决议，按照下列顺序分配：

（一）按成员与本社的业务交易量（额）比例返还，返还总额不低于可分配盈余的百分之____【注：依法不低于百分之六十，具体比例由成员大会讨论决定】；

（二）按前项规定返还后的剩余部分，以成员账户中记载的出资额和公积金份额，以及本社接受国家财政直接补助和他人捐赠形成的财产平均量化到成员的份额，按比例分配给本社成员，并记载在成员个人账户中。

第四十七条 本社如有亏损，经成员大会讨论通过，用公积金弥补，不足部分也可以用以后年度盈余弥补。

本社的债务用本社公积金或者盈余清偿，不足部分依照成员个人账户中记载的财产份额，按比例分担，但不超过成员账户中记载的出资额和公积金份额。

第四十八条 执行监事或者监事会负责本社的日常财务审核监督。根据成员大会【注：或者理事会】的决定【注：或者监事会的要求】，本社委托________审计机构对本社财务进行年度审计、专项审计和换届、离任审计。

第五章 合并、分立、解散和清算

第四十九条 本社与他社合并，须经成员大会决议，自合并决议作出之日起十日内通知债权人。合并后的债权、债务由合并后存续或者新设的组织承继。

第五十条 经成员大会决议分立时，本社的财产作相应分割，并自分立决议作出之日起十日内通知债权人。分立前的债务由分立后的组织承担连带责任。但是，在分立前与债权人就债务清偿达成的书面协议另有约定的除外。

第五十一条 本社有下列情形之一，经成员大会决议，报登记机关核准后解散：

（一）本社成员人数少于五人；

（二）成员大会决议解散；

（三）本社分立或者与其他农民专业合作社合并后需要解散；

（四）因不可抗力因素致使本社无法继续经营；

（五）依法被吊销营业执照或者被撤销；

（六）成员共同议决的其他情形【注：如不作具体规定此项可删除】。

第五十二条 本社因前条第一项、第二项、第四项、第五项、第六项情形解散的，在解散情形发生之日起十五日内，由成员大会推举____名成员组成清算组接管本社，开始解散清算。逾期未能组成清算组时，成员、债权人可以向人民法院申请指定成员组成清算组进行清算。

第五十三条 清算组负责处理与清算有关未了结业务，清理本社的财产和债权、债务，制定清偿方案，分配清偿债务后的剩余财产，代表本社参与诉讼、仲裁或者其他法律程序，并在清算结束后，于____日内向成员公布清算情况，向原登记机关办理注销登记。

第五十四条 清算组自成立起十日内通知成员和债权人，并于六十日内在报纸上公告。

第五十五条 本社财产优先支付清算费用和共益债务后，按下列顺序清偿：

（一）与农民成员已发生交易所欠款项；

（二）所欠员工的工资及社会保险费用；

（三）所欠税款；

（四）所欠其他债务；

（五）归还成员出资、公积金；

（六）按清算方案分配剩余财产。

清算方案须经成员大会通过或者申请人民法院确认后实施。本社财产不足以清偿债务时，依法向人民法院申请破产。

第六章 附 则

第五十六条 本社需要向成员公告的事项，采取 ________ 方式发布，需要向社会公告的事项，采取 ________ 方式发布。

第五十七条 本章程由设立大会表决通过，全体设立人签字后生效。

第五十八条 修改本章程，须经半数以上成员或者理事会提出，理事长【注：或者理事会】负责修订，成员大会讨论通过后实施。

第五十九条 本章程由本社理事会【注：或者理事长】负责解释。

全体设立人签名、盖章：

跋

多年来一直想写本书，但迟迟没有动笔。时有业内同行问我写过什么书？当他们得到的答复是“否”的时候，几乎很少有人相信。从事农业经济研究这么多年，发表了一百多篇论文和大量的中英文专业报告，为什么没有出书？原因很简单，就是期望写出一本好书。

什么是好书？对于选书读书，自信可以称得上行家了。因为可以用“手不释卷”来形容自己。自小养成习惯，凡是有时间，哪怕是几分钟都要读书，睡觉前、候机室、飞机或火车上，甚至把方便的时间都留给读书。作为好（hào）读书的人，最大困惑是在即将读完一本书的时候急不可待地期望找到另一本好书。虽然目前出版业非常发达，但在浩如烟海的新书堆中找出一本值得一读的好书实在不易。有时兴冲冲地抱回来一堆书，可是没有能够读上几页就读不下去，只好束之高阁。什么是好书？自己的选择标准是：（1）能够轻松和有趣地读下去；（2）可以从中学到一些，哪怕是一点点的有用的东西，或者说是“读有所值”的书。正是为了怕被读者骂，怕糟蹋了纸张和别人的时间，因此迟迟不敢落笔著书。

研究农业与超市之间的关系问题已有十年左右的时间了，自己直接参与“农超对接”项目和研究也足足有三年了。路走得不少，人见得不少，国航的里程卡从银卡升级到金卡又到白金卡，访问了几百家农民专业合作社，培训了近万人次农民、合作社社长、干部和超市员工，积累了不少的经验和案例，从而生成了写作一本关于“农超对接”的书的想法。时常有人来问我与“农超对接”有关的问题，特别是有很多期望直接做“农超对接”的农民兄弟急切地想了解超市这样的庞然大物；有些政府官员希望让农民把产品送进超市，却不知道具体怎样操作，这表明还有很多人对“农超对接"不甚了解，包括那些已经在做"农超对接"的人。因此写一本介绍"农超对接"有关的理论、政策，特别是具体的操作程序的书的愿望就更加迫切了。于是历经半年时间，修改六遍，今天终于完成了您手中的这本题为"农超对接怎样做"的书。

"农超对接"是我国农产品供应链上发生的一次划时代的革命，它的意义就在于"看得见的手"取代了多年来我国农产品的生产与流通领域中占主导地位的"看不见的手"。超市的职业经理们把他们的管理职能伸延到了上游的农产品生产与流通部门，他们通过合同、订单、标准等手段直接参与了对农产品生产、加工和流通领域的监督和管理。这种变化将影响和推动农产品生产者和流通业者吸收更先进的经营理念，促使农产品的生产技术、品质与安全性的提高，加快农业部门实现现代化的速度。

就内容而言，这是一本具有创新意义的书；就语言表达方式而言，为了适合目标读者的阅读习惯，书中尽可能使用通俗易懂的文字和促膝而谈的语气；同时还加入了许多有趣的照片与插图来加强理解和缓解阅读疲劳。因此，作为"行家"的读书人，向您推荐《农超对接怎样做》，这本书您绝对值得一读！

《农超对接怎样做》这本书之所以能够出版，与很多人的支持和帮助是分不开的。首先，要感谢家乐福中国区总裁罗国伟（Eric Legros）先生，是他邀请我直接参与家乐福"农民直采"项目，不然我是绝对没有这样好的实践机会的。在同罗国伟先生的多次接触中吸收了他大量有关农超对接的见解和理念。由衷感谢原家乐福中国区总裁施荣乐（Jean Luc Chereau）先生对作者研究工作的长期支持和关心。其次，需要感谢家乐福中国区生鲜采购总监，我的朋友赛伯(Sebastien Defois)先生，他为中国"农超对接"带来欧洲经验的同时，结合中国市场实际，创造了很多新的规则、方案，并组建了精干的直采团队，一领风气之先。我最欣赏的还是他的口头禅："We can find the solution（我们可以找到 解决方案）"。当然也感谢家乐福（中国）副总裁 Eric Deliers 先生，公共事务总监戴玮女士、总裁秘书余莹女士、基金会的林靖女士，以及农民直采团队的所有成员。农民直采团队成员和合作社的许多故事为本书增添了极其丰富的内容。

感谢在“农超对接”问题研究过程中给予大力支持的国家商务部、农业部和各地相关的政府部门及负责人。感谢原商务部部长助理黄海先生、商务部市场体系建设司司长常晓村，农村市场处原处长许波。感谢农业部经管司赵铁桥副司长、刘景枢处长、调研员侯美茹、湖北省农业厅农合办张清林主任和陕西省农民专业合作经济组织领导小组办公室张旭峰副主任等，他们不仅在实践工作中给予很多帮助，而且还阅读过本书的原稿，提出很多宝贵和中肯的意见。

在本书写作的过程中，我指导的学生杨伟民博士、王素霞博士、张瑜博士、李莹博士、曾祥明博士、孙洪波博士、周东旭硕士和张亚鑫硕士等，为资料收集、文句润色、插图描绘等做了大量工作，在此对他们的工作表示感谢和欣赏。

同美国密西根州立大学 Reardon, Thomas 教授的合作，增加了我研究超市的兴趣和扩大视野，美国农业部 Gale, Fred 先生阅读过本书的原稿，提出了宝贵的意见，在此聊表谢忱。中国农业科学技术出版社编辑张孝安先生为实现作者的理念——为中国农民出版一本实用、精美但又“买得起”的畅销书——做了非凡的努力；同时本书的美术编辑为本书的封面构思、文字图表编排，甚至印刷纸张的选择上花费了大量心血，在此一并表示感谢。

本书之所以能够出版，还离不开国家十一五科技支撑计划，“农村流通管理与服务体系建设关键技术研究开发及示范工程”项目，课题“生活消费品放心流通应用示范”（课题编号 2008BADA0B10）的资助。

在此，对所有的对本书出版做出贡献的人致以由衷的感谢！特别是爱妻桂爱平女士，没有她的支持，我是不可能有充足的时间来从事自己喜爱的科研工作与写作的。

胡定寰 博士

2010 年 6 月 28 日

Postscript

I have been thinking about writing a book for many years, but never start. Sometimes my colleagues asked me, "What books have you written?" When the answer is "no", few people can believe it. After many years doing research in agricultural economics and publishing over 100 articles and many reports in Chinese and English, why have I never written a book? The reason is simple. When I write one, I want to write a good one.

What kind of book? A book that readers will have confidence in. One that is practical, not just words on paper. It has been my habit since childhood to read books whenever I have spare time—before going to bed, in sitting room, on airplanes or trains—I always bring along a book. The greatest quandary for an avid reader is: having finished one book, finding another good one. While the publishing industry turns out lots of books, it's still not easy to find another good one. Sometimes I eagerly bring home a pile of books, but I often put them down after just reading a few pages and they end up back on the shelf. What is a good book? My criteria are: (1) It has to be relaxing and interesting enough to keep me reading; (2) It has to be educational--no one is afraid of a little useful stuff—it has to have "reading value." Fearing the curses of readers, wasting paper, and using up other peoples' time, I hesitate to put pen to paper.

I have studied the issue of relations between agriculture and supermarkets for about ten years. Included in that is three years of experience with the "farmer-supermarket direct-purchase" program. I have traveled many roads and encountered many people. My frequent flyer club card was upgraded from silver to gold to platinum in my visits to hundreds of farmer professional cooperatives. In training nearly 10,000 farmers, cooperative leaders, officials, and supermarket personnel, I have gathered a vast store of knowledge and examples that formed my ideas for this book about the "farmer-supermarket direct-purchase" program. People often ask me questions about the direct-purchase program. They especially want to know how you can possibly establish links between tiny farms and giant supermarkets. Some government officials hope farmers can deliver their products to the supermarket but don't know how to do it. This shows the thirst for knowledge about farmer-supermarket direct-purchasing, including those already involved in it. There is a pressing need for a book explaining the theory, policy, and especially the procedures for implementing direct-purchase schemes. So now, after six months and six revisions, the finished book, *Farmer-Supermarket Purchase How-To Guide*, is now in your hands.

"Farmer-supermarket direct-purchase" is a landmark revolution in China's agricultural product supply chain. In this program the "visible hand" is replacing the "invisible hand" that has guided China's agricultural production and distribution for some time now. Supermarket managers extend their reach upstream to the production and distribution of agricultural products. Through contracting, placing orders, setting standards and other means they are involved directly in the supervision and management of agricultural production, processing, and distribution. This change can influence and pull along farm producers and distributors as they absorb modern operation concepts, promote production techniques, standardized varieties and food safety, speeding up the modernization of agriculture.

As for the contents of the book--it contains innovative concepts expressed in easy-to-understand language accessible to readers. It includes many interesting photographs and illustrations to enhance understanding and keep readers interested. So, as an "expert" reader, you are recommended to pick up *Farmer-*

Supermarket Linkage How-To Guide and read it right away.

Farmer-Supermarket Direct-Purchase How-To Guide could not have been published without the support and help of many people. First, I must thank Mr. Eric Legros, President & CEO of Carrefour (China). Without his invitation to participate in Carrefour's "Farmer-Supermarket Direct Purchase" project I never would have had this opportunity to put theory into practice. By working together, I learned his views and ideas about farmer-supermarket direct-purchase. I would like to extend my heartfelt thanks to Mr. Jean-Luc Chereau, the former President of Carrefour (China), for his long-term, support and concern for my research work. I want to thank my friend, Mr. Sebastien Defois, National Fresh Purchase Director of Carrefour (China). He brought the European experience to China's farmer-supermarket direct-purchase program, came up with many new methods and programs, and organized a capable direct purchasing team. I appreciate his motto: "We can find the solution." Of course, I want to thank Mr. Eric Deliers, Vice President of Carrefour (China); Ms. Dai Wei, National Public Affairs Director of Carrefour (China); Ms. Yu Ying, Assistant to President & CEO of Carrefour (China); Ms. Lin Jing of the foundation; and all members of the farmer-direct purchasing team. The stories from members of the direct purchasing team and cooperatives add greatly to the book's contents.

I want to thank the many people at the Ministry of Commerce, Ministry of Agriculture and local governments for the support they gave in the research process on the farmer-supermarket direct-purchase issue. I Thank Mr. Huang Hai, Former Assistant Minster of Commerce, Mr. Chang Xiaocun, Dircctor-General of Market System Development Department of the Minstry of Commerce, Mr. Xu Bo, Former Division Director of Market System Development Department of the Ministry of Commence; Mr. Zhao Tieqiao, Deputy Director-General of Rural Economic System and Management Department of the Minstry of Agriculture; Mr. Liu Jingshu and Ms. Hou Meiru, Division Director of Rural Economic System and Management

Department of Minstry of Agriculture; Mr. Zhang Qinglin, Director of Specialized Farmers Cooperatives Departmetn of Hubei Province; Mr. Zhang Xufeng, Deputy Director of Specialized Farmers Cooperatives Economic Organization Learing Group Office of Shaanxi Province. They have all give me lots of support, read manuscripts of the book and provided comments and advice.

I would like to thank my students, Dr. Yang Weimin, Dr. Wang Suxia, Dr. Zhang Yu, Dr. Li Ying, Dr. Zeng Xiangming, Dr. Sun Hongbo, Zhou Dongxu, and Zhang Yaxin, and express my appreciation for all their help in the writing of this book by collecting materials, polishing the text, and giving illustrations.

My cooperation with Michigan State University Professor Thomas Reardon prompted by interest and formed my views on the study of supermarkets. Mr. Fred Gale of The U.S. Department of Agriculture read the manuscript of this book and offered valuable ideas. I would like to offer a small token of my gratitude to these two colleagues. I offer my sincere thanks to Mr. Zhang xiao'an, editor of China Agricultural Science Press, for bringing the concept to reality——a useful, well-done, but marketable best seller published for farmers. I also wish to thank the book's art editor for extraordinary painstaking efforts in choosing the cover idea, layout, and charts.

This book's publication would not have been possible without funding from the grant, "Applied Model of Safe Distribution of Consumer Products" (topic number 2008BADA0B10), funded by the "Rural Distribution management and Service System Construction Key Technology Research Development and Demonstration Model" under the 11th five-year technology support plan.

Finally, I would like to extend my sincere thanks to all the people who contributed to this book's publication! Especially my wife, Ms. Gui Aiping

Dr. Hu Dinghuan

June 28, 2010